Antoine de la Fère

DIE NACHT AM FEUER

BAND 1

DIE SCHLACHTEN AM WASSER

EK-2 MILITÄR

Für Andrea und Nevio

Ihre Zufriedenheit ist unser Ziel!

Liebe Leser, liebe Leserinnen,

zunächst möchten wir uns herzlich bei Ihnen dafür bedanken, dass Sie dieses Buch erworben haben. Wir sind ein kleines Familienunternehmen aus Duisburg und freuen uns riesig über jeden einzelnen Verkauf!

Mit unserem Label *EK-2 Militär* möchten wir militärische und militärgeschichtliche Themen sichtbarer machen und Leserinnen und Leser begeistern.

Vor allem aber möchten wir, dass jedes unserer Bücher **Ihnen ein einzigartiges und erfreuliches Leseerlebnis** bietet. Daher liegt uns Ihre Meinung ganz besonders am Herzen!

Wir freuen uns über Ihr Feedback zu unserem Buch. Haben Sie Anmerkungen? Kritik? Bitte lassen Sie es uns wissen. Ihre Rückmeldung ist wertvoll für uns, damit wir in Zukunft noch bessere Bücher für Sie machen können.

Schreiben Sie uns: info@ek2-publishing.com

Nun wünschen wir Ihnen ein angenehmes Leseerlebnis!

Jill & Moni
von
EK-2 Publishing

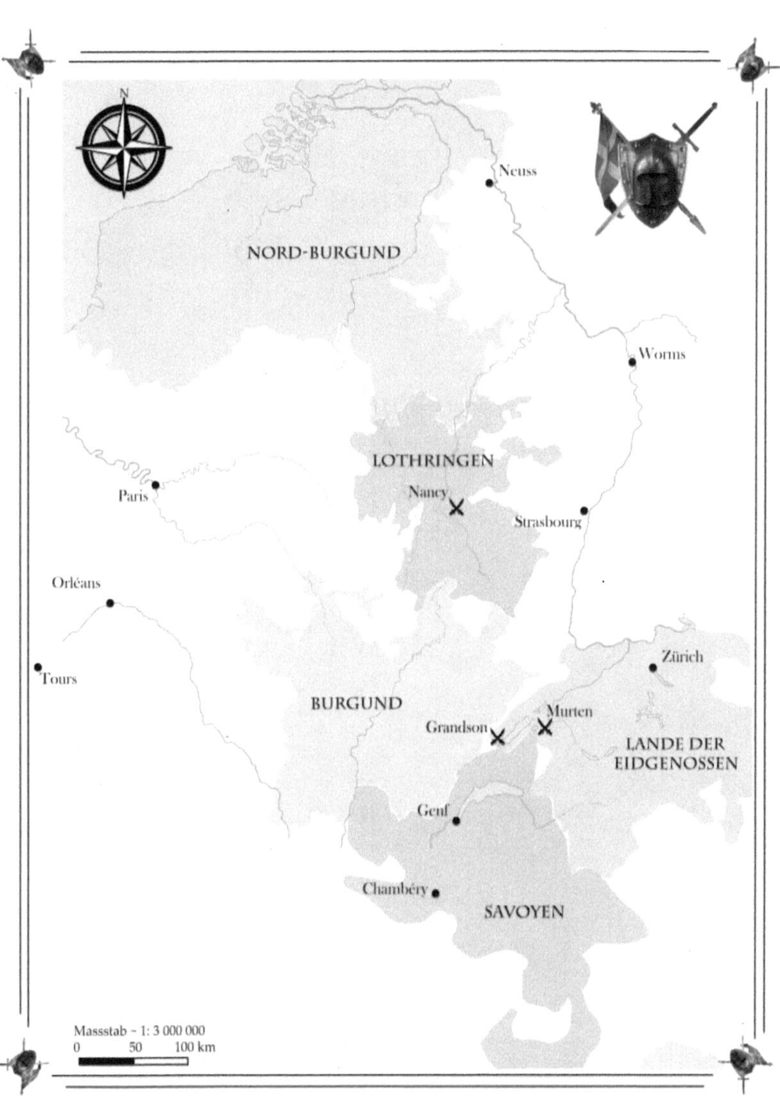
N
Neuss
NORD-BURGUND
Worms
LOTHRINGEN
Paris
Nancy
Strasbourg
Orléans
Tours
Zürich
BURGUND
Murten
Grandson
LANDE DER
EIDGENOSSEN
Genf
Chambéry
SAVOYEN
Massstab ~ 1: 3 000 000
0 50 100 km

«Die Geschichte ist ein Lügengewebe, in dem wir uns einig sind.»

(Napoleon Bonaparte)

Hinweis

Dieser Roman behandelt die Burgunderkriege und spielt somit hauptsächlich in der heutigen Schweiz. Auch ist der Autor Schweizer. Für maximale Authentizität folgt der Text den Regeln der Schweizer Rechtschreibung; so gibt es beispielsweise kein ß und die Guillemets (französische Anführungszeichen) bei wörtlicher Rede werden *umgekehrt* dargestellt: «» Das heißt, aus Sicht eines Deutschen oder Österreichers sind sie umgekehrt dargestellt. Für Schweizer ist ihre Darstellung in diesem Buch üblich.

Prolog – Nacht

Skelette als Vorboten des morgigen Tages.

Der Nebel waberte langsam vom Fluss her über die Felder und weiter durch den Wald empor. Er dämpfte jedes Geräusch, machte die Nacht gespenstisch und unwirklich. Wie Geister zogen die Nebelschwaden durch die Bäume unheimlich und kalt und liessen diese aussehen wie erstarrte Knochengerüste.

Die Nacht war mondlos und durch den dichten Nebel war nur ab und an das leichte Glimmen einiger Feuer zu sehen. Kein Laut war zu hören.

Die Männer im Wald waren erschöpft. Trotz der klirrenden Kälte, die in dem völlig windstillen Tal lag, hatten viele ihre Decken auf den unebenen Boden gelegt, ihre Waffen, Harnische und Helme neben sich und versuchten etwas zu schlafen. Die meisten lagen jedoch da, ohne dass sich die ersehnte Ruhe und das befreiende Vergessen des Schlafes einstellen wollte.

Vor allem die Älteren unter ihnen, die wussten, was am folgenden Tage auf sie wartete, blieben wach und harrten an den wenigen kleinen Feuern aus, welche nur spärlich Licht und kaum Wärme spendeten. Meist wortlos, tief in Gedanken versunken, starrten sie vor sich hin. Die Eiseskälte ließ sie zittern, ihr Atem verwandelte sich in kleine Wölkchen vor ihren schwach erleuchteten Gesichtern.

Sie hatten die letzten Tage hart gearbeitet.

Unzählige Bäume wurden gefällt, entastet und mussten dann zum Fluss hinunter geschleppt werden. Zuerst hatten sie dicke Pfähle in das Wasser und in die nahen Ufer getrieben, dann weitere Stämme quer hinzugelegt, bis das Flüsschen sich so weit aufgestaut hatte, dass es über zu fliessen begann. Vor allem die über einhundert Urner hatten mit fast unerschöpflicher Kraft gearbeitet. Aber auch die mehr als siebzig Luzerner, Schwyzer und Zürcher taten, was in ihrer Macht stand, um das Werk rechtzeitig zu beenden. Und über die letzten drei Tage waren viele Einheimische zu ihnen gestossen, die ebenfalls fleissig mitgearbeitet hatten.

Doch der Feind war schon nah.

Es war eine mühselige Arbeit. Viele der Männer waren wieder und wieder vom Wasser durchnässt worden. Sie mussten regelmässig abgewechselt werden, damit sie sich an den Feuern, die sie neben der Baustelle entzündet hatten, wieder aufwärmen konnten und um ihre Sachen zu trocknen. Einige hatten sich bei den Arbeiten mit den schweren Stämmen verletzt, doch alle waren trotz dieser Blessuren einsatzbereit.

Und sie würden jeden einzelnen Mann benötigen.

Schliesslich, kurz vor der Dunkelheit dieses siebenundzwanzigsten Tages des Weihnachtsmonats, hatten sie das Werk vollendet. Das Wasser begann sich nun stetig über die Ufer zu ergiessen und auf den flachen Feldern des schmalen Tales zu verteilen. Schon kurz nach Einbruch der Nacht gefror das Wasser und mit jeder Minute, die der Tessin weiter in die Kälte hinauslief, wurde das Eis dicker.

* * *

Ein spezieller Plan, dachte er sich.

Er war ein grosser, schlanker Mann mit kurzem, ehemals braunem Haar, welches unterdessen vom Alter und dem Leben grau, ja fast weiss, geworden war. Sein Gesicht war glattrasiert und hatte zu seiner ursprünglichen Haarfarbe passende, braune, schmale Augen.

Er zog seine Decke enger um sich. Es fröstelte ihn.

Auch er sass an einem dieser kleinen Feuer im Wald, das, umrahmt von einem Ring aus Steinen, nur noch leicht vor sich hin glomm. Gedankenverloren sah er in die Glut, dann nahm er ein Scheit und legte es vorsichtig darauf. Das Feuer benötigte einen Moment, doch dann erfasste es das Holz und begann zu züngeln. Schnell umschlossen schliesslich die Flammen das ganze Stück und spendete wieder mehr Wärme und Licht.

Neben ihm lagen drei weitere Männer. Seine beiden Söhne Noah und Valentin, sowie sein ältester Weggefährte und einziger Freund, Sven Ivarsson von Einsiedeln.

Er betrachtete kurz seine Söhne, dann blieb sein Blick auf Sven hängen. Der riesige Mann stammte von einem Nordmann namens Ivar ab, der vor vielen Jahren bis in die Innerschweiz gekommen und in Einsiedeln geblieben war. Er lag mit geschlossenen Augen auf dem kalten, kargen Boden, nicht einmal seine Decke hatte er ausgebreitet.

Gedanken schossen wie Blitze durch seinen Kopf, Bilder aus der Vergangenheit. Bilder eines Lebens voller Kampf, aber auch voller Freundschaft, Mut, Abenteuerlust. Und ein wenig Glück.

Und Liebe.

Wie oft hatte der Herrgott ihnen den Arsch gerettet.

Und wie unerbittlich hatte Gott ihm die Liebe wieder aus seinen Händen gerissen.

Eigentlich hätten sie beide schon lange tot sein müssen.

So wie fast alle ihrer Weggefährten, ihre Freunde und so viele ihrer Gegner.

Irgendwo dahingerafft auf irgendwelchen Schlachtfeldern. Verscharrt in grossen Gräbern, ohne Grabsteine, ohne Namen.

Vergessen.

Jedoch nicht von ihnen.

Sven unterbrach die müden, traurigen Gedanken seines Kapitäns: «Denkt Ihr an sie, Kapitän?»

Matthias seufzte. «Immerzu, Sven, immerzu. An sie, an den Hauptmann, an den Mönch, an Wilhelm, Rolf, Linhart und all die anderen.»

Es schien, als ob der riesige Mann seine Gedanken lesen konnte. «Was haltet Ihr von dem Plan des Herrn Stanga?», fragte er, immer noch mit geschlossenen Augen.

«Der Plan wird funktionieren.» Matthias nickte, dann seufzte er. «Er muss einfach! Es ist der Einzige, den wir haben.» Er zuckte mit seinen Schultern.

Der grosse, breite Mann öffnete seine Augen, grinste Matthias durch seinen wilden Bart an und begann sich aufzusetzen.

Auch Matthias Söhne gaben beide den Versuch auf, etwas Schlaf zu finden und richteten sich dafür auf.

Matthias schmiss noch ein weiteres Stück Holz in das Feuer. Er wartete, bis das Scheit langsam Feuer gefangen hatte und sah zu, wie dann knisternd Funken sprühten. Die Flammen züngelten höher, trotz der weiteren Flammen konnte er durch den Nebel hindurch kaum die Gesichter der anderen erkennen.

«Ja, Vater», beteiligte sich Noah auch am Gespräch, «was, wenn der Plan nicht funktioniert?»

Matthias von Altstetins dunkelbraune Augen verengten sich zu schmalen Schlitzen, aus denen er seinen Ältesten anblitzte. Dieser verstand den Tadel und senkte seinen Blick.

Trotzdem entschied sich der Vater, seinem Sohne die Antwort nicht zu verwehren: «Diese mailändischen Bastarde sind ...» Er stockte kurz. «Sie sind uns zwanzig zu eins überlegen! Versteht Ihr? Zwanzig zu eins!» Er spuckte ins Feuer, was aus dem Feuer ein Zischen und bei seinen beiden Söhnen erstaunte Gesichter hervorrief. Eine solche unkirchliche, ja heidnische Geste kannten sie von ihrem Vater nicht. Sonst schien er immer so ruhig. So ruhig und völlig unter Kontrolle.

«Mit unseren Mitteln können wir nicht einfach aus dem Wald herausstürmen. Sie würden gleich unsere Flanken durchbrechen und uns zurückdrängen. Und dann? Wohin?» Er blickte in die Runde, während er begann, zu erklären. «Also müssen wir uns einen Vorteil verschaffen und das geht eigentlich nur mit diesem einen Plan. Das Tal, so schmal es auch sein mag, ist immer noch zu breit für unser armseliges Häuflein hier. Ich meine, wir sind gerade mal fünfhundert Mann und davon nicht mal die Hälfte ausgebildete Recken. Und die Einheimischen sind mit Mistgabeln und Knüppeln erschienen.» Matthias machte eine kurze Pause. «Aber, wenn die Bastarde ihr Heer nicht bewegen können ...» Er lächelte kurz mit einem seiner Mundwinkel, doch der Rest seines Gesichtes und vor allem seine Augen blieben ernst. Er zuckte mit seinen Schultern.

«... wenn sie ihr Heer nicht bewegen können, werden sie keine Formationen bilden können.» Beendete Svens Stimme den Satz. Matthias nickte und der tiefe Bass des Hünen erklärte weiter: «Und, wenn sie keine Formationen bilden können, haben sie keine Möglichkeit, ihre Kavallerie oder ihre Artillerie einzusetzen. Ohne Kavallerie nimmt es ihnen ihre Geschwindigkeit und ohne Artillerie ihre Feuerkraft.» Svens Augen blitzten und Matthias wusste, dass in seinem langjährigen Gefährten so langsam die Kampfeslust aufkam.

Beide alten Recken wussten aber auch, dass die beiden Söhne von Matthias eine Heidenangst vor dieser neuen Art von Waffen hatten, und das zu Recht.

Matthias fuhr fort: «Also müssen wir sie lähmen. So stolz diese südländischen Teufel nun mal sind, werden sie alle ihre Rüstungen und Federschmuck und Mäntel und sonstigen Firlefanz tragen. Durch das Eis werden sie deshalb völlig unbeweglich sein. Dann treiben wir sie mit dem rollenden Feuer und den Steinen von den Hügeln herunter. In Panik und wenn sie sich voller Angst in die Hosen geschissen haben, werden wir wie Gottes Faust in sie hineinfahren.»

Nochmals blickten die beiden Söhne ihren Vater voller Überraschung an. Ganz selten hatten sie ihn so reden hören. Im Gegenteil, jedes Mal, wenn einer von ihnen zu Hause geflucht hatte, gab es normalerweise eine richtig heftige Ohrfeige. Und dazu noch die Blasphemie! Aber auch in Matthias Augen konnte man jetzt Kampfeslust erkennen. Die Müdigkeit und Erschöpfung waren wie weggeblasen.

«Euer Vater hat schon viele Schlachten geschlagen und alle davon gewonnen.» Sven blickte die beiden Jungen mit seinen himmelblauen Augen direkt an. Sein ehemals blonder Bart hatte in den letzten Jahren einige graue Strähnen bekommen. Auch sein Haar wurde langsam grau, was sie jetzt aber wegen der alten, zerlöcherten Wollmütze nicht sehen konnten. Eine Wollmütze, welche ihre ehrenwerte Frau Mutter gestrickt und ihm vor so vielen Jahren zum Weihnachtsfest geschenkt hatte.

Sven grinste wieder.

«Und, er ist der Held von Nancy, vergesst das nie! Stetig hat er uns mit Mut und Tapferkeit in die Schlachten geführt, aber immer hatte er Vernunft und Scharfsinn mit dabei. Und wir beide werden morgen auf Euch aufpassen.» Svens Grinsen wurde noch breiter. «Schliesslich wollen wir nicht, dass Euch morgen in Eurer ersten Schlacht gleich einer die Eier abschneidet.» Er lachte, auch, oder gerade, weil sein Kapitän und langjähriger Freund mit den Augen rollte.

«So», sagte der Riese und legte sich wieder auf den gefrorenen Boden, «ich träume jetzt von der Wärme des Sommers. Oder noch besser, von den weichen, warmen Titten einer Frau.»

Die beiden Jungs lachten, was ihnen aber wieder einen tadelnden Blick ihres Vaters einbrachte. Doch eigentlich war Matthias froh, dass seine Söhne nicht die ganze Zeit über an das morgige Grauen dachten.

«Erzähl uns Vater», meinte der jüngere seiner beiden Söhne, Valentin, schliesslich, «von Nancy.»

«Nein!» Matthias schüttelte den Kopf. «Ihr kennt die Geschichte. Jeder erzählt sie.»

«Richtig», warf dessen Bruder, Noah ein, «aber Du warst mit dabei. Und Du hast nie davon gesprochen, hast sie nie erzählt. Viele rühmen sich, wollen Geld und Ansehen mit der Geschichte, aber Ihr beide, Ihr wart mit dabei. Und nicht nur das, Du hast ja diese verd...», der Fluch blieb ihm sogleich im Hals stecken, als er den Blick seines Vaters sah, «diese Burgunder fast allein geschlagen.»

Jetzt war es an Matthias zu lachen. «Allein? Genau! Allein.» Er schüttelte lachend den Kopf.

«Stimmt!», beteiligte sich Svens Bass wieder am Gespräch. «Euer Vater hätte allein kaum wieder nach Zürich zurückgefunden, wenn ich nicht gewesen wäre! Ha! Ich müsste eigentlich als Held in dieser Geschichte genannt werden. Ohne mich würden diese verfluchten Burgunderknaben jetzt noch immer am Murtensee hin und her spazieren.» Sein Lachen war schon wieder da.

Sven lachte eigentlich immer.

Er war der fröhlichste Mensch, den Matthias überhaupt kannte. Und der tödlichste.

«Erzählt es ihnen, Kapitän!», forderte Sven ihn nach einer kurzen Pause ebenfalls auf. «Erzählt es ihnen, wie es wirklich gewesen ist. Es ist so schweinisch kalt, da kann uns nur eine gute, alte Geschichte wärmen.» Sven richtete sich wieder auf und wickelte dabei seine Decke eng um die Schultern. Eigentlich hätte er jetzt gerne seinen Weinbeutel hervorgeholt, aber der Beutel war leer. Also zog er anstelle des Weins seine lederne Wasserflasche hervor, doch deren Inhalt war komplett gefroren. Der grosse Mann seufzte und legte sie auf einen der warmen Steine, die das Feuer umrahmten, um sie aufzutauen.

Matthias von Altstetin fröstelte ebenfalls, wickelte seinen Wams, auf dem das gelbe Wappen mit dem Turm auf Dreiberg gestickt war, enger um sich und warf nochmals ein Scheit in das Feuer. Das Wappen auf seiner Kleidung war das Einzige, das ihn noch an seine alte Heimat erinnerte.

'Bewahr Dich Gott vor Leid.' Er seufzte leise, als ihm das alte Zitat durch den Kopf schoss. Wie jedes Mal, wenn er daran dachte.

«Warum eigentlich nicht.» Er seufzte erneut. «Aber, wenn Du unbedingt eine wärmende Geschichte haben willst, dann musst Du sie schon selbst erzählen, Sven.»

Der Hüne sah ihn lange mit amüsiertem Blick an.

«Mit ein wenig Wein würde es sich aber besser erzählen lassen», grinste er dann Matthias an und dieser kramte in seiner Satteltasche, zog seinen Wein hervor und schmiss die lederne Feldflasche dem grossen Kämpfer hin. Dieser nickte dankend, entkorkte die Flasche und nahm sich einen grossen Schluck.

Sven begann zu erzählen und Matthias legte sich hin und gab sich den Erinnerungen hin.

Teil 1 – Grandson

Kapitel I – Ende Winter

Die rechte Faust knallte dem Gegner mitten ins Gesicht. Es war das dumpfe Knacken eines brechenden Knochens zu vernehmen. Der Mann fiel nach hinten, wobei er sich um seine eigene Achse drehte und dabei noch versuchte, sich an einem der Tische festzuhalten. Doch dieser kippte ebenfalls und mit ihm alles, was sich darauf befunden hatte.

Die grosse Karaffe aus Blei und die dazugehörigen Trinkbecher klirrten laut beim Aufprall und der Wein aus ihrem Inneren verteilte sich auf den hölzernen Dielen.

Sein Gegner stand mitten in dem Durcheinander aus Tisch, Karaffe und dem auf dem Boden liegenden Mann und blitzte diesen an. Sein schütteres Haar stand ihm wirr vom Kopf, seine Nase und seine aufgesprungene Lippe bluteten. Doch dies hielt ihn nicht zurück.

Er schniefte und wischte sich mit seinem Ärmel das Blut aus dem Gesicht.

Dann, mit einem lauten Schrei, warf sich Hans Waldmann auf seinen am Boden liegenden Gegner und versuchte ihn mit weiteren Faustschlägen weiter zu traktieren.

Die beiden am Boden kämpfenden Männer grunzten und stöhnten. Aber der offene Schlagabtausch war nun mehr einem Halten und Würgen gewichen. Sie wälzten sich über den Boden.

Der Wirt versuchte mit lauten Rufen alle Beteiligten zur Ruhe zu bewegen, aber seine Rufe wurden durch die Zuschauer im Wirtshaus übertönt, welche dieses Spektakel genossen und dementsprechend den einen oder anderen der Kämpfer anfeuerten.

Währenddessen hielt Heinrich, Hans Bruder, die drei Kumpane des Gegners seines Bruders mit einem Messer in Schach.

«Kommt mir nicht zu nahe!», schrie Heinrich die drei Männer an. «Ich steche Euch die Augen aus, ich sag's Euch!» Die drei standen in einem Halbkreis ihm gegenüber und hatten ebenfalls Messer in der Hand, hielten sich aber immer noch zurück, da sie wussten, dass der schlanke, aber flinke Gegner seine Drohung wahr machen würde.

Beide Kämpfer versuchten gegenseitig, den anderen zu unterwerfen. Waldmann war es schliesslich, der seinen Gegner übertrumpfen konnte. Er sass rittlings auf ihm, zog nun ebenfalls ein kleines Messer und hielt es seinem Gegner vors Auge.

In diesem Moment flog die Eingangstüre mit einem solchen Schwung auf, dass sie an die Wand krachte und herein stürmte ein echter Riese. Der Mann musste sich ducken, damit er mit dem Kopf nicht an den oberen Querbalken stiess. Er hielt eine grosse Streitaxt in der Hand, die er drohend erhoben hatte.

«Aufhören!», donnerte der Hüne. «Was soll denn dieser Blödsinn!» Er ging forschen Schrittes an den drei Männern und an Heinrich vorbei, würdigte sie keines Blickes. Dann packte er Hans an den Schultern und hob ihn mit nur einer Hand scheinbar mühelos von seinem Gegner weg. Waldmann versuchte sich dagegen zu wehren, war aber machtlos.

Gleich hinter dem Hünen war ein weiterer Mann eingetreten, ebenfalls gross gewachsen, wenn auch bei Weitem nicht so riesig wie der erste. Er war von schlanker, sehniger Statur mit vollem braunem Haar und – was eher selten war – glattrasiert. Seine ebenfalls braunen Augen zu engen Schlitzen gekniffen, blitzten wie der blanke Stahl seines gezogenen Schwertes.

«Schluss jetzt!» Der Tonfall des zweiten Mannes war zwar leise, aber noch eisiger als die durch die offenstehende Eingangstür hereinströmende Luft. Er blickte Hans Waldmann lange an, der sich immer noch im Griff des Hünen befand. Dann schüttelte er fast unmerklich den Kopf. Schliesslich sah er zu Heinrich und seine Augen verengten sich noch mehr. «Weg mit dem Dolch!», befahl er.

Heinrichs Gesicht wurde steinern, aus seinen Augen funkelte Feindseligkeit.

«Ich sagte weg damit!», befahl der Mann nochmals, seine Stimme immer noch eiskalt.

Allmählich senkte Heinrich den Dolch halbwegs, sein Widerwille war in der langsamen Bewegung eindeutig zu bemerken.

«Mach schon, Bruder! Steck das Messer weg!», meinte jetzt Hans Waldmann ruhig, seine Stimme hörte sich plötzlich müde an. Jetzt erst gehorchte Heinrich. Trotzdem sah ihn der Mann mit dem Schwert immer noch scharf an.

In der Taverne war es jetzt totenstill. Die Spannung liess die Luft vibrieren. Keiner der Gäste wagte sich zu bewegen, geschweige dann, etwas zu sagen.

Jetzt erst senkte Heinrich den Blick und murmelte zu dem Mann mit dem Schwert: «Ja, Kapitän.» Die Stimmung entspannte sich sogleich.

«Und, jetzt lass mich endlich los, Sven!», schimpfte Hans Waldmann zu dem Hünen, der ihn immer noch eisern im Griff hielt.

«Ja, Hauptmann. Bitte entschuldigt.»

«Ach, schon gut», meinte Waldmann ruhig, wobei er sich zu dem immer noch am Boden liegenden Mann umdrehte, der sein Gesicht in den Händen vergraben hatte und stöhnende Laute von sich gab. Waldmann steckte ebenfalls sein Messer weg.

«Lebt er noch, Hauptmann?», fragte Sven grinsend.

Hans Waldmann nickte nur. Sein kalter Blick zog über die Gäste in der Taverne und über die drei Kumpane seines Gegners, dann drehte er sich auf dem Absatz um und ging zur offenen Tür hinaus.

«Lasst uns hier verschwinden.»

Draussen holte Waldmann tief Luft und liess sie geräuschvoll wieder entweichen. Es schneite leicht.

Dann grinste er breit.

«Das war doch ein Spass, was? Jetzt brauche ich aber noch was zu trinken», meinte er und sah sich nach einer anderen Taverne um. «Und vielleicht ein warmes Paar weiche Titten.»

Matthias von Altstetin zog beide Augenbrauen hoch. Er wusste, wenn sein Hauptmann noch weiter trank, würde es mit grosser Sicherheit mehr als nur ein paar ausgeschlagene Zähne und eine gebrochene Nase geben und eigentlich hatte er absolut keine Lust, seinen Vorgesetzten noch einmal aus einer Kneipen–Keilerei herauszuholen.

Oder aus noch Schlimmerem.

Stattdessen ging er nochmals in das Wirtshaus hinein. Die drei Kumpane hatten ihren Gefährten auf einen Stuhl gesetzt. Die Nase war gebrochen und Blut lief in Strömen aus ihr heraus.

Matthias ging wortlos zu dem Tisch und warf achtlos ein paar Münzen darauf. Sie klirrten auf dem Holz, eine rollte über den Rand des Tisches und fiel auf den Boden.

Der Mann mit der gebrochenen Nase sah ihn an, wollte etwas sagen, doch Matthias wiegte nur seinen Kopf auf die Seite und der Mann blieb stumm.

Matthias verliess das Gasthaus.

Er wusste, wenn sich sein Hauptmann etwas in den Kopf gesetzt hatte, gab es keinen Widerspruch. So zuckte er nur mit den Schultern, als sich Hans Waldmann, ohne die Antworten seiner Männer abzuwarten, festen Schrittes auf die Suche nach der nächsten Taverne machte.

Sie fanden eine solche ein paar Gassen weiter. Auch dieses Gasthaus war schon gut gefüllt. Viele Leute waren dieser Tage nach Breisach gekommen, und sie alle waren wegen des Gerichtsprozesses hier, der auf den kommenden Tag angesetzt war. Die meisten von ihnen warteten auf eine Verurteilung des Delinquenten. Zum einen hofften sie, dass nun die Einschüchterungen und die Gewalt, welche mit der Herrschaft des Vogtes Von Hagenbach mit einhergegangen waren, endlich aufhörten, zum anderen kamen sie zusätzlich noch in den Genuss einer Hinrichtung.

Die Stimmung in dem dunklen Raum war, wie in jeder anderen Taverne der Stadt, schon ziemlich angeheitert. Männer aller Stände waren an den Tischen verteilt, einige hatten verschiedene Speisen darauf stehen und alle hatten Bier oder Weinkrüge vor sich. Oder beides. Es waren Söldner und Offiziere aus verschiedenen Städten zu sehen, aber auch Handwerker, Bauern und Handelsleute. Dazwischen bewegten sich Dirnen hin und her und suchten nach Kundschaft.

In einer Ecke brannte im Kamin ein grosses, offenes Feuer. Darüber hing an einer eisernen Kette ein Topf, worin eine Köchin mit einem grossen Löffel lustlos herumrührte.

In der ganzen Gaststube wurde gelacht, getrunken und laut diskutiert. An einem der hinteren Tische waren drei Männer mit

Karten spielen beschäftigt. Münzen und Spielkarten lagen auf dem Tisch, dazwischen standen die obligaten Weinbecher.

Waldmann und seine Männer sahen sich genau um, musterten die Menge, dann gingen sie zum einzigen freien Tisch in der hintersten Ecke der Taverne, der sich neben dem der Kartenspieler befand. Heinrich rief dem Wirt hinter dem Tresen beim Vorbeigehen die Bestellung von Wein und Bier entgegen. Kaum sassen die vier Männer auf den roh gezimmerten Stühlen, als auch schon die erste Dirne bei ihnen auftauchte. Sie war für ihren Beruf eigentlich zu alt, aber vor allem war sie zu fettleibig und zu schmutzig.

«Hinfort!», donnerte Hans zu ihr und verzog angewidert das Gesicht, noch bevor sie irgendetwas sagen konnte. «Ich bevorzuge etwas sauberes, nicht so ein altes, dreckiges Waschweib.» Die Hure machte eine Grimasse und trollte sich wortlos. Kaum war sie weg, war aber schon die Nächste da. Diese war um einiges jünger, sauberer, aber genauso fett wie die Erste.

Sven, der Hüne, grinste sie an, rutschte mit seinem Stuhl nach hinten und zog sie lachend zu sich. Sie stiess einen künstlichen Empörungsschrei aus und plumpste auf seinen Schoss. Auch Hans, Heinrich und Matthias grinsten.

Der Wirt brachte ihnen volle, überschäumende Bierhumpen und eine Weinkaraffe aus Ton mit dazugehörigen Bechern.

«Sagt Schankwirt, was habt Ihr an Essen anzubieten?» Matthias hatte Hunger, da er in der vorherigen Taverne durch die Keilerei seines Vorgesetzten nicht zum Essen gekommen war. Er nickte zu dem Kessel über dem Feuer.

«Eintopf mit Fleisch», brummte der Angesprochene.

«Dann bring uns allen einen schönen grossen Topf und Teller», bestellte Matthias. «Aber ich warne Euch: Sollte das Fleisch schimmelig sein, übergebe ich Euch dem Scharfrichter, damit er nach demjenigen Von Hagenbachs auch noch Euren Kopf abschlage.» Er blickte dabei den Wirt so scharf an, dass dieser nur etwas Unverständliches stammelte und sich schnellsten davon machte.

Die Männer grinsten abermals belustigt.

«Was meint ihr, werden sie ihn verurteilen?», fragte Heinrich in die Runde und machte sich gierig über sein Bier her.

«Ich denke schon», antwortete sein Bruder, «jedenfalls hoffe ich es.» Hans machte eine Pause und sah zu Sven hinüber, der schon ungeniert seine Hände unter der Bluse der Dirne hatte.

«Dann wären wir den Schafskopf von Landvogt endlich los», redete Hans dann weiter. «Diese verdammten Zölle! Händler können hier nicht mal mehr Gewinn bringend Waren verkaufen, so hoch hat er die Zölle geschraubt.»

«Und dazu kommt noch der 'Böse Pfennig'», warf Heinrich ein. Hans Bruder sprach von der verhassten Steuer, bei welcher Von Hagenbach auf den Genuss von Wein einen zusätzlichen Pfennig als Abgabe eingeführt hatte.

«Der kommt auch noch dazu!», schnaubte Hans, nickte und nahm einen grossen Schluck Bier. Er trank gierig. Das Bier und der Schaum tropften in seinen Bart.

«Dennoch», Matthias beteiligte sich jetzt auch an dem Gespräch, «irgendwie sollte man es politisch lösen können.»

«Ha!», rief Heinrich. «Politisch?», spottete er. «Die Basler hatten es ja versucht. Das Arschgesicht wollte aber nicht. Jetzt soll er mit dem Kopf unterm Arm vor den Herrgott treten.» Heinrich schnaufte wütend.

Der Wirt erschien mit vier hölzernen Schüsseln, die alle zwar gut gefüllt waren, dessen Inhalt aber undefinierbar aussah. Es roch jedoch nicht schlecht nach Thymian, Liebstöckel und Zwiebeln.

Der Schankwirt stellte das Essen auf den Tisch und verschwand wieder, so schnell er konnte. Angetrunkene Soldaten sollte man besser nicht reizen.

* * *

Matthias, Hans und Heinrich Waldmann machten sich sogleich über ihre Teller her. Sven, währenddessen, schubste die Dirne von seinem Schoss und erhob sich, um mit ihr nach oben zu gehen.

«Hol Dir mal keine Läuse», meinte Matthias trocken zwischen zwei Bissen, was bei Hans Waldmann einen Lachanfall auslöste, der in ein Husten überging, als er sich deswegen am Eintopf verschluckte. Matthias war normalerweise nicht gerade für seinen Sinn für Humor bekannt.

«Ich hoffe auch, dass sie ihm morgen den Kopf abschlagen», meinte Hans schliesslich, als er sich von seinem Hustenanfall erholt hatte. Dabei nahm er Svens Schüssel und teilte dessen Inhalt auf die anderen drei Teller auf. «Wenn sie das tun, kann Bern weiter auf Gebietsansprüche gehen. Der Arschkopf ist ja immer noch in Neuss und kann sich kaum richtig um sein Land kümmern.» Er meinte damit Karl, Herzog des Burgund, den alle den Kühnen nannten, welcher mit seinem Heer schon seit über einem halben Jahr die Stadt Neuss belagerte. «Und dem Kaiser gefällt dies immer weniger. Irgendwann wird Friedrich einschreiten müssen. Aber bis dahin kann Bern noch einiges an Land gutmachen.»

«Und wie soll uns das helfen?», fragte Matthias. «Sollte der Arschkopf, wie Ihr ihn nennt, Hauptmann, zurückkommen, dann wird er den Bernern sein ganzes verdammtes Heer entgegenwerfen. Oder er kommt sogar auf die Idee, gleich die Stadt Bern direkt anzugreifen!»

«Wie uns das helfen kann? Das kommt uns nur zugute, Matthias», antwortete der Hauptmann. «Sollte der Hundsfott auch nur einen seiner krummen Füsse über die Grenze des alten bernischen Gebietes setzen, werden wir da sein. Wir werden ihn mit allem, was wir in den acht Orten aufbringen können, entgegentreten und ihm einen solchen Fusstritt in seinen fetten Arsch verpassen, dass er bis zu seinem Schloss fliegt.» Er grunzte wütend. «Auch Zürich leidet unter diesen Zöllen, unsere Händler verdienen nicht mehr so viel. Und wenn der Schafskopf dann weg ist, haben wir die Möglichkeit, mit den Bernern, Baslern und Fribourgern neue Zölle verhandeln zu können.»

«Ihr wisst aber auch, wie viele Männer Karl aufbieten kann. Das sind schnell mal gegen die dreissigtausend, wenn nicht sogar noch mehr.»

«Aber Ihr wisst auch, Kapitän», schaltete sich nun Heinrich ein, «dass dieser Narrenesel in Neuss seit über einem halben Jahr festsitzt? Da langweilen sich dreissigtausend Mann seit Monaten, zuerst in der brütenden Sommerhitze, jetzt in dieser Arscheskälte.»

«Ja, ja, ich weiss», antwortete ihm Matthias und nickte zustimmend. «Und ich weiss auch, dass sie es bis jetzt immer noch nicht geschafft haben, in die Stadt einzudringen.»

«Genau! Und das, obwohl da drin nur Kinder auf den Wehrmauern stehen», ergänzte Heinrich. «Sagt man jedenfalls.» Er machte eine Pause, trank wieder aus seinem Humpen. «Und man sagt auch, dass Karl versucht, seine Leute irgendwie bei Laune zu halten, indem er sie Wassergräben umgraben und täglich anstürmen lässt.» Er nahm noch einen Schluck. «Und schön wäre, wenn ihn die Ruhr und die Pest holen.»

«Eben.» Hans nickte und sein Bruder tat es ihm gleich. «Eine solch lange Belagerung geht nicht gut, das weisst Du auch. Den Männern wird es zu bunt, viele desertieren. Und irgendwann schlagen Krankheiten zu. Viel zu dreckig, viel zu kalt und viel zu wenig zu fressen haben die da.» Waldmann machte eine Pause und schob sich einen Löffel Eintopf in den Mund. Dann redete er mit vollem Mund weiter: «Und er verliert nicht nur Kämpfer, die beim Anstürmen fallen, sondern auch Zeit, viel Geld und vor allem den Glauben der Männer. Der Arschkopf hat die beste Armee, die wir uns nur vorstellen können!» Er machte nochmals eine Pause, schluckte den Eintopf herunter. «Matthias.» Hans Waldmann sah seinen alten Weggefährten durchdringend an. «Mit dieser Armee, mein Freund, hätten wir beide das ganze verdammte Burgund eingenommen. Wahrscheinlich das gottverlassene, gesamte Frankreich!»

Alle drei schwiegen darauf.

Die Bierhumpen waren schon fast leer, ihre Schüsseln mit Eintopf ebenfalls. Hans wandte den Kopf, denn er wollte eigentlich beim Wirt nachbestellen, bemerkte dann aber eine junge, hübsche blonde Dirne, die allerdings schon bei einem anderen Mann auf dem Schosse sass.

«He, Blondchen!», rief er ihr zu. «Willst Du Dir heute noch etwas mehr an Talern verdienen? Bei diesem ausgemergelten Lumpen, wo Du da sitzt, kriegst Du ja kaum einen Groschen.» Er grinste breit. «Und schon gar nicht etwas an Freude.»

Matthias verdrehte die Augen und schüttelte langsam den Kopf, er wusste, was jetzt kommen würde.

Und prompt schon hatte der angesprochene Lump die Dirne vom Schoss gestossen und war aufgestanden. Hans hatte so laut gerufen, dass auch der kartenspielende Nebentisch mitgehört hatte. Die drei Spieler unterbrachen ihr Spiel interessiert, machten aber keine Anstalten, sich einzumischen, hörten nur grinsend zu.

Waldmann lachte den Lumpen unverhohlen an, in seinem Bart glänzte noch Eintopf, die wenigen Haare auf seinem Kopf standen immer noch wirr in alle Richtungen, aber seine Augen blitzten abenteuerlustig.

Der angesprochene Mann machte einen Schritt vorwärts, doch schon war Matthias aufgesprungen und hatte dabei in einer fliessenden Bewegung sein Schwert gezogen. Trotz des Lärmes in der Gaststube war das Geräusch einer aus der Scheide fahrenden Klinge gut zu hören. Und obwohl ihm in der gefüllten Taverne wenig Platz für die Bewegung blieb, war diese Bewegung fliessend, elegant und sehr ernst zu nehmen.

Der Lump sah zwischen dem grinsenden Gesicht von Hans Waldmann und der Schwertspitze von Matthias hin und her. Matthias schüttelte leicht den Kopf und der Lump setzte sich wieder, irgendwelche Flüche vor sich hin murmelnd. Matthias steckte sein Schwert wieder zurück in die Scheide.

«Wenn ich Dich nicht hätte», lachte Hans Waldmann zu Matthias und klatschte mit der Hand unverhohlen auf das Hinterteil der Dirne, die unterdessen an ihren Tisch gekommen war. Er stand auf, packte sie an der Hüfte und führte sie in Richtung Treppe.

Er wandte sich nochmals um: «Wir haben noch ein paar Stunden, bis sie dem stinkenden Arsch Von Hagenbach hoffentlich endlich den Kopf abschlagen, da kann ich mich gerne mit etwas Hübschem, Warmem vergnügen.» Damit verschwand er mit der Dirne nach oben.

Heinrich stand ebenfalls von seinem Stuhl auf, nickte dem Kapitän kühl, aber wortlos zu, drehte sich um und verschwand zwischen der Menge im Lokal.

Matthias schüttelte gedankenverloren den Kopf, seufzte leise, und setzte sich, jetzt allein, wieder an den Tisch. Er begann die Reste des Essens aus den anderen Schüsseln in seine eigene zu kippen und machte sich daran, diese zu vertilgen. Dazu nahm er sich noch eines der ranzigen Brote, welche der Wirt zusätzlich auf den Tisch gestellt hatte. Auch seinen Becher füllte er wieder bis an den Rand mit unterdessen warmem Bier.

«Herr!»

Einer der drei Kartenspieler am Nebentisch sah ihn an und Matthias hob den Kopf. «Ist nicht einfach mit den heutigen Hauptmännern.» Als der Mann Matthias' Blick sah, hob er gleich beide Hände, lächelte entwaffnend. «Entschuldigt, Kapitän, ich wollte Euch oder Eure Freunde nicht beleidigen. Aber in den momentanen Zeiten ist alles etwas angespannt.»

Matthias nickte zustimmend, wandte sich, ohne etwas zu erwidern, wieder den Resten in seiner Holzschüssel zu.

«Herr Kapitän», begann der Mann vom Nebentisch nochmals, «wir dachten, vielleicht wollt Ihr mitspielen. Wir bringen es Euch gerne bei.»

«Das Gebetbuch des Teufels», sagte Matthias und nickte leicht. «So so. Spielt Ihr es hier, weil es in Bern verboten ist?» Dessen Dialekt hatte ihm verraten, woher der Mann stammte. Er lächelte, um die Situation noch etwas weiter zu entschärfen.

«Ja, so wird es genannt. Wir haben es aus Lyon mitgebracht und vielleicht wollt Ihr ein paar Taler verlieren, mein Herr.»

Matthias schob mit dem letzten Bissen Brot den Rest des unterdessen kalten Eintopfes auf seinen Löffel, ass ihn, nahm dann seinen Becher und rutschte mit dem Stuhl zum anderen Tisch hinüber.

Er nahm einen Beutel aus weichem Ziegenleder aus seinem Wams, öffnete ihn und fingerte ein paar Münzen heraus, die er auf den Tisch vor sich legte. Der Beutel verschwand wieder.

Der Berner, der ihn angesprochen hatte, begann ihm das Spiel zu erklären. Matthias hörte aufmerksam zu und stellte die eine und andere, teilweise ziemlich dumme Frage. Es schien, als hätte er keinerlei Ahnung, aber die Männer konnten ja nicht wissen, dass er das Spiel kannte und es sogar ziemlich gut beherrschte.

Ein paar zusätzliche Groschen oder sogar Taler zu verdienen, würde ihm den Tag gleich etwas versüssen.

Kapitel II

Die vier Männer versuchten, sich durch die dichte Menge zu drängen. Dabei half ihnen zum einen ihre Kleidung, die dem Stand von Söldnern entsprach, aber auch die Tatsache, dass Sven sich mit seiner Grösse und Breite einfach rücksichtslos durch die Menschenmasse schieben konnte.

Der Anger, wo die Hinrichtung stattfinden sollte, lag vor dem Windbruchtor. Der grosse Platz war eigentlich mit Gras bewachsen, aber das schlechte Wetter der letzten Tage hatte den Boden in einen Morast verwandelt, der unterdessen durch die Kälte völlig gefroren und mit Eis bedeckt war. Der Himmel war den ganzen Tag über wunderbar blau gewesen, keine Wolke war zu sehen. Auch in der Nacht hatte man die Sterne deutlich am Firmament leuchten sehen. Dadurch war es auch so unfassbar kalt.

Der Platz war trotzdem gut gefüllt mit Schaulustigen, welche gespannt das kommende Ereignis herbeisehnten. Die Luft vibrierte aus einem Gemisch aus Stimmengewirr, schreienden und spielenden Kindern und einer Spannung, die den Tod eines Mannes ankündigte.

Am Rande des Platzes hatten Händler ihre Tische aufgebaut, auf denen sie allerlei Dinge zum Verkauf anboten. Von wollenen Mützen und ledernen Handschuhen, die sich das gemeine Volk sowieso nie leisten konnte, über Bier und heissen Met und anderen Getränken sowie verschiedensten Essenswaren. Auch Gaukler und Musikanten gaben ihre Kunststücke und Lieder zum Besten. Es waren sogar tanzende Paare zu sehen.

«Das geht noch eine Weile. Lasst uns noch etwas trinken», schlug Matthias vor. «Ich hatte gestern eine Glückssträhne.» Während Sven grinsend die Richtung hin zu den Verkaufsständen wechselte, sah ihn Hans Waldmann streng an. Matthias wusste, was der Hauptmann vom Glücksspiel hielt. Matthias erwiderte den Blick, lächelte dann etwas schief und zuckte mit den Schultern. Waldmann sah ihn noch einen Moment mit diesem Blick an, drehte sich dann um und ging Sven und Heinrich hinterher.

«Na ja, wenigstens resultiert aus Deinem Spiel ein gutes Getränk», murmelte der Hauptmann leise in seinen Bart.

* * *

Das Bier war zwar kalt, aber keineswegs gut. Es roch abgestanden und schmeckte scheusslich. Sven verzog nach dem ersten Schluck sein Gesicht. Hans dagegen spuckte es sogar angewidert aus.

Heinrich knallte dem Mann hinter der Ausschank seinen hölzernen Humpen hin.

«Was ist das?», fragte er kalt. Der Bierbrauer holte Luft, aber bevor er eine Antwort geben konnte, meinte Heinrich: «Und, wenn Du jetzt 'Bier' sagst, schneide ich Dir die Zunge raus.»

Der Mann schluckte leer. «Vielleicht … Vielleicht … Ich kann den Herren ein frisches Fass anzapfen», stammelte er schliesslich.

«Damit können wir leben», antwortete Matthias, doch Hans unterbrach ihn.

«Nein!» Auch er blickte den Brauer kalt an. «Und dann verkaufst Du dieses …» Er suchte nach dem richtigen Wort, «dieses Gebräu einfach an die anderen Leute hier und nimmst ihnen dafür noch viel zu viele Groschen ab.» Er schüttelte den Kopf und dachte kurz nach. «Nein!», meinte er schliesslich, «Aber Du gibst uns das ganze frische Fass.»

Der Bierbrauer wollte sich schon umdrehen, um ein neues Fässchen zu holen, als Waldmann ergänzte: «Zum selben Preis wie der vier Humpen.»

Der Mann hielt in der Bewegung inne, drehte sich dann wieder zu den unzufriedenen Kunden um.

«Aber Herr …», stammelte er, «das könnt Ihr nicht machen.» Er schüttelte energisch den Kopf. «Aus einem Fässchen hole ich …»

«Ich kann selbst rechnen, Du Schwachkopf», unterbrach ihn Waldmann. «Oder willst Du mir unterstellen, ich sei zu blöd dafür?» Waldmanns Stimme nahm an Schärfe zu. Der Mann erbleichte.

«Aber nein, Herr!», stammelte der Brauer weiter. Er sah zwischen den vier Männern hin und her. Sven hatte sich umgedreht, kicherte in seinen Bart hinein und auch Matthias konnte sich ein

Lachen nur knapp verkneifen. Aber Hans und Heinrich sahen den Bierbrauer beide weiterhin scharf an.

«Ich wollte … Ich wollte nicht …»

«Nun was jetzt?» Hans Stimme klang immer noch scharf. «Wolltest Du oder wolltest Du nicht?»

«Ja. Nein.» Schliesslich öffnete und schloss er den Mund mehrmals, sagte aber kein Wort mehr.

Hans Waldmann hob fragend seine Augenbrauen. «Nun?»

Wieder versuchte der Brauer eine Antwort zu formulieren, wieder blieb er diese schuldig. Dafür drehte er sich um, bückte sich und holte schnaufend ein kleines Bierfässchen hervor, das er auf den Tresen stellte.

«Braver Mann», meinte Heinrich und dessen Bruder ergänzte: «So, und jetzt füllst Du uns die Humpen bis zum Rand. Und wenn das Bier nicht wirklich gut ist, komme ich hinter Deine Theke und ersäuf Dich in Deinem eigenen Gesöff!»

Der Mann tat wie ihm geheissen. Hans nahm den ersten Humpen, setzte ihn an die Lippen und nahm einen grossen Schluck. Der Bierbrauer sah ihn mit grossen angsterfüllten Augen an.

«Ah!», machte Waldmann schliesslich. «Das jetzt nenne ich Bier.»

Sie alle nahmen ihre Krüge und tranken.

Dann knallten sie ihre leeren Humpen wieder auf den Tresen.

«Vollmachen!», befahl Heinrich dem Bierbrauer und der füllte wieder auf.

Hans drehte sich zur Menge um, holte tief Luft und rief: «Der gute Mann hier gibt sein Bier umsonst aus! Kommt und holt Euch einen feinen Schluck! Nehmt so viel ihr wollt.»

Sofort strömten Menschen an den Stand, um sich Bier zu holen, und die vier Weggefährten mussten zusehen, dass sie der Menge aus dem Weg kamen, ohne gleich über den Haufen gerannt zu werden.

Etwas weiter rechts war ein Stand mit Esswaren und sie gingen dorthin, ihre Humpen in den Händen. Matthias erstand Brot, harten Käse und ein wenig ranzigen Speck.

«Du hast ihn ruiniert», meinte er grinsend zu Waldmann und dieser lachte.

«Geschieht dem Lumpen recht. Bescheissen wollte der uns.»

* * *

Sie assen und tranken schweigend, jeder beobachtete den Platz und die darauf hin und her strömende Menschenmenge. Sie wussten alle, dass unter den Bauern, Händlern, Kaufleuten, Wirten, Dirnen und all den Frauen und Kindern, welche sich das blutige Schauspiel nicht entgehen lassen wollten, auch viele Soldaten und Söldner waren. Solche wie sie, die von ihren politischen Führern aus unterschiedlichsten Städten ausgesandt worden waren, um Zeuge und später Berichterstatter der Hinrichtung zu sein.

Aber auch solche, die Karl dem Kühnen, Herzog des Burgunds, und somit auch Von Hagenbachs Fürst, als Spitzel dienten. Die Frage war nur, ob sie sich einmischen und versuchen würden, die Exekution zu verhindern, oder ob sie, wie auch die vier Waffenbrüder aus Zürich ihre Befehle nur als Beobachter hatten.

Matthias konnte es sich beim besten Willen nicht vorstellen, dass der Herzog seinen Landvogt einfach so opfern würde, aber Hans war sich da nicht ganz so sicher. Es könne gut sein, hatte Waldmann auf ihrem Weg zum Anger gemeint, dass Herzog Karl den Tod seines Landvogtes als Bauernopfer willkommen heisse, damit er einen Grund habe, sich gegen die Eidgenossenschaft zu stellen, vor allem aber, um gegen Bern und Fribourg in den Krieg zu ziehen.

Als Soldaten beobachteten sie den Platz, versuchten sich automatisch alle Einzelheiten einzuprägen.

Wie schon in der Taverne am Abend vorher waren alle möglichen Menschen auf dem Platz zu sehen. Menschen aus der Stadt, welche man gut an ihren besseren Kleidern erkennen konnte, einige aber auch vom Lande. Diese waren einfacher gekleidet oder teilweise sogar nur in Lumpen. Söldner, Soldaten und Offiziere trugen ihre speziellen Kleider, waren deshalb gut daran zu erkennen. Auch davon gab es viele. Wie auch die vier Männer für Zürich hatten sich die meisten von ihnen eher am Rande bei den Verkaufsständen aufgestellt, wodurch sie durch die Begrenzungsmauer im Rücken gedeckt waren. Und auch diese beobachteten die Menge argwöhnisch. Sie alle trugen Schwerter, einige hatten sogar Arkebusen und Musketen bei sich, jedoch nur sehr wenige. Matthias kannte diese neue Art von Schusswaffen und wusste, was sie anrichten konnten.

Hans erkannte ein paar Männer aus Basel und nickte ihnen knapp zu, diese grüssten zurück, sonst sahen sie jedoch nichts Auffälliges.

«Was haben eigentlich die Berner mit dem Vogt von Breisach zu schaffen?», fragte Heinrich schliesslich und schob sich das letzte Stück Käse in den Mund. Matthias holte Luft, um zu antworten, wurde aber von Hans unterbrochen, noch bevor er einen Ton hervorbrachte.

«Im ersten Augenschein nichts. Und es waren ja nicht nur die Berner, die ihn stürzten, sondern Fribourg hatte da auch noch tatkräftig mitgeholfen.»

«Das verstehe ich auch nicht», meinte Sven und runzelte die Stirn. «Die Fribourger?»

«Eigentlich waren es die Städte oberhalb des Rheins, also Basel und unter anderem Waldshut», Matthias schüttelte sich, als er den Namen der Stadt hörte, sagte aber nichts dazu, «deshalb bilden diese auch die Richter. Und als die Stadt Bern hörte, dass diese Orte sich gegen den Vogt auflehnen wollten, ermutigten die Berner sie und versprachen ihnen auch aktiv dabei zu helfen.»

«Aber warum? Was haben sie davon?», fragte jetzt wieder Heinrich und sein Bruder sah ihn einen Moment lang ausdruckslos an, dann antwortete er: «Fribourg und Bern grenzen ja an das Burgund direkt an. Und wenn Von Hagenbach hier die Städte ausbluten lässt, schwächt er natürlich diese Region wirtschaftlich und somit auch militärisch ziemlich stark.» Er machte eine Pause, überlegte. «Und, jedenfalls denke ich, dass die Berner die Angst verspüren, dass dadurch Herzog Arsch der Kühne nur noch stärker wird, dabei sein Heer noch weiter ausbauen kann und sie es bei einem allfälligen Krieg noch schwerer haben werden, ihn möglicherweise zu schlagen.»

«Trotzdem ...» begann Matthias, aber Hans Waldmann unterbrach ihn sogleich: «Du wieder.» Er lächelte. «Lass es, Matthias. Heute will ich einen Kopf rollen sehen.»

Schliesslich machten sie sich auf den Weg zum Schafott.

Das Holzgestell war genau in der Mitte des Platzes aufgestellt worden, aus roh behauenen Brettern schnell und lieblos zusammengezimmert. Sie kämpften sich bis zu den vordersten Reihen durch, wobei sie sich teilweise derbe Flüche und Schimpfwörter anhören mussten, aber keiner von ihnen reagierte darauf.

Um das Schafott herum standen in einem geschlossenen Kreis Soldaten der Stadtwache, die mit Schwertern und Hellebarden die Schaulustigen auf Distanz hielten.

«Wie lange noch?», fragte Hans Waldmann einen der Soldaten, welcher eine lange Hellebarde lässig in seinen Händen hielt.

«Solange es eben dauert», schnaubte dieser zurück, ohne Waldmann wirklich anzusehen, worauf Heinrich einen Schritt auf den Soldaten zumachte, aber von Sven mit einer Hand zurückgehalten wurde. Sie konnten sich hier keinen Streit erlauben.

«Wie lange noch?», fragte Hans nochmals, dieses Mal mit einem etwas schärferen Ton. Jetzt hatte er die Aufmerksamkeit des Soldaten, der an dem Wams den Rang eines Hauptmannes von Zürich erblickte.

«Entschuldigt, Herr Hauptmann», antwortete er, dieses Mal freundlicher. «Ich hatte Ihren Rang nicht erkannt. Der Hund wird soeben vom Radbrunnenturm auf einem Karren hierhergefahren. Dann wird das Urteil verlesen und der Waffenkönig muss ihm seine Ritterwürde nehmen, ihn entrittern. Dann können wir ihm endlich seinen wüsten Kopf abschlagen.»

«Gut», machte Hans. «Ich will in dieser verfluchten Kälte nicht zu lange warten, sondern so schnell wie es geht zurück zu diesen warmen Titten in der Goldenen Mühle.» Er lachte trotz des zuerst rüden Tons des Soldaten und war ausgesprochen bester Laune, da das Bier seiner sonst schon guten Laune noch Auftrieb gegeben hatte.

* * *

Die Sonne, die milchig durch die aufgezogenen dünnen Wolken schien, war hinter dem Windbruchtor untergegangen und der Platz wurde nun durch Fackeln erhellt, die angezündet in ihren gusseisernen Halterungen brannten. Die Kälte kroch wie ein böses Tier über den Platz, liess die Menschen schauern und sie zogen ihre Mäntel, Wamse und Decken enger.

Es müssen mindestens tausend Menschen auf diesem Platz sein, schätzte Matthias, und es drängten immer noch weitere hinzu.

Eine Kirchenglocke läutete, sie schlug sechs Mal.

Ein Befehl ertönte und die Soldaten um das Schafott senkten nun ihre Hellebarden, hielten sie der Menge entgegengestreckt, indem sie das hölzerne Ende jeweils unter den hinteren Fuss stemmten und die stählerne Spitze gegen die Menschen auf dem Platz richteten. Die befehlshabenden Kapitäne zogen ihre Schwerter, liessen den blanken Stahl im Schein der vielen Fackeln funkeln.

Die Menge verstummte langsam, als ein Wagen, gezogen von einem dürren, kleinen Esel, durch das Tor gerollt kam. Er war umringt von Männern in langen Mänteln, an denen man erkennen konnte, dass es sich um einige der Richter sowie der Stadtoberen handelte. Auch ein Priester war mit dabei.

Man konnte das Rumpeln des Wagens hören. Darauf kniete ein Mann, gekleidet in den einfachen weissen Hosen und Hemd eines Verurteilten. Er war schon über die fünfzig Jahre hinaus, den Schädel kahlrasiert. Sein Bart war mehrheitlich weiss. Die Menge fing an zu rufen und zu schreien, es waren Flüche und Beleidigungen zu hören.

Matthias sah, dass der Scharfrichter das Schafott erklommen hatte, sein Richtschwert in den Händen. Es war etwa drei Fuss lang, zweischneidig, mit abgerundeter Spitze und längerem Griff, um es gut mit zwei Händen führen zu können. Die Klinge besass zwei Blutrinnen, dazwischen war eine Inschrift eingraviert, was geschrieben war, konnte Matthias auf die Distanz jedoch nicht erkennen.

Der Scharfrichter war in seiner üblichen Tracht gekleidet. Enge, lederne Hosen und darüber ein blutrotes Wams, dazu ein Umhang in derselben Farbe und ein kleiner Hut, ebenfalls in Rot. Er stand auf dem Richtpodest, die Beine leicht gespreizt, das Schwert ruhig, aber festen Griffs vor sich abgestellt. Matthias sah, dass der Scharfrichter die Menge beobachtete und dem Delinquenten keinen Blick würdigte.

Die vier Männer beobachteten das Treiben unaufgeregt. Sie hatten schon genug Tod gesehen, als dass sie die Spannung erfassen konnte.

Der Wagen wurde bis zum Schafott gezogen und hielt vor der hölzernen Treppe. Zwei Soldaten zogen den Delinquenten unsanft auf die Beine und dann von dem Wagen herunter. Er streckte sich, stand gerade und aufrecht. Die Wachen zogen ihn in Richtung des Schafotts, aber der Mann schüttelte sich los und ging langsam mit erhobenem Haupt in Richtung des nahenden Todes. Die beiden Wachen liessen ihn gewähren. Er stieg festen Schrittes die Stufen nach oben. Dort blieb er mit steinerner Miene dem Scharfrichter gegenüber stehen. Er war nicht mehr gefesselt, man ging sicherlich davon aus, dass sich der Verurteilte ritterlich seinem Schicksal stellte. Matthias konnte sehen, dass seine Augen wässrig waren.

Also doch nicht ganz ohne, dachte er bei sich.

Hinter dem Verurteilten folgten zwei weitere Männer auf das Schafott. Der eine musste der Waffenkönig sein, welcher Peter von Hagenbach, der bisherige Landvogt der Pfandlande des Herzogtums Burgund, entrittern würde. Der andere müsste einer der Richter sein, dessen Aufgabe es war, das Urteil zu verlesen.

Und schon rollte dieser ein Papier auf und begann, dessen Inhalt laut vorzulesen. Matthias hörte nicht zu, er kannte den ungefähren Inhalt: Mord und Konfiskation, Entrechtung der Stadt Breisach, Eidbruch, Übeltat und die Erhebung des 'Bösen Pfennig'. Vor allem der letzte Punkt war es, mit dem er fast die gesamte Bevölkerung seiner Ländereien gegen sich aufgebracht hatte und die jetzt bei dessen Erwähnung wütend aufschrie.

Matthias sah sich um. Aufgrund seiner Grösse konnte er die Menschenmenge mit Leichtigkeit überblicken. Die Anwesenden waren erbost, schrien immer wieder Widerwärtigkeiten und Beleidigungen in Richtung des Schafotts, sodass der Richter die Vorlesung teilweise unterbrechen musste.

Matthias erkannte seine Spielgefährten vom letzten Abend, diejenigen aus Bern. Wie auch die Zürcher um Hans Waldmann waren sie nach Breisach gekommen, um der Hinrichtung aus politischer und wirtschaftlicher Entwicklung beizuwohnen. Auch sie waren Söldner.

Einer der Männer aus der Berner Gruppe spürte Matthias Blick, erwiderte ihn und Matthias schüttelte leicht den Kopf, was der andere mit einem Schulterzucken quittierte. Matthias war nicht der Einzige, der lieber eine politische Lösung vorgezogen hätte. Aber er wusste auch, genau wie sein Gegenüber bei den Bernern, dass viele einen möglichen Krieg gegen Karl den Kühnen als grosse Chance für die Eidgenossenschaft sahen.

Wie oft hatte er schon mit den Waldmann-Brüdern darüber gestritten. Er wusste wirklich nicht, was dieser Krieg im Westen für die Stadt Zürich, die Stadt Luzern oder die ersten Stände wie Uri, Schwyz und Unterwalden bringen sollte. Ja, natürlich gäbe es die Möglichkeit, Kriegsbeute zu machen. Savoyen und das Burgund hatten einiges an Ländereien, aber Karl hatte den 'Bösen Pfennig' einführen lassen, da ihm das Geld für einen Kriegszug gegen Frankreich fehlte. Da war also nicht mehr so viel zu holen.

Er wusste nicht, wie er sich täuschen sollte.

Und die gewonnenen Ländereien würden sich die Berner so

oder so unter den Nagel reissen. Diese hatten eigentlich dieselbe Motivation wie Karl: Sie wollten ihr Territorium vergrössern. Da sie aber an die Eidgenossenschaft und an den deutschen Kaiser gebunden waren, mussten sie dies in Richtung Westen versuchen. Matthias war überzeugt, gäbe es eine Möglichkeit, hätten die Berner auch schon das Solothurn bis zur Herrschaft Baden überrannt. Aber da hatten sie vor den Zürchern und den Luzernern doch noch einiges an Respekt, da dies gemeinschaftlich von der Eidgenossenschaft verwaltet wurde.

Als Matthias aus seinen Gedanken erwachte und sich wieder dem Schafott zuwandte, war der verurteilte Peter von Hagenbach schon auf den Knien. Dieser weinte jetzt bitterlich, was ihm aber nur weiteren Hohn und Spott entgegenbrachte.

Der Richter war wieder vom Henkerspodest heruntergestiegen und vor Hagenbach stand nun der Waffenkönig, der ihm die Ritterwürde nahm. Nur so konnte ein Ritter offiziell hingerichtet werden, so stand es im Gesetz.

Die Ansprache des Waffenkönig an Hagenbach war kurz und als er fertig war, richtete er sich zur Menge hin und rief mit lauter Stimme: «Somit verkündige ich hiermit vor Euch allen Leut, dass Peter von Hagenbach entrittert und vom Wehrdienst entlassen ist!»

«Schneidet diesem Schwein nun doch endlich den Kopf ab!», schrie ein Mann als Antwort zurück, was wiederum weitere Beleidigungen gegenüber Von Hagenbach folgen liess. Die Menge drängte vorwärts, aber die Soldaten mit ihren langen Hellebarden senkten diese bedrohlich.

Auch die vier Waffenbrüder aus Zürich versuchten sich gegen die Menge zu stemmen, wollten auf keinen Fall in eine dieser blitzenden Waffen gedrückt werden. Sven mit seiner Kraft war da eine grosse Hilfe.

Der Waffenkönig war vom Schafott verschwunden und Von Hagenbach kniete nun in der Mitte der Plattform. Der Scharfrichter hatte sich während der gesamten Zeremonie nicht bewegt, es war, als wäre er aus Stein. Erst jetzt bewegte er sich, nahm sein Schwert auf, beugte sich zu dem Verurteilten hinunter und flüsterte ihm etwas zu. Dieser nickte und der rote Tod stellte sich hinter ihn.

Von Hagenbach wollte noch etwas sagen, holte tief Luft, aber seine Stimme versagte ihm und ausser einem heiseren Krächzen war nichts zu hören. Auch dies hatte wieder verächtliche Rufe aus der gaffenden Menge zur Folge, aber die Rufe waren weniger geworden.

Es ging langsam auf den Höhepunkt zu.

Von Hagenbach versuchte nochmals etwas zu sagen, aber auch dieses Mal war nichts zu hören. Der Scharfrichter wartete, ob doch noch etwas kam, aber der Delinquent blieb schliesslich stumm. Er nahm nun hinter Peter von Hagenbach Aufstellung, suchte nochmals guten Halt mit den Beinen und umfasste sein Schwert mit beiden Händen. Er blickte zu den Stadtoberen und Richter hinüber.

Derjenige, welcher das Urteil verlesen hatte, nickte. Der Carnifex hob das Richtschwert und Matthias sah, wie Von Hagenbach vor sich hinmurmelte. Immer noch liefen ihm die Tränen übers Gesicht, aber seine Augen waren geschlossen.

Die Hüften des Scharfrichters begannen sich zu drehen und das Schwert war in Bewegung. Die Flammen der vielen Fackeln spiegelten sich in der langen stählernen, sich bewegenden Klinge. Es war, als vollführte es einen Halbkreis aus Licht.

Ein Raunen ging durch die Menge.

Kapitel III

Der Regen war wie ein Vorhang. Er hüllte die gesamte Welt hinter einen nassen, durchsichtigen Schleier. Das Haus war klein. Es besass auf der Vorderseite eine Tür, aber keine Fenster.

Gedrungen duckte es sich, als würde es versuchen, sich vor dem Regen zu verstecken. Angebaut an das Haus war ein ebenso kleiner Stall, der nur aus einem Dach, einer roh gezimmerten Rückwand und ein paar Balken bestand, woran man die Pferde anbinden konnte. Feuchtes Stroh lag auf dem Boden, ein einsames Pferd stand in der Koppel. Aus dem steinernen Kamin stieg Rauch auf.

Das Haus lag einsam auf einer kleinen Lichtung, genau dort, wo der Weg in den Wald hineinführte. Oder hinaus. Je nachdem, woher man kam.

Der Weg war rutschig, der anhaltende starke Regen hatte die letzten Reste von Eis und Schnee weggespült und den Weg in knöcheltiefen Morast verwandelt.

Ausser dem Rauschen der Regentropfen war nichts zu hören.

Ein Schild über der Tür schaukelte in dem leichten Wind, was darauf stand, war schon lange nicht mehr zu lesen. Die Schrift war über die Jahre von Wind und Wetter weggewaschen.

Aus dem Dunkel des Waldes lösten sich vier Schatten, als wären es Dämonen.

Langsam ritten die Reiter an das Haus heran. Sie duckten sich in ihren Sätteln, hatten ihre langen Mäntel eng um sich gezogen. Die Hüte waren tief in den Gesichtern.

Vier dunkle Gestalten, die nichts Gutes mit sich brachten. Nur die Wölkchen ihres Atems zeigten, dass es sich um Menschen und nicht um Geister handelte.

Die Gestalten ritten zum Stall und stiegen ab. Sie banden ihre Pferde neben das bereits dort stehende und gingen zum Eingang des Gasthauses. Unter ihren Stiefeln spritzte das Wasser.

Der Mann sass allein an einem Tisch in der Ecke der Gaststube.

Der Tonkrug vor ihm war leer und an seinen glasigen Augen war zu erkennen, dass er den Inhalt des gesamten Kruges ohne jegliche Hilfe geleert hatte. Vor ihm stand ein noch halb voller Teller mit Resten von Gemüse, Käse und Brot sowie ein Trinkbecher auf dem Tisch. Hinter ihm hing sein immer noch nasser Reitmantel, sein Schwert und eine lederne, von Meisterhand gefertigte Satteltasche. Wasser tropfte vom Mantel herunter.

Ansonsten war die Gaststube leer, nur der Wirt stand hinter der Theke. Ein wärmendes Feuer loderte in dem grossen Kamin.

Auf dem Strohdach konnte man den prasselnden Regen hören und an einigen undichten Stellen tropfte das Wasser auf den Boden der Gaststube und bildete mal kleinere und mal grössere Pfützen.

Der Mann rülpste laut, nahm den Trinkbecher und setzte ihn an seine Lippen. Doch der Becher war leer und der Mann hämmerte ihn laut auf den Tisch.

«Wirt!», rief er, seine Stimme schon nicht mehr ganz klar. «Bring mir noch einen Krug!»

Der Wirt hinter dem Tresen, ein kleiner fetter Mann in einer Schürze, die seit Jahren nicht mehr gewaschen worden war, sah den Mann einen Moment lang überlegend an.

«Kann der Herr auch bezahlen?» In seiner Stimme lag Misstrauen.

«Was?», schrie der Mann, viel zu laut für die kleine und leere Gaststube. «Und ob ich bezahlen kann. Ich habe mehr Geld, als du stinkender Lump je in deinem Leben zählen könntest.» Er stierte den Wirt mit den glasigen Augen an. «Und nun los, bring mir den verdammten Krug mit dem Bier!»

Der Mann senkte den Blick und stierte wieder ins Leere.

Der Wirt nahm einen der leeren Bierkrüge unter dem Tresen hervor und füllte ihn aus einem Fass. Er wollte soeben hinter dem Tresen hervor, als er die vier Männer bemerkte, die lautlos in der Tür standen. Der Wirt erbleichte.

Es schien, als seien sie aus dem Nichts erschienen.

Die langen Mäntel der Männer waren völlig durchnässt und trieften vom Regen. Sie trugen breite Hüte auf den Köpfen. Ihre Gesichter waren nicht zu erkennen. Von den Krempen der Hüte lief das Wasser in Strömen herunter. Die Schwerter, welche sie alle an den Hüften trugen, waren unter den Mänteln gut zu sehen.

Die Männer hoben ihre Köpfe, sahen sich langsam um. Irgendwie glänzten ihre Augen unheilvoll.

Der Mann am Tisch hob nicht mal den Kopf.

«Bring dem Mann das Bier!», sagte einer der Männer zu dem Wirt mit kalter Stimme.

«Jetzt! Und uns gleich auch!» Unter der Hutkrempe des Mannes blitzten dunkle Augen hervor.

Der Wirt musterte die vier Gestalten kurz. Derjenige, der gesprochen hatte, trug einen wilden Bart und einen breiten, gezwirbelten Schnauzbart unter einer langen, schmalen Nase. Der Mann neben ihm war noch etwas grösser, aber dafür schmaler gebaut. Er besass schmale, braune Augen und sein Kinn war rasiert. Der dritte im Bunde war der kleinste und schien auch der Jüngste zu sein. Er war schmal, drahtig und hatte blaue, kalte Augen. Und zuhinterst stand ein Hüne. Dieser war riesig, breitschultrig und musste sich ducken, um nicht an die tiefe Decke zu stossen.

Der Wirt schluckte und machte sich sogleich an die Arbeit.

Die Männer entledigten sich ihrer nassen Hüte und streiften ihre Mäntel ab, schüttelten sie aus und hängten sie an ein paar Haken an die Wand.

«Was für ein verfluchtes Wetter», sagte der mit dem wilden Bart, während sie sich an einen Tisch gleich neben dem des anderen Gastes setzten. «Keinen Hund würde man vor die Tür hetzen bei diesem Sauwetter.»

«Guten Abend, der Herr», meinte er dann an den Mann am anderen Tisch gewandt. Es schien sich um den Anführer der vier Gestalten zu handeln. Doch er bekam nur ein knappes Nicken als Antwort.

Der Wirt kam mit zwei grossen Krügen schäumenden Bieres und vier Bechern. Er stellte sie auf die beiden Tische. «Wollen die Herrschaften noch etwas essen?»

«Aber gerne doch», antwortete der Hüne mit grollender, tiefer Stimme, «egal was, aber heiss muss es sein.»

«Ich hätte einen Eintopf mit Gemüse, Hirse und Kräutern anzubieten.»

Der Riese nickte. Der Wirt machte sich auf den Weg in die Küche und die vier Männer musterten den schon ziemlich angetrunkenen Gast eindringlich. Dessen Kleidung war die eines höheren Herrn und auch sein Schwert war aufwändig gearbeitet. Er trug blaue Hosen und ein weisses Hemd, beides mit goldfarbenen Verzierungen. Darüber ein kurzes, ebenfalls blaues Wams.

«Wollen der Herr uns Gesellschaft leisten?», fragte der Anführer den Gast.

Der Mann blickte sie an, schien abzuwägen, womit er es hier zu tun hatte und runzelte die Stirn. Die vier Männer waren Söldner, zwei schienen Offiziere.

Der Anführer knöpfte sich sein Wams auf, zog es aus und knallte das feuchte Kleidungsstück achtlos auf einen der leeren Nebentische. Er trug darunter ein simples, weisses Hemd, an dem er jetzt die Ärmel aufrollte.

«Kommt Ihr aus Breisach?», fragte der einzelne Gast mit schwerer Stimme.

«In der Tat», antwortete der Anführer. Nur er antwortete, die anderen drei schwiegen.

«Ah», sagte der Fremde. «Also auch Gaffer, die gerne Köpfe rollen sehen.»

Der jüngste der vier wollte schon aus seinem Stuhl fahren ob der Beleidigung, die in diesem Satz lag, doch der Anführer legte ihm seine Hand auf den Arm und zog ihn zurück auf den Sitz. «Ruhig», meinte er nur und der andere setzte sich wieder.

Dann lächelte er den Fremden an. «Wir sollten nur sicherstellen, dass ihn auch wirklich der Teufel holt», antwortete er dann vage. Der andere nickte nur leicht.

«Ihr seid einer der Richter. Ich erkenne Euch von der Hinrichtung.» Auch dieser war wie ein Offizier gekleidet, glattrasiert, sprach leise, aber scharf.

Der Mann nickte schwer.

«Ja!», sagte er kurz. «Wir haben den Bastard in die Hölle geschickt.» Er nahm seinen Becher in die Hand, doch der war immer noch leer. Der Anführer nickte dem Hünen kurz zu, worauf dieser den Trinkbecher des Mannes aus einem ihrer eigenen Krüge auffüllte. Der Mann nickte dankend.

«Ich bin Wilhelm Kappeler», stellte er sich schliesslich vor. «Ich bin … war einer der Richter für Von Hagenbach.»

Der Wirt kam und stellte eine grosse Schüssel mit dampfendem Eintopf und ein paar Teller auf den Tisch. Kappeler schwieg, bis sich der Wirt wieder auf den Weg zur Küche machte. Er sah dem Schankwirt mit schwerem Blick nach.

«Von Hagenbach war ein Schurke!», fuhr er schliesslich fort, als dieser dann in der Küche verschwunden war. «Er machte, was er wollte und schaufelte Geld in seine eigenen Taschen. Aber Herzog Karl war dies egal.»

«Karl wusste das?», fragte der Anführer mit einem Stirnrunzeln. «Das erklärt vieles.»

«Aber sicher wusste er es. Doch Karl ist derselbe Hurensohn wie es Von Hagenbach war. Solange ihm sein Vogt Geld verschaffte für seine Kriegskasse, war es ihm völlig egal, was dieser sonst noch so tat. Also hat der Arsch seinem Herzog immer schön Gulden zugesandt, aber nicht ohne vorher etwas für sich selbst in seinen eigenen Säckel zu schaffen.» Kappeler schüttelte den Kopf. Er seufzte leise und fuhr dann fort: «Dieser stinkende Stiefel hat es sich richtig gut gehen lassen. Hat rumgehurt, sich Goldschmuck und Pferde zugelegt. Und natürlich zu den Pferden jeweils die schönsten Sättel, am besten noch mit Gold verziert.» Er machte eine kurze Pause, schüttelte schwer seinen Kopf. «Und das alles mit dem Geld der rechtschaffenen Menschen, die ja sonst kaum was für sich haben.»

Kappeler hatte sich so richtig in Rage geredet. Die vier Männer unterbrachen ihn nicht.

«Und sein Weib – verdammt soll sie sein! – die war genauso schlimm. Da gaben sie Unsummen aus für diese Scheiss–Hochzeit, luden alle möglichen Gockel und Hennen ein und benahmen sich wie die Schweine. So sagt man jedenfalls. Unzucht hätten sie getrieben, mit allem was Schwanz oder Fotze hat. Jeder mit jedem und jeder. Von Hagenbach hatte unzählige Maitressen, für die er natürlich auch aufgekommen ist. Schöne Kleider, teure Kutschen, edler Schmuck. Und seine Alte hätte es mit etwa jedem der Diener getrieben, der nicht bei drei auf den Bäumen war. Dazu teuerste Stoffe, edelster Schmuck und immer die besten Speisen. Sechs Köche wären in der Küche herumgerannt, sagt man. Und wenn ihr nur ein Gericht nicht gepasst habe, hätte sie den zuständigen Koch vom Hof gejagt und einen neuen angestellt.» Wieder eine Pause. «Aber dumm war Von Hagenbach nicht. Nur gierig. Er war bei den Verhandlungen zwischen dem Thronerben Maximilian und dessen Weibe mit dabei. Und dann natürlich hat er versucht, den Scheisser Karl bei dem Kaiser einzubringen. Gott sei es gedankt, dass das scheiterte. Nichtsdestotrotz, Von Hagenbach hat eine richtig hohe Summe für seine Bemühungen kassiert. Und natürlich die Unterstützung von Karl.» Kappeler unterbrach seine Erzählung, um einen grossen Schluck Bier zu nehmen. Er trank so gierig, dass ihm dabei ein Teil des Gerstensaftes aus den Mundwinkeln in seinen sauber gestutzten Bart lief.

Die vier Männer tauschten vielsagende Blicke aus. Kappeler wollte zuerst seinen Becher wieder auf den Tisch stellen, behielt ihn jedoch in der Hand und fuhr fort: «Schliesslich aber musste er sich von allen Seiten her Geld leihen, um seinen Lebensstil aufrecht zu erhalten, konnte es dann später kaum zurückzahlen, als irgendwann dann die Kassen völlig leer waren. Deshalb kam er auch auf die Idee des `Bösen Pfennigs`. Und der Hundsfotz von Herzog unterstützte ihn dabei. Der wollte auch seinen Teil davon haben. Er musste ja sein Heer bezahlen. Mich würde es nicht mal wundern, wenn der Pfennig sogar Karls eigene Idee gewesen wäre.»

Kappeler machte nochmals eine Pause und leerte den Rest seines Bechers in einem Zug. Wieder floss Bier in seinen Bart und über sein Hemd, doch er bemerkte es erneut nicht.

Er knallte den leeren Becher laut auf den Tisch. «Schliesslich stürzten wir …» Er unterbrach sich für einen kurzen Moment, «… die Städte nördlich des Rheins ihn zusammen mit den Bernern und machten dem Spuk ein Ende.»

«Und was blieb noch übrig?», fragte der Anführer leise. Dessen Ton war scharf. Kappeler sah ihn mit gläsernen Augen an und spuckte als Antwort auf den Boden. Der Riese nutzte die Gelegenheit, um Kappelers Trinkbecher wieder randvoll mit Bier zu füllen.

«Nicht viel. Die Hure des Bastards hat in weiser Voraussicht das meiste auf die Seite geschafft, wohin weiss ich nicht. Aber ich denke, als die Gräfin wird sie so viel sie konnte nach Thengen gebracht haben. Jedenfalls verschwand sie im April, nur gerade einen einzigen Tag, bevor die Berner Von Hagenbach festgesetzt haben.».

«Sie hat ihn einfach so im Stich gelassen?», bemerkte der Anführer, verzog dabei seine Lippen zu einem kaum sichtbaren Lächeln.

«Das sagte ich doch», fuhr ihn Kappeler an, «die ist ein richtiges Miststück! Ich bin mir sicher, die Hündin wusste, was kommt. Oder sie war sogar daran beteiligt. Würde mich nicht überraschen. Sie brauchte ihn ja nicht.» Er zuckte dabei mit den Schultern. «Weder seinen Titel noch seinen Schwanz. Aber sein Geld konnte sie gut gebrauchen. Sie warf es auch mit vollen Händen aus dem Fenster.» Er sog hörbar die Luft ein, liess sie langsam wieder entweichen. «Also hat sie mitgenommen, was sie tragen konnte und ihn seinem Schicksal überlassen. Aber geschieht ihm ja auch recht.»

Wieder machte er eine Pause, wieder stürzte er dabei sein Bier in nur einem Zug herunter. Als er danach fortfuhr, lallte er. Die vier Männer mussten schon aufmerksam zuhören, um ihn weiterhin richtig verstehen zu können.

«Sechzehn Pferde hatte der Schafskopf noch. SECHZEHN! Die Pferde konnte die Hure ja nicht einfach so aus dem Stall nehmen, also nahm sie sich die zwei schönsten und liess den Rest zurück. Zusammen mit einer Goldkette und einem goldenen Siegelring. Da hätte sie ihm schon den Finger und den Kopf abschneiden müssen, um an diese zu geraten. Ach ja, ...» Kappeler überlegte sichtlich mit Mühe. «Geld ... Geld hatte er noch in einer der Satteltaschen. So um die einhundert Gulden, das war es dann aber auch.»

Die Blicke der Männer gingen zu der Satteltasche, welche hinter Kappeler an der Wand hing. Sie war aus feinstem gegerbtem Leder, verziert mit einer grossen, goldenen Schnalle und über und über mit Goldfäden durchwirkt. Die Tasche war viel zu kostbar, auch für einen Stadtoberen.

Kappeler griff wieder zu seinem inzwischen erneut gefüllten Becher, verfehlte ihn aber und musste ein zweites Mal zugreifen. Dieses Mal erwischte er ihn und setzte ihn an die Lippen. Doch in der Hälfte setzte er ihn wieder ab und versuchte, schwerfällig aufzustehen.

Er torkelte, wollte sich an seinem Stuhl festhalten. Dann kippte er mitsamt dem Stuhl um, erbrach sich fürchterlich und blieb mitten in seinem Erbrochenen liegen.

Die vier Männer sahen sich an.

Der Jüngste stand auf und bückte sich über den bewusstlosen Richter. Dann rümpfte er die Nase und nickte: «Ja lebt noch», sagte er knapp.

«Lass ihn», meinte der Anführer und der zweite Offizier stand auf, nahm die Satteltasche vom Haken und schmiss sie mitten auf den Tisch.

Der Anführer der vier Männer schob das Geschirr beiseite und leerte den Inhalt der Ledertasche Kappelers aus. Ein mit Wachs versiegelter Lederköcher, ein goldener Siegelring, eine prächtig gearbeitete Goldkette und zwei kleinere Lederbeutel landeten auf dem Tisch. Aus den beiden Beuteln klimperte es verdächtig.

Er griff sich den Köcher und riss ihn auf. Zum Vorschein kam ein gerolltes Stück Papier, das mit einem grossen blauen Siegel verschlossen war. Er zerbrach es, entrollte das Papier und begann zu lesen.

«Von Hagenbachs Testament», meinte er, als er damit fertig war. «Der scheinheilige Bastard hat alles dem Münster von Breisach vermacht.»

«Und was macht Kappeler dann hier damit?», fragte der jüngste der vier.

Der Anführer blickte ihn an. «Na, was wohl?», fragte er etwas spöttisch. «Der Lump sollte das Testament und das Vermächtnis der Stadt Basel überbringen.» Er atmete tief ein und aus. «Ich kenne Kappeler. Er erinnert sich vielleicht nicht mehr an mich, aber ich mich noch sehr genau an ihn. Er ist der Handlanger der Stadt Basel. Und diese waren federführend mit den Städten oberhalb des Rheins. Die Basler schienen etwas zu wissen, was allen anderen verborgen geblieben war, nämlich was noch da war und was nicht. Ich denke, nach dem Gericht brachte Kappeler die anderen Richter dazu, ihm das Testament und Von Hagenbachs Vermächtnis zu übergeben, mit dem Versprechen, es dem Münster zu überbringen. Aber ich glaube, er hatte von der Stadt Basel andere Anweisungen und da diese wussten, was Von Hagenbach noch besass, wollten sie sich den Rest seines Vermögens unter den Nagel reissen. Vielleicht als Wiedergutmachung für entgangene Zölle oder so was Ähnliches.»

«Aber warum liessen sie ihn dann allein reisen?», warf der Hüne ein.

«Weil es weniger auffällt», antwortete der mit dem glattrasierten Kinn. «Eine bewaffnete Eskorte wäre viel zu auffällig.»

Der Anführer nickte zustimmend. «Oder, er hat sich einfach so noch nachts aus dem Staub gemacht. Wir sind dieselbe Strecke geritten und er war schon eine Weile hier, als wir eintrafen. Ich gehe davon aus, dass er sich gleich nach der Hinrichtung davongeschlichen hatte, während wir erst am Morgen danach losritten.»

«Auch möglich.» pflichtete ihm der andere bei. «Und, was die werten Herren Richter wohl nicht wussten, Kappeler ist ein Trunkenbold.» Er blickte auf den am Boden liegenden Richter hinab.

«Seht Euch das an», rief der jüngste der Männer und hielt eine Goldkette mit grossen goldenen Gliedern hoch. Die Kette besass ein fast Handteller grosses Medaillon, gefertigt aus schwerem Gold. Der Anführer sah sich das Medaillon genauer an.

«Das Antlitz von Karl dem Kühnen.» Er nickte leicht.

«Einhundert Gulden», sagte nun der Hüne. Er hatte unterdessen den Inhalt der Geldsäckel untersucht und die Münzen dann wieder hineingeschmissen. Danach klaubte er ein paar Münzen erneut heraus, klimperte mit ihnen auf seiner Handfläche. Die Männer sahen einander an.

«Packt alles wieder zusammen in die Satteltasche. Wir verschwinden hier, bevor dieser Trunkenbold aufwacht.» Der Anführer legte für den Wirt drei Heller als Bezahlung auf den Tisch und die vier Männer verliessen die Schenke.

Als der Wirt wieder aus der Küche in der Gaststube erschien, waren die vier Männer verschwunden. Er sah auf den am Boden laut schnarchenden Gast herunter, zuckte mit den Schultern, klaubte die Münzen vom Tisch und wandte sich ab.

* * *

Matthias blickte Hans Waldmann scharf an. «Du hast das Geld nicht übergeben?»

Sie standen in Waldmanns Schreibstube in dessen Haus inmitten der Stadt Zürich. Kerzen erhellten den Raum, flackerten, warfen Schatten. Durch die milchigen Fenster schien unscharf der Mond.

«Mach bitte die Türe zu, Matthias», befahl Waldmann und als der Kapitän diesem gefolgt war, ging Waldmann zu einer Kommode, öffnete sie mit einem grossen Schlüssel und nahm die Satteltasche Von Hagenbachs heraus. Er schmiss sie auf seinen Schreibtisch und setzte sich auf dessen Kante.

«Nein», antwortete er lapidar. «Habe ich nicht.» Er sah seinem alten Weggefährten direkt in die Augen.

Matthias wollte zu einer Antwort ansetzen und Waldmann wusste, es würde jetzt eine Tirade folgen. Matthias von Altstetin war ein enorm loyaler Mann und sehr pragmatisch. Und er war vollkommen ehrlich.

Also liess er ihn gar nicht zu Wort kommen.

«Warum auch? Kappeler hätte Von Hagenbachs Vermächtnis zur Kirche bringen sollen, aber seine Befehle aus Basel waren anders. Also stahl er es für seine Stadt. Oder für sich? Wer weiss das schon. Jedenfalls steht fest, er hat es gestohlen. Sonst wäre er nicht so schnell aus Breisach verschwunden. Und unseren Diebstahl wird er kaum melden. Er wird ja wohl nicht zu seinen Vorgesetzten gehen und sagen: Seht Leute, ich habe mich besoffen und dabei Von Hagenbachs Gold verloren. Er wird also melden, er sei irgendwo auf dem Weg von Räubern überfallen worden. Und danach gilt das Ganze einfach als verschollen.»

Waldmann machte eine Pause und schaute auf die Satteltasche. Dann sah er Matthias wieder direkt an und fuhr fort: «Die Tasche werde ich von einem Sattler meines Vertrauens abändern lassen, damit sie keiner mehr erkennt. Das Testament, die Goldkette und den Siegelring habe ich dem Stadtrat ausgehändigt mit der Bemerkung, das sei uns per Zufall in die Hände gefallen. Sie wollten Genaueres wissen, aber ich habe sie im Dunkeln gelassen. Die werden das Gold zu Geld machen und es in die Staatskasse schmeissen. Unsere Stadt kann es gut brauchen.» Wieder eine Pause. «Die Zukunft ist ungewiss.»

Waldmann zuckte mit den Schultern.

«Und das war es dann? Ich weiss nicht», sprach Matthias leise. Er runzelte die Stirn.

«Hör zu, mein Freund», Waldmann stand auf und ging zu einem kleinen Tischchen an der Wand seines Arbeitszimmers. Er nahm davon zwei Gläser und füllte sie mit Wein aus einer auf seinem Schreibtisch stehenden Karaffe, dann drückte er eines davon Matthias in die Hand und setzte sich wieder auf die Tischkante. «Wir teilen uns das Geld auf. Gebrauchen können wir es allemal. Es kommen schwere Zeiten auf uns zu.»

«Was meinst Du damit?» Matthias runzelte die Stirn.

Hans Waldmann seufzte tief. «Peter von Hagenbach hat … hatte einen Bruder, Stefan. Der ist ein noch grösseres Arschloch als es Peter schon war. Und Herzog Karl, der Idiot, hatte ihm, sobald die Belagerung von Neuss beendet war, sechstausend seiner Männer zur Verfügung gestellt und mit denen verwüstet er jetzt den Jura.»

Matthias zog die Brauen hoch.

«Wusstest Du nicht? Ja», fuhr Waldmann fort und nickte leicht dabei, «sie ziehen eine Spur der Zerstörung hinter sich her. Die haben schon mehr als zwei Dutzend Dörfer geplündert und zerstört. Es kam heute ein Schreiben aus Bern. Sie werden zusammen mit der Stadt Basel eine Eingreiftruppe entsenden und haben alle Mitglieder der Eidgenossenschaft gebeten, sich bereit zu halten.»

«Krieg!» Matthias sprach das Wort sehr leise aus. Er nippte an seinem Wein.

«Ja!», Waldmann nickte. «Genau das bedeutet es! Krieg!» Er trank seinen Wein mit einem Zug aus und goss sich sogleich wieder Neuen ein. «Erinnerst Du Dich an unser Gespräch in der Taverne in Breisach? Die Enthauptung Von Hagenbachs sollte genau dies provozieren, was jetzt eingetreten ist. Der Plan war riskant und ambitiös, aber Bern hat ihn durchgezogen und er scheint wirklich aufgegangen zu sein.»

Waldmann stand auf und sah aus dem Fenster, sein Weinglas in der Hand. Dann setzte er sich auf die Fensterbank und sah Matthias wieder an. «Bern wird alles dafür tun, endlich Ruhe in sein Grenzgebiet zu bringen und es, wenn irgendwie möglich, zu vergrössern. Und Zürich wird helfen, da werde ich alles daransetzen. Wenn wir die alten Orte mit einbeziehen können, würde das unsere Position innerhalb des Bundes, wie aber auch gegenüber Basel und Bern erheblich stärken.» Waldmann machte eine Pause, um seinen Wein wieder in einem Zug zu leeren. Er stellte das Glas vorsichtig zurück auf den Tisch und setzte sich müde in seinen Stuhl. Matthias blieb davor stehen. Er hatte seinen Wein kaum angerührt.

«Das Risiko ist erheblich», fuhr Waldmann fort. «Karl, dieser Pestsack, hat die modernste Armee, ist gut ausgerüstet und verfügt über zwanzigtausend Mann! Aber ...» Waldmann machte eine bedeutungsvolle Pause, «er ist strategisch und politisch ein Idiot. Neuss konnte er nicht einnehmen, obwohl es von Kindern verteidigt worden war.» Hans schüttelte den Kopf. «Wie schon in Breisach gesagt: Wir beide hätten mit diesem Heer ganz Frankreich unterworfen! Und wenn wir ihn zwingen können, nach unseren Bedingungen zu kämpfen, dann haben wir gute Chancen. Wir müssen ihn unbedingt dazu bringen, seine Artillerie nicht richtig einsetzen zu können.» Er goss sich nochmals Wein ein, hob sein Glas, trank aber nicht. Er behielt es einfach in der Hand, besah sich dessen Inhalt. «Bern wird diesen Kampf, wenn nötig, sogar allein versuchen. Und stell Dir vor, die wären ohne uns erfolgreich?» Er beantwortete die Frage gleich selbst und seine Stimme wurde lauter. «Die Stadt Bern wäre nicht mehr zu stoppen! Unsere Position gegenüber ihnen wäre dann viel zu schwach. Und das dürfen wir auf keinen Fall zulassen.» Er schüttelte heftig den Kopf, stellte sein Glas, ohne davon getrunken zu haben, wieder auf den Tisch. Dann begann er in den vor ihm liegenden Papieren zu wühlen, zog schliesslich eines hervor und hielt es Matthias unter die Nase. Dieser nahm es und las.

«Ich habe mehrere solcher Schreiben verfasst, heute», erklärte Waldmann weiter. «An die ganzen Stände der Eidgenossenschaft, inklusive der Städte Bern und Basel. Und mit unserem Stadtrat spreche ich morgen nochmals. Auch da hatte ich heute Abend schon Gespräche. Und dabei hat das Vermächtnis Von Hagenbachs natürlich geholfen.» Er grinste, als Matthias das Papier wieder auf Waldmanns Schreibtisch warf.

«Und Du kannst das Geld, welches wir Kappeler abgenommen haben, gut gebrauchen, Matthias. Du hast zwei Söhne, welche Du durchfüttern musst, nachdem vorletztes Jahr Deine werte Frau verstorben ist. Und Du wirst mit in diesen Krieg hinein gezogen, brauchst also etwas Vermögen, um eine Gastfamilie für Deine Söhne zu bezahlen.» Er schaute seinen alten Waffenbruder scharf an.

«Das bedeutet, Du kannst das Geld nicht verspielen.»

Matthias sah seinen Hauptmann und Freund ernst an.

«Sieh mich nicht so an.» Er schüttelte den Kopf, lächelte dabei sanft. «Glaubst Du wirklich, ich wüsste nicht, was Du mit Deinem Sold machst, seit Deine Johanna am Fieber verstarb? Aber Du hast zwei Söhne und die sollen mal stolz auf ihren Vater sein.»

«Als Dieb?», schnauzte Matthias.

«Als Vater, der für seine Söhne gesorgt hat!», antwortete Waldmann erneut mit scharfer Stimme. «Also nimm das Geld und sieh zu, dass Du eine gute Gastfamilie bekommst für Noah und Valentin. Oder jemanden, der Dein Haus verwaltet. Jedenfalls, wir werden die einhundert Gulden zu viert aufteilen, jeder bekommt denselben Anteil. Und dann machst Du Dich bereit. Ich denke, es geht nicht mehr lange und wir ziehen gegen den burgundischen Idioten in den Krieg. Und», Waldmann machte eine bedeutungsvolle Pause, «mein Freund, wir sind alles Diebe. Wir nehmen das Geld und wir nehmen das Leben. Beides ist eine Sünde.»

Matthias von Altstetin nickte, stelle sein immer noch fast volles Glas Wein auf Waldmanns Schreibtisch und ging.

Kapitel IV

Die Fahne war ursprünglich einmal weiss. Eigentlich handelte es sich um keine richtige Fahne, sondern einfach um ein an einer alten Stange festgemachtes Leinentuch. Vielleicht wurde es vorher einmal als Bettüberzug gebraucht oder als grosses Tischtuch.

Jetzt war das weiss einem rostigen braun gewichen, das fast die gesamte Fahne überzog. Sie lag achtlos hingeworfen auf dem schmutzigen Boden.

Gleich neben dem Berg aus Leichen.

Es stank widerlich. Nach Blut und nach Exkrementen.

Der Geruch von Tod.

Sven Ivarsson von Einsiedeln hatte Tränen in den Augen, ob vom Gestank oder aus Entrüstung, vermochte Matthias jedoch nicht zu sagen. Der Hüne und er lagen im Unterholz und sahen durch ihre Deckung hindurch auf das grosse Feld auf der anderen Seite des Flüsschens Arnon, wo die ehemalige Besatzung der Stadt Grandson aufgeschichtet worden war. Tot.

Im hellen Sonnenlicht dieses wunderschönen, ersten richtigen Frühlingstages waren die Details des Massakers an den Leichen gut zu erkennen. Man hatte ihnen Äxte und Schwerter in den Kopf geschlagen, einige waren dabei gänzlich enthauptet worden. Die Körper und Köpfe hatten die Schlächter achtlos auf mehrere Haufen geworfen. Einige der Köpfe waren dabei wieder herunter gerollt und lagen als grausige, stumme Zeugen des Massakers im Gras. Und als wäre dies nicht schon genug, hatten die Mörder neben jedem der Haufen jeweils einen Holzpfahl in den Boden getrieben und einen der Köpfe darauf gespiesst. Mit ihren toten Augen und offenen Mündern waren sie entsetzliche Mahnmale dieser Tragödie.

Matthias legte eine Hand auf die breite Schulter seines Gefährten.

«Komm Freund!», flüsterte er leise. «Hier können wir nichts mehr tun.»

Sven bewegte sich nicht.

«Vierhundertundzwölf tapfere Männer», sagte dieser so leise, dass es Matthias kaum hören konnte.

«Komm!», flüsterte er nochmals und zog Sven zurück. «Komm, wir müssen uns zurückziehen und Rapport erstatten. Und ich brauche etwas zu trinken.»

Auf dem grossen Feld mit den aufgehäuften Leichen waren Befehle zu hören. Soldaten machten sich daran, grosse Gräben und Löcher in den harten, noch vom Winter gefrorenen Boden zu graben, um ihr Lager weiter zu befestigen. Oder um die Leichen doch noch zu begraben.

Sie hatten die Waffen und Ausrüstungsgegenstände der erbarmungswürdigen ehemaligen Stadtwache von Grandson auf grosse Haufen geworfen. Die Waffen auf den einen, Helme, Harnische und weitere metallene Ausrüstungsgegenstände auf einen zweiten Haufen. Dann noch einen Weiteren mit Stiefeln und Kleidungsstücken.

Matthias und Sven krochen langsam, äusserst vorsichtig, um ja keinen Laut zu verursachen, zurück. Es dauerte eine ganze Weile, bis sie endlich wieder zu ihren Pferden gelangten.

«Karl hat sich da in eine gute Position gebracht», meinte Matthias zu seinem Waffengefährten, während sie ihre Rösser durch das Unterholz führten. Sie gingen vorsichtig und langsam, mieden den Weg, um keinesfalls auf patrouillierende Truppen von Karl dem Kühnen zu treffen. «Wenn sie sich jetzt richtig eingegraben haben, wird es schwierig, gegen sie hier etwas auszurichten. Vor allem gab es Berichte, dass er auch die beiden Burgen Vaumarcus und diejenige an der Vaux eingenommen und darin Vorposten bezogen habe. Wenn das zutrifft, haben wir keine Möglichkeit, das Heer hierhin zu bewegen.»

Sven antwortete nicht. Er ging mit gesenktem Kopf.

«Er hat über zwanzigtausend Mann», fuhr Matthias fort. «Vielleicht zwei–, dreitausend mehr als wir. Aber seine Position ist um ein Vielfaches besser. Eine solch gute Position hätte ich der Ratte nicht zugetraut.»

«Er sitzt hier, wie eine Spinne in ihrem Netz», antwortete Sven schliesslich, nach einer Weile.

Matthias blickte seinen Gefährten plötzlich scharf an. Sven fühlte den Blick, wusste, dass sein Kapitän angestrengt nachdachte, dass sich eine Idee in dessen Kopf entwickelte.

«Wie eine Spinne im Netz», wiederholte Matthias leise. «Das könnte die Lösung sein. Wie kriegt man die Spinne dazu, sich zu bewegen?»

Sven wusste, worauf sein Kapitän hinauswollte. Er nickte. «Man setzt ihr eine Fliege ins Netz.»

Matthias nickte. «Genau! Und wir werden diese Fliege sein.»

Er stieg in den Sattel und gab seinem Pferd die Sporen.

Sie mussten sich beeilen.

* * *

Matthias fand seine Männer im Bierzelt. Sie prosteten ihm zu, als er mit Sven das Zelt betrat.

«Kapitän!», begrüsste ihn einer und sie alle hoben ihre Trinkbecher. Matthias nickte ihnen zu und ging zu der Theke, welche eigentlich nur aus einem Brett bestand, das irgendjemand auf zwei grosse Bierfässer gelegt hatte. Der Wirt, ein bärtiger, aber fast kahlköpfiger Mann, stellte ihm ohne Worte einen Krug Wein hin. Dieser war hier in der Gegend ausgezeichnet, und wenn Matthias die Wahl hatte, nahm er sich lieber einen guten Tropfen Roten als den Gerstensaft. Bei Sven aber war es klar: Er trank nur Wein, wenn es kein Bier gab.

Dieser hatte sich direkt zu seinen Kameraden an den Tisch gesetzt.

Matthias atmete tief ein, versuchte den Gestank von vorhin irgendwie aus seiner Nase zu kriegen und schenkte sich dann einen vollen Becher Wein ein, welchen er gleich erneut in einem Zug leerte. Dann nahm er Becher und Krug und setzte sich ebenfalls zum Tisch seiner Männer.

Matthias von Altstetin befehligte eine Gruppe von fünfzehn Söldnern. Die Männer, die alle aus den verschiedensten Ecken der Eidgenossenschaft stammten, hatten sich mehrfach schon in Kämpfen bewährt und waren unterdessen eine gut eingespielte Truppe.

Alle waren sie ausgesprochen gute Kämpfer und mutig. Die 'Eisenharten' wurden sie genannt, und das nicht zu Unrecht. Der Kapitän hatte diese Männer handverlesen in seine Gruppe beordert und ihre Taten waren nicht unbemerkt geblieben. Hans Waldmann hatte ihm damals den Auftrag gegeben, eine solche Truppe zusammenzustellen und der Zürcher Hauptmann hatte schon einige Male von ihnen Gebrauch gemacht. Die Truppe unterstand deshalb auch dessen direktem Kommando, und dieser scheute sich nicht, Matthias und seine Männer immer wieder für heikle, teilweise fast unmögliche Missionen zu befehlen.

Ihren Ruf hatten sich Matthias und seine Männer bei der Belagerung der Stadt Waldshut erworben. Damals hatten sie den auf dem Rückzug angegriffenen Innerschweizer Truppen durch heldenhaftes Einschreiten nicht nur das Leben, sondern sogar noch deren Kriegsbeute gerettet. Dass dabei Hans Waldmann Matthias das Leben gerettet hatte, wussten die wenigsten. Aber dass Waldmann damals nur dieselbe Schuld an Matthias zurückzahlte, wusste ausser den beiden Beteiligten nur Sven.

Wenn auch in Waldshut eine grosse Portion Glück im Spiel war und damals über die Hälfte seiner Männer fiel und diese ersetzt werden mussten, war diese kleine Truppe eine Horde voller Helden. Und das nötige Glück tat ihrem Ruf keinen Schaden.

Die Stimmung am Tisch war gedrückt.

«Alle ermordet?», fragte einer seiner Männer namens Ulrich aus Luzern.

«Alle!», antwortete Matthias leise. Er nickte dabei leicht. «Sie haben sie in einer Reihe hinknien lassen und ihnen dann Schwerter und Äxte in die Schädel getrieben. Einigen haben sie dabei die Köpfe abgeschlagen.» Matthias seufzte, als das Bild der aufgeschichteten Leichen wieder in seinem Kopf aufflammte.

«Und die Köpfe aufgespiesst?», fragte Ulrich mit einem ungläubigen Ton weiter.

Matthias nickte wieder, stierte dabei in seinen Becher. «Ja! Sie haben sie auf über ein Dutzend Haufen aufgetürmt und neben jedem einen Kopf gepflanzt.»

«Aber sie hatten doch kapituliert?», rief ein anderer der Söldner, Markus von Niederwinterthur, erbost.

«Das hat sie nicht interessiert», antwortet Matthias. Er seufzte. «Ich denke, Karl wollte ein Exempel statuieren. Wollte uns zeigen, dass es ihm wirklich ernst ist bei der ganzen Sache.»

«Und jetzt sitzt der Hurenbock in der Burg von Grandson», grollte Sven.

«Und genau darum sind wir hier!», antwortete eine neue Stimme am Eingang des Zeltes. Die Männer am Tisch sahen hoch und erblickten Hans Waldmann, der mit ernstem Gesicht die Truppe von Matthias musterte.

«Hauptmann», begrüssten ihn die Männer mehrstimmig, hoben ihre Becher als Salut.

Matthias erhob sich.

«Bleib sitzen!», befahl Waldmann knapp, holte sich an der Theke beim Wirt einen Becher und setzte sich, nachdem ihm die Männer Platz am Tisch geschaffen hatten, neben Matthias. Er nahm sich dessen Karaffe und goss sich Wein ein.

«Der Schweinehund sitzt in der Burg von Grandson, sein Heer lagert draussen am Fluss und hat sich eingegraben. Da kommen wir nicht an sie heran.» Waldmann verzog das Gesicht zu einer Grimasse. «Dazu haben sie beide Wege zu der Stadt abgeschnitten, haben Vorposten eingerichtet.»

Er wusste schon Bescheid, da Matthias nach seiner Rückkehr ihm berichtet hatte, was er und Sven beobachten konnten.

Matthias räusperte sich. «Wir müssen den Bastard aus seiner Position holen.»

«Aber wie sollen wir das anstellen?» Waldmann sah seinen alten Waffenkameraden und Untergebenen scharf an. «Wenn er sich nicht bewegt, rennen wir mit offenen Augen in das Verderben. Die Obrigen von Bern, allen voran Von Diesbach, wollen unbedingt, dass wir ihn frontal angreifen, aber nur schon das Übersetzen über den Fluss wird uns nie und nimmer gelingen. Dazu kommt, dass wir das Heer querfeldein bewegen müssen, was uns nicht nur verwundbar macht, sondern äusserst langsam.»

«Nein!», antwortete Matthias bestimmt. «Verdammter Von Diesbach! Das würde nicht funktionieren.» Die Männer am Tisch hörten ihm aufmerksam zu. «Wir müssen Karl dazu bringen, sich von sich aus zu bewegen. Er ist kein guter Stratege und lässt sich, das hat seine Belagerung von Neuss gezeigt, gerne von seinen Gefühlen leiten. Wenn wir ihn also so weit provozieren können, dass er wütend wird, dann macht er vielleicht einen Fehler.»

Waldmann nickte, sagte aber nichts.

Matthias fuhr fort: «Gleichzeitig müssen wir sicherstellen, dass wir einen der beiden Wege nach Grandson offen bekommen, damit wir das Heer überführen können. Nur so kann es uns gelingen, unsere Männer schnell und effizient zu bewegen und den Arsch in eine Feldposition zu zwingen, wo wir ihm ebenbürtig oder sogar überlegen sind.»

«Du hast eine Idee?» Waldmanns Frage war rhetorischer Art. Er kannte seinen Weggefährten zu lange und zu gut.

Der Kapitän nickte und begann, mit den auf dem Tisch stehenden Bechern etwas aufzustellen.

«Das hier ist Grandson», er zeigte dabei auf den grossen Weinkrug, «und das hier sind die beiden Vorposten.» Er nahm zwei Weinbecher und stellte sie so hin, dass sie mit dem Krug ein Dreieck bildeten. Dann bildete er mit vier weiteren Bechern eine Gruppe, stellte sie etwas abseits des Dreiecks auf.

«Hier ist Karl mit seinem Heer. Wenn wir nun einen seiner beiden Vorposten, entweder denjenigen in Vaumarcus oder den anderen an der Rivière de la Vaux öffnen, bewegt er sich vielleicht. Zum einen verliesse er dann seine eingegrabene Stellung, zum anderen würde es uns einen Weg für unser eigenes Heer ermöglichen.» Matthias' Blick war starr auf die aufgestellten Becher gerichtet. In seinem Kopf bildeten sich Karten und mögliche Strategien.

«Die Vaux ist zu weit.» Er stellte den einen Becher etwas weiter vom Krug weg. «Das würde uns zu viel Zeit kosten, nur schon dahin zu kommen. Auch ist es ein Umweg, den sich das Heer nicht leisten kann. Aber Vaumarcus ist näher. Das wäre vielleicht machbar.»

«Du kennst die Burg nicht, Matthias.» Waldmann schüttelte den Kopf. «Ich habe gehört, es sei eine richtige Trutzburg. Sie sitzt auf einem kleinen Geländevorsprung und besteht aus drei hohen Türmen. Da kommt man nicht einfach so hinein.»

In der darauffolgenden Pause meldete sich einer von Matthias' Männern zu Wort: «Doch, Hauptmann.» Sein Name war Friedrich und er stammte wie Sven aus Einsiedeln. Wegen seiner langen, zu einem Zopf zusammengebundenen blonden Haare nannten ihn seine Kameraden nur den Mönch.

«Die Burg hat auf der Talseite, direkt über dem Abhang noch einen weiteren, einen vierten Turm, der ist jedoch viel kleiner und beinhaltet die Wachstube. Er liegt gleich neben dem Tor. Dieses ist aber massiv, dazu mit einer kleinen Zugbrücke gesichert.» Der Mönch machte eine kurze Pause. «Aber die Türme haben keine Zinnen, sondern nur Dächer, können also nicht bewacht oder gesichert werden. Als Abwehr bringen sie deshalb nur wenig. Und das Gelände darunter ist leicht bewaldet. Die Burg wurde über die letzten Jahre eher vernachlässigt und die Bäume auf diesem Abhang nicht mehr regelmässig gerodet.» Der Mönch sah seinen Kapitän an. «Mein Bruder war bis zum Einfall von Stefan von Hagenbach Mitglied der kleinen Garnison. Sie hatten stetig mit Baufälligkeiten der Burg zu kämpfen, aber die Stadtherren von Vaumarcus machten sich wegen Geldmangels nichts daraus.»

Hans Waldmann blickte den Söldner gespannt an. «Fahr weiter», forderte er ihn auf.

Der Mönch fuhr fort: «Mit einer grossen Truppe bringt das nichts, das würden sie bemerken und dann müsste man direkt durchs Tor, was wie gesagt schwierig ist. Aber wenn ein kleiner Trupp unbemerkt an den vierten, den kleinen Turm gelangt, könnten sie mit Leitern zu den Fenstern des Turmes hochklettern.» Der Mönch machte wieder eine kurze Pause. «Wenn man die Wachmannschaft überwältigt hat, denke ich, ist schon ein guter Teil der Besatzung ausgeschaltet. Dann müsste man sich durchkämpfen von Raum zu Raum. Das grösste Risiko ist der kleine Wehrturm mit angrenzendem Balkon über dem Tor. Aber wenn wir leise und überraschend und schnell sind ...»

Er liess den Satz unvollendet, zuckte mit den Schultern.

Waldmann sah Matthias an, nickte.

* * *

Sie liessen die Pferde und Packesel in sicherer Entfernung zurück und trugen ihre Ausrüstung zu Fuss weiter. Zwei grosse Leitern sowie Stemmeisen und ihre Waffen waren ihre einzige Ausrüstung. Sie mussten leise sein, kein Geräusch durfte sie verraten.

Matthias führte seine Truppe über ein offenes Feld, wo sie jedoch durch den angrenzenden Wald vor Blicken aus der kleinen Burg geschützt waren.

Er, der Mönch und Sven hatten schon vorher die Burg in Augenschein genommen. Wie Friedrich ihnen geschildert hatte, lag diese auf einer kleinen Anhöhe. Dennoch war die Burg auf drei Seiten von Wald umgeben, nur auf der vorderen Seite lag sie offen. Dort gab es einen kleinen Vorhof mit drei Terrassen, wo irgendwelches Gemüse angebaut wurde. Der Wald wuchs nahe an die Burg heran. Entgegen des Mönchs ursprünglichen Vorschlag, konnten sie so besser durch den Wald von der Seite her auf den Vorhof gelangen.

Die Burg selbst war schmal und hatte nur ein befestigtes Tor. Aber gleich rechts daneben lag der von Friedrich beschriebene vierte Turm. Er besass zwei Fenster gleich unter dem Dach. Die Läden waren nicht geschlossen, durch beide Fenster schimmerte dämmriges Licht.

Die drei Männer lagen lange im Dickicht. Sie befanden sich etwa auf halber Strecke zwischen dem Weg, worauf das eidgenössische Heer später nach Grandson ziehen sollte, und der kleinen Burg. Ihr Interesse galt nicht nur den Begebenheiten der Befestigung und des umliegenden Geländes, sondern sie achteten auch auf irgendwelche Aktivitäten. Es schien aber, dass gerade nur ein Mann auf dem Wehrgang neben dem Tor Wache stand und dieser schien mehr zu schlafen, als aufmerksam ins Dunkel zu blicken. Sonst war keine Menschenseele zu sehen. Nur aus der Burg selbst war immer wieder mal Gelächter und Geschrei zu hören. Es sah so aus, als ob die kleine Besatzung sich lieber dem Wein hingab und froh war, von der Schlacht fern zu sein, als ihre Aufgaben wirklich gewissenhaft zu erledigen.

Matthias schüttelte für sich nur leicht den Kopf. Nach über zwei Stunden gab er endlich seinen Kameraden ein Zeichen und sie krochen langsam und leise zurück.

Er liess zwei Wachen aufstellen und hiess seinen Männern noch ein wenig zu schlafen. Matthias wollte etwa eine Stunde vor Dämmerung an der Burg sein. Das war die ruhigste und die dunkelste Stunde der Nacht und er hoffte, dass die Besatzung dann tief schlafen würde. Und am wichtigsten, dass auch die Wache des Wehrganges vor sich hindöste. Der Plan war, über die Leitern zu den beiden Fenstern des Turmes zu gelangen und dann in einem Handstreich die schlafende Besatzung zu überraschen.

Der Plan ist nicht schlecht, dachte sich Matthias, hüllte sich in seine Decke und versuchte ebenfalls noch etwas wenig an Schlaf zu finden.

Die Wache weckte ihn als Erstes, danach die restlichen Männer. Es war noch völlig dunkel, leichter Nebel waberte durch die Bäume. Seine Glieder fühlten sich steif an, die Kälte der Nacht war durch Decke und Kleider gekrochen, da sie keine Feuer entzündet hatten. Er streckte sich und versuchte, seinen Körper etwas auf Temperatur zu bringen. Um ihn herum begannen seine Männer ebenfalls noch etwas steif, ihre Habseligkeiten zusammen zu räumen und ihre Ausrüstungen nochmals zu kontrollieren.

Sie hatten sich entschieden, keine Hellebarden mitzubringen, da diese für Innenräume zu lang waren, ansonsten waren alle mit Schwert und Dolch bewaffnet. Sven hatte zusätzlich noch seine grosse Streitaxt dabei.

Als alle bereit waren, führte der Mönch die Truppe einer hinter dem anderen vorsichtig durch den Wald. Sie durften keinen Laut machen. Vor allem die vier Männer mit den Leitern mussten aufpassen, diese auf keinen Fall an Bäume oder Äste zu schlagen. Deshalb hatte Matthias auch befohlen, Stofflappen um alle metallenen Gegenstände zu wickeln. Sie trugen weder Harnische noch Helme.

Jeder der Männer legte eine Hand auf die Schulter seines Vordermannes. Langsam, aber sicheren Schrittes führte der Mönch sie auf einem schmalen Trampelpfad in Richtung der Burg. Schliesslich ging der Weg leicht bergan, ein Zeichen, dass sie sich ihrem Ziel näherten.

Plötzlich hielt er an und kniete sich nieder. Der Rest der Truppe tat es ihm gleich und der Mönch zeigte seinem Kapitän, welcher gleich hinter ihm kniete, mit dem Finger auf die Burg. Sie ragte schwarz aus dem Dunkel empor. Kein Licht war zu sehen, weder aus den Fenstern noch irgendwoher sonst. Matthias liess seine Truppe eine Zeit lang in der Position warten, dann klopfte er dem Mönch auf die Schulter und sie erhoben sich und gingen weiter.

Als der Mönch schliesslich aus dem Wald auf einen kleinen, begrünten, mit Bäumen besetzten Vorhof trat, kniete er sich wieder nieder. Matthias winkte seine Männer heran und gab den Trägern der Leitern ein Zeichen. Die vier Männer gingen leise und gebückt weiter, während der Rest der Truppe sich ihnen anschloss. Der Vorhof erweiterte sich zu einer Terrasse, auf der rechts die Burg vor ihnen aufragte. Kein Laut war zu hören, kein Licht zu sehen.

Wieder warteten sie. Alle Augen waren nach oben gerichtet.

Wo war die Wache?

Matthias gab ein Zeichen und die Männer mit den Leitern schlichen unter den kleinen Turm. Es war immer noch schwarze Nacht, nur im Osten, über dem See, war ein leichter, heller Schimmer zu sehen.

Es wurde Zeit.

Matthias klopfte einem der Träger leicht auf die Schulter. Die vier Männer richteten die Leitern auf und stellten sie vorsichtig an die Wand des Turmes.

Auch die Leitern waren mit Tüchern umwickelt, sodass kein Laut zu hören war. Kaum standen die Leitern an der Wand, begannen die ersten beiden Männer nach oben zu klettern, während zwei weitere diese unten gegen ein Wegrutschen sicherten. Sie kletterten, bis sie schliesslich auf Höhe der Fenster waren. Die beiden Männer hatten Eisenstangen mit dabei. Matthias und der Mönch kletterten als die nächsten und stiegen bis zu den Füssen der ersten beiden. Der Rest der Truppe stellte sich hinten an.

Matthias zupfte seinem Vordermann am Bein.

Ein lautes Klirren zerriss die Stille der Nacht. Und gleich darauf ein zweites, als auch das andere Fenster zersplitterte.

* * *

Wie der Mönch richtigerweise geschildert hatte, lag in dem Raum des kleinen Turmes die Wachstube. Das Zimmer wurde nur leicht durch die rötlichen Reste eines Feuers im Kamin erhellt. Rechts und links an den Wänden standen insgesamt vier Betten, wobei in dreien Männern schliefen, der Rest der Wände des Raumes waren mit Gestellen bedeckt, worin die Waffen der Besatzung lagerten.

Die beiden Ersten der eingestiegenen Männer hatten zwei der Wachen mit Schwerthieben noch in den Betten niedergemacht. Die weissen Laken tränkten sich schon mit Blut, als Matthias an ihnen vorbei stürzte. Der dritte Wachmann versuchte noch nach seinem Schwert zu greifen, als er ihm mit einem seitlichen Hieb seines Schwertes die Kehle aufschlitzte und weiter zur Tür stürmte. Durch das Fenster drängte der Rest seiner Truppe, als letzter zwängte sich auch Sven durch das Fenster mit dem zerschlagenen Glas. Matthias riss die Tür auf und rannte hindurch, dicht gefolgt von seinen Leuten.

Mit einem lauten Schrei stürzte die Wache des Wehrganges durch den Zugang von der Terrasse her in den Gang und auf Matthias zu. Dieser wich dem plumpen, müde wirkenden Schwerthieb aus, drehte sich seitwärts an dem Mann vorbei und liess sein Schwert von hinten in den Hals des Mannes fahren. Mit einem gurgelnden Geräusch sank dieser zu Boden.

Mit grossem Knallen wurden jetzt Türen aufgerissen und mit Schwertern bewaffnete Männer der Besatzung stürmten auf den Korridor. Auch dieser war nur leicht beleuchtet, nur noch ein kleiner Rest aller einstmals angezündeten Fackeln brannte noch.

Schreie und Rufe wurden laut. Ausnahmslos waren die Verteidiger entweder nur mit ihren Hosen oder sogar noch mit ihren Nachthemden bekleidet. Ihre Angriffe wirkten fahrig und die Angreifer hatten keinerlei Mühe, ihre Gegner niederzustrecken. Über den Holzboden liefen Bäche von Blut, grosse Flecken sammelten sich auf dem Teppich.

Ein Jüngling, kaum älter als Matthias älterer Sohn, griff ihn halbherzig mit einem schartigen, alten Schwert an. Der Kapitän parierte den Schlag, indem er des Gegners Schwert einfach mit seiner eigenen Klinge zur Seite stiess und mit einer flüssigen Bewegung schwenkte er sein Schwert und rammte es dem Jüngling tief in die Eingeweide. Dieser stiess ein gutturales Geräusch aus und Matthias drehte die Klinge und riss sie wieder heraus. Der junge Burgunder sah ihn mit grossen Augen an, sackte dann zusammen und blieb auf der Seite liegen. Blut schoss aus der Wunde, als er noch ein Seufzen ausstiess und seine Augen schliesslich brachen.

«Lasst mir den Hauptmann leben!», schrie Matthias. «Denkt an den Kommandanten!»

Er sah, wie Sven seine Axt in den Kopf eines Mannes versenkte, diesem die halbe Schädeldecke abtrennte. Blut spritzte in Svens Gesicht, er sah aus wie eine Bestie aus der Hölle.

Auch der Rest seiner Truppe zeigte keinerlei Erbarmen. Immer noch strömten halb nackte Männer mit Schwertern aus den umliegenden Zimmern. Einer hatte sich sogar die Zeit genommen, seinen Helm aufzusetzen. Doch auch dieser nutzte ihm nichts. Der Mönch rannte auf ihn zu, tänzelnde dabei von links nach rechts, drehte sich dann leicht zur Seite und rammte dem behelmten Gegner sein langes Messer direkt unter der Helmkante in dessen Ohr. Er riss das Messer sofort wieder heraus und der Mann blieb einfach bewegungslos stehen, seine Waffe immer noch in den Händen haltend, bis er schliesslich auf die Knie sank und vornüberfiel.

Sie liessen keine Gnade walten. Erbarmungslos machten die Angreifer die Besatzung der Burg nieder.

Der Kapitän selbst stürmte zu der grössten Tür, die sich zuhinterst links im Korridor befand, hinter der er den Kommandanten der Besatzung vermutete. Exakt in diesem Moment wurde sie von innen aufgerissen und ein grosser, kräftiger Mann, bekleidet mit lederner Hose und weissem, weiten und nur halb zugeknöpften Hemd, schritt heraus. In seinen Händen hielt er locker ein Langschwert. Bedächtig schaute der Mann sich um, bemerkte den auf ihn zustürmenden Matthias und musterte ihn mit einem kalten Blick.

Aus dem Nichts, ohne Ansatz, machte er zwei Schritte auf seinen Angreifer zu, riss dabei mit einer unglaublichen Geschwindigkeit die Klinge von unten hoch und Matthias, etwas überrascht, hatte Mühe, den Schlag zu parieren. Nur im letzten Augenblick konnte er seine eigene Klinge hochziehen und das Langschwert schrammte daran entlang und nach oben weg. Funken stoben. Matthias versuchte, sein Gleichgewicht nicht zu verlieren. Sofort schwang der Burgunder sich und sein Schwert in einem Kreis herum, um es dann seitlich wieder auf Matthias schnellen zu lassen. Auch diesen Hieb konnte er mit seiner eigenen Klinge abwehren, indem er sie vertikal auf die andere Seite herüber riss. Trotzdem strauchelte er durch die Wucht des Schlages.

Der Zürcher Kapitän war überrascht, wie konnte jemand ein Langschwert mit einer solchen Geschwindigkeit bewegen? Er befand sich plötzlich in der Defensive, was der Burgunder spürte. Dieser wollte seinen Vorteil sogleich ausnutzen. Sofort begann der Kommandant der Burgbesatzung mit schnellen Hieben auf Matthias einzudreschen. Ein kurzer Schlag folgte dem anderen. Matthias wurde dadurch rückwärts getrieben, versuchte einfach irgendwie die Schläge zu blockieren, an einen Konter war nicht zu denken. Plötzlich schwang der Burgunder sein Langschwert herum über seinen eigenen Kopf und die lange, zweischneidige Klinge schnellte mit einem Pfeifen auf Matthias offene Seite zu. Der konnte sich wieder nur dank eines schnellen Blocks auf seiner linken Seite helfen. Doch die Wucht des Langschwertes trieb eine grosse Scharte in sein Schwert. Einen weiteren solchen Schlag würde die Klinge nicht mehr aushalten. Für den Bruchteil einer Sekunde verharrten die beiden Kämpfer und ihre Klingen in dieser Position. Sie starrten sich in die Augen.

Diesen Bruchteil hatte Matthias benötigt. Genau dieser Moment gab ihm die Möglichkeit, sich zu erholen und jetzt riss er seine Klinge aus dem Block heraus nach oben, nur um sie sofort wieder schräg nach unten fahren zu lassen.

Jetzt war es an dem Burgunder, den Hieb abzublocken. Doch bei Matthias' Schlag handelte es sich um eine Finte. Mitten in der Bewegung zog er sein Schwert zurück, drehte sich blitzschnell um die eigene Achse und hieb dem Kommandanten der Burgunder von unten an den Schwertarm.

Die Schneide traf knapp unterhalb des Ellbogens und durchtrennte den Stoff des Hemdes, Muskeln und Sehnen. Sofort zog Matthias sein Schwert zurück und liess einen weiteren Hieb auf den Arm von oben folgen.

Wieder durchschlug seine Klinge die Muskeln und dieses Mal sogar den Knochen, als wären sie aus Papier. Der Burgunder schrie auf, als sein Unterarm zusammen mit Hand und Schwert abgetrennt auf den Holzboden fiel. Die Hand hielt das Schwert immer noch umklammert, als sie auf den hölzernen Fussboden auftraf. Die Klinge klirrte metallisch.

Und der Burgunder schrie immer noch, als er, den Stumpf mit seiner linken Hand umklammernd, auf die Knie sank.

* * *

Von den fünfundzwanzig Mann der Besatzung der Burg waren nur noch vier am Leben. Der Boden auf dem Korridor war übersäht mit Blut, Waffen und Gliedmassen. Es stank nach Blut und Tod.

Matthias' Männer stapelten die Leichen in den Wachraum. Sie selbst hatten keine Verluste zu beklagen, abgesehen von einigen Schrammen und Stichwunden.

Der ganze Überfall hatte keine zwanzig Minuten gedauert.

Er liess die vier Gefangenen in den grossen Speisesaal der Burg bringen. Sie entzündeten die Fackeln und ein grosses Feuer im Kamin. Matthias hatte sich an den Kopf des langen Tisches gesetzt, welcher in der Mitte des Raumes stand.

Der Kapitän deutete dem burgundischen Kommandanten sich auf einen der Stühle zu setzen. Der grosse Mann war aschfahl im Gesicht. Sein Stumpf war mit Stoff umwickelt worden, blutete aber immer noch stark. Die anderen drei Männer, allesamt einfache Soldaten, mussten sich mit dem Gesicht zur Wand hinknien, sie wurden bewacht von Sven. Der Rest von Matthias' Männern verteilte sich im Raum.

«Wie ist Ihr Name, mein Herr?», fragte Matthias. Sein Gegenüber antwortete nicht. Dessen Blick war auf den Boden gerichtet, stumpf, leer.

«Wie ist Ihr Name, Monsieur?», fragte Matthias nochmals, diese Mal auf Französisch. Jetzt blickte der Kommandant langsam auf.

«Comte Roger de Belfort», antwortete er schliesslich.

«Graf, ich bin Kapitän Matthias von Altstetin.» Matthias deutete eine leichte Verbeugung an, sprach weiterhin Französisch. «Einer meiner Männer war früher Medikus, hat in Florenz studiert. Der wird Ihre Wunde behandeln.» Sein Gegenüber antwortete nicht. Matthias sah zu einem seiner Männer, dieser nickte und machte sich sogleich daran, den Arm des burgundischen Grafen zu versorgen.

«Wir haben klare Anweisungen erhalten», sagte Matthias langsam, wieder zum Grafen gewandt. «Aber Euch wird nichts geschehen. Wir werden Euch versorgen und als Geisel behalten. Ein Graf ist doch eine beträchtliche Summe wert.» Matthias machte eine Pause, atmete tief ein und aus. «Was aber Eure Männer betrifft ...» Er liess den Satz unbeendet.

Der Blick des burgundischen Grafen blieb stumpf, trotzdem sah er Matthias jetzt direkt in die Augen.

«Ich bitte Euch, Herr Kapitän», sagte er dann langsam und mit Mühe, «lasst meine Männer am Leben. Ich bitte Euch!»

Matthias lehnte sich im Stuhl zurück, faltete seine Hände vor dem Gesicht. Dann seufzte er nochmals tief. Doch schliesslich nickte er.

«Christian», er wandte sich, wieder auf Dialekt sprechend, an einen seiner Männer im Raum, «sieh zu, ob Du in der Küche etwas zu essen und vor allem Wein oder Bier findest. Verpflege unsere Männer und stelle sicher, dass alle etwas Schlaf finden. Organisiert die Wachen, jeweils zwei Männer im zwei Stunden Wechsel.» Der angesprochene Söldner nickte und verschwand.

«Graf», Matthias sprach wieder Französisch, an den Kommandanten der Wache gewandt. «Wir werden Eure Männer verpflegen und ihre Wunden behandeln, so gut es geht. Euch, Comte, und zwei Eurer Männer inhaftieren wir hier in der Burg. Der Vierte soll aber zum burgundischen Heer reiten und berichten, was hier vorgefallen ist.» Der Graf runzelte die Stirn. Matthias fuhr weiter: «Ich verspreche Euch, Ihr werdet gut behandelt werden. Später werden wir dann ein Lösegeld aushandeln. Wenn dies bezahlt wird, könnt Ihr gehen.»

Der Graf nickte langsam.

«Gut!» Matthias lächelte. «Lasst uns zusammen etwas Wein trinken.»

Christian war wieder in den Raum getreten. Er balancierte ein Tablett mit einer Karaffe, Trinkbechern und einer Steinplatte mit Esswaren.

«Kapitän», sagte er, «die Männer sind eingeteilt und essen jetzt etwas in der Küche. Danach habe ich ihnen die Zimmer zugeteilt zum Schlafen.»

«Sehr gut, danke.» Der Kapitän nickte zufrieden.

«Sven», befahl Matthias weiter, «gib einem der Gefangenen ein Pferd, er soll zurück zu seinem Heer. Die beiden anderen sperrst Du in eine Kammer. Gib ihnen aber genug zu essen und zu trinken.»

Der Hüne brummte etwas zu den Gefangenen und scheuchte diese hinaus.

Die Dämmerung drang durch die Fenster.

Kapitel V

Fantastisch!» Hans Waldmann grinste zufrieden. Draussen war der Krach des vorbeiziehenden, eidgenössischen Heeres zu hören, das sich auf dem Weg am See entlang in Richtung Grandson fortbewegte. Der Lärm des sich bewegenden Heeres war ohrenbetäubend, trotzdem war Matthias von Altstetin gemütlich in den Stuhl am Tisch gesunken und schlief fest. Erst die Meldung, dass Hans Waldmann ihn sehen wollte, hatte ihn geweckt.

Er blinzelte seinen Hauptmann verschlafen und müde an.

Die Sonne stand schon am Himmel und erhellte den Raum. Staub flog umher und flimmerte in den Sonnenstrahlen, welche durch die Fenster fielen.

«Fantastisch!», sagte Waldmann nochmals. «Matthias, Ihr habt hier den Schlüssel für unseren Sieg gefunden.»

Matthias streckte sich, versuchte seine müden Muskeln zu entspannen, dann stand er auf und begab sich zu dem kleinen Waschbecken, das in die Wand eingelassen war. Er goss sich aus der danebenstehenden Karaffe etwas Wasser in die Hände und klatschte es sich in sein Gesicht. Er rieb sich die Augen.

«Wie meint Ihr das, Hauptmann?», fragte er schliesslich, immer noch mit müder Stimme. «Hat er sich bewegt?»

«Der Bastard ist dümmer als sein Ross», begann Waldmann zu erklären. Sichtlich guter Laune goss sich der Heerführer einen Becher Wein ein und nahm einen grossen Schluck. «Warum auch immer, aber er ist wirklich darauf hereingefallen. Als er die Meldung bekommen hat, dass Ihr Vaumarcus eingenommen habt, hat er sofort den Befehl gegeben, sein Heer in Bewegung zu setzen. Jetzt sitzt er in Concise, nur eine Wegstunde von hier entfernt.» Er nahm nochmals einen grossen Schluck. «Der Idiot! Ich kann es kaum glauben. Aber Du hattest recht.»

«Und wie gehen wir nun weiter vor?», fragte Matthias, der sich lieber Wasser als Wein in seinen Trinkbecher füllte.

Als Antwort grinste Waldmann noch breiter. «Wir nehmen ihn jetzt in die Zange. Ein kleineres Kontingent habe ich über die Vaux gesendet. Ich war überzeugt, dass Ihr hier erfolgreich sein würdet. Also liess ich sie schon gestern Abend losmarschieren. Und den Rest hörst Du hier unten durchziehen.» Waldmann nickte mit seinem Kopf in Richtung Fenster und wieder nahm er sich einen Schluck Wein. «Karl hat sein Heer auf ein grosses Feld geführt, aber es ist vom Wald auf der einen Seite und vom See her auf der anderen begrenzt.»

«Also hat er keine Artilleriebedeckung», unterbrach ihn Matthias jetzt hellwach.

«Genau!», rief Waldmann. «Er hat sich selbst seiner besten Waffe beraubt. Er wird seine Artillerie im rückwärtigen Raum lagern müssen. Und jetzt kommen Du und Deine Männer wieder auf den Plan. Seid Ihr bereit?»

«Wir sind bereit. Die Männer konnten sich verpflegen und ausruhen.»

«Sehr gut.» Waldmann nickte langsam. «Wir werden den Hund von zwei Seiten her in die Zange nehmen. Zum einen von der Waldseite her, zum anderen frontal, von der Seite des Sees. Dies wird ihn eine gute Weile beschäftigen. Und während wir die Burgunder in die Schlacht zwingen, möchte ich, dass Du und Deine Männer ihr Lager umrunden, um dann zusätzlich von hinten in das Heerlager einzufallen. Ich will, dass Ihr so viel Verwirrung stiftet wie nur möglich. Setzt dabei Wagen, Waffendepots und alles Mögliche andere in Brand. Verstrickt seine rückwärtigen Truppen in kleine Gefechte, dann zieht Ihr Euch wieder in die Bäume zurück. Wenn nötig, macht dies mehrmals. Setzt ihnen Nadelstiche. Ich will, dass ihre Heerführer mit ihrer Aufmerksamkeit immer wieder von der Hauptschlacht abgelenkt werden. Dass sie denken, wir würden von hinten einfallen. Aber», jetzt machte er eine Pause, «seid vorsichtig! Ihr dürft ihnen auf keinen Fall in die Hände fallen. Sie dürfen kein Druckmittel gegen uns haben, ist das klar?»

«Verstanden», antwortete ihm Matthias nickend. Dann holte er tief Luft: «Da ist noch etwas. Wir haben den Kommandanten und zwei seiner Männer in Gewahrsam.»

Hans Waldmann runzelte die Stirn. «Du kanntest Deine Befehle. Keine Gefangenen!»

«Ich kannte meine Befehle.» Matthias nickte zustimmend. «Aber der Kommandant hier ist ein Graf. Gibt gutes Lösegeld.»

Sein Heerführer sah ihn noch einen Moment an, dann zuckte er mit den Schultern. «Gut», antwortete er schliesslich, «ich werde dafür sorgen, dass er hier sicher verwahrt bleibt. Ich stelle eine Wache ab. Das Lösegeld habt Ihr Euch verdient.» Wieder machte er eine Pause, überlegte kurz. «Ihr müsst schnell sein. Nehmt Euch frische Pferde, versteckt diese dann im Wald und umrundet das Lager zu Fuss, getarnt durch die Bäume. Und wenn nötig, zieht Ihr Euch schnellstens zurück und stösst dann zum Hauptheer.» Waldmann knallte seinen Weinbecher auf den Tisch, dreht sich auf dem Absatz um und verliess den Raum.

Matthias erhob sich von seinem Stuhl und rief nach seinen Männern.

* * *

Sie duckten sich hinter Bäumen, Sträuchern und hohen Farnen und blickten gespannt auf das burgundische Heerlager hinunter. Die Sonne schien herab, nur hier und dort zogen leichte Schleierwolken über den Himmel. Für den Beginn des Frühlings war es eigentlich zu warm.

Beide feindlichen Lager waren unterdessen in Stellung gegangen. Die Heere standen sich auf einer Ebene unter ihnen gegenüber. Wie Waldmann gesagt hatte, war das vermeintliche Schlachtfeld begrenzt durch die bewaldeten jurassischen Abhänge und den See.

Wobei Matthias wusste, dass es sich bei den Eidgenossen nur um den einen Teil ihres Heeres handelte, das zweite Kontingent war noch nicht zu sehen.

«Ob er wohl weiss, dass dies nur ein Teil von uns ist?», fragte Sven leise seinen Kapitän. Es schien, als ob der Hüne Gedanken lesen könnte.

«Er hat keine Ahnung», antwortete Matthias ebenso leise und schüttelte den Kopf. Aber in seiner Stimme lag eine gewisse Belustigung und die Männer, welche um ihn herum in Deckung lagen, grinsten.

«Und, was tun wir jetzt?», fragte ein kleiner, drahtiger Söldner, der gleich neben Sven hinter einem alten Baumstrunk lag.

«Wir?» Matthias seufzte. «Wir warten.» Er zeigte auf den hinteren Teil des Lagers der Burgunder. Hinter den Behausungen der Soldaten lagen die grösseren Zelte der Offiziere und mittendrin das schönste und grossartigste Zelt von allen, jenes von Herzog Karl dem Kühnen. Strahlend weiss leuchtete es in den Sonnenstrahlen, der Stoff war mit silbernen und goldenen Streifen verziert. Es hatte ein Vordach und wurde mittig gehalten durch zwei Stangen, an dessen Enden je die burgundische Fahne wehte. Zwei Soldaten von Karls Leibwache standen gelangweilt vor dem Eingang.

Und noch weiter dahinter lagerte die Artillerie.

In roh gezimmerten Unterständen, um das Pulver und die Geschütze vor Nässe zu schützen, hatten die Burgunder Hunderte von Fässern mit Schiesspulver, Büchsen und Geschütze aufgestapelt. Vieles war sogar immer noch auf den Wagen verladen, die sie zum Transport genutzt hatten. Dazu waren zusätzliche, einfache Zelte aufgestellt. Matthias schätzte, dass darin weitere Waffen sowie Proviant und Vorräte lagerten. Hinzu kamen Zelte für Schmieden, Küchen und Werkstätten. Hunderte von Menschen waren in diesem Bereich des Lagers zu sehen, jedoch keiner war Soldat. Es schienen nur Bedienstete zu sein, dieser Teil des Lagers war gänzlich unbewacht. Mehrere Zelte mit leicht bekleideten Damen waren ebenfalls zu sehen.

«Wir?», wiederholte er. «Wir holen uns, was sich noch keiner vor uns geholt hat.» Er nickte leicht mit dem Kopf. «Wir haben zwei Ziele.» Er zeigte mit dem Finger auf das Artillerielager. Leise erklärte er weiter: «Sven, Du nimmst Dir neun Männer und Ihr fallt in den hinteren Teil des Lagers ein. Ich will, dass Ihr Chaos und Unordnung stiftet. Zündet die Proviantzelte und diejenigen der Bediensteten an. Und dazu noch das eine oder andere Pulverdepot.»

Der Hüne grinste breit bei dem Gedanken.

Matthias fuhr fort: «Säht Angst und Schrecken. Das sind nur Handwerker, Mägde und Huren. Die werden Euch kaum Widerstand leisten. Wenn sie es doch tun, streckt Ihr sie nieder. Dann zieht Ihr Euch wieder in den Wald zurück, verändert Eure Position nur um das Ganze von einer anderen Stelle aus nochmals zu wiederholen.»

Der Riese nickte und packte seine Streitaxt mit festem Griff. Wie immer freute sich der grosse Söldner auf einen bevorstehenden Kampf.

«Und Sven!» Matthias Ton wurde schärfer. «Lasst Eure Schwänze in den Hosen! Wir müssen heute schnell sein und ich will nicht, dass wir Zeit verlieren. Die Huren werden auch nach der Schlacht noch da sein.»

Sven nickte, seine Augen glänzten. «Ausser wir haben sie alle umgebracht.» Der riesige Söldner grinste bösartig. Er sah Matthias an. «Und Ihr, Kapitän?», fragte er dann.

In den Augen seines Kapitäns funkelte es ebenfalls. Matthias zeigte mit dem Finger auf die Mitte des Lagers.

«Wir holen uns das da.»

Von unten waren geschriene Befehle, Hornstösse und Waffengeklirr zu hören. Das burgundische Heer kam in Bewegung, begann sich neu zu formieren. Auf der anderen Seite der Ebene, etwas erhöht, waren die Eidgenossen zu sehen. Auch sie befanden sich in Bewegung. Die eidgenössischen Kämpfer formierten sich ebenfalls neu, indem sie versuchten, ein grosses Viereck, einen sogenannten Gewalthaufen zu bilden. Obwohl das Heer es gewohnt war, in dieser Formation eine Schlacht anzugehen, benötigte diese Umformierung doch einiges an Zeit.

Aber auch ihr Gegner war noch lange nicht in der gewünschten Position.

«Warum greifen unsere Männer sie nicht einfach an?», fragte einer von Matthias' Männern.

Svens Bass brummte: «Das ist nur der eine Teil. Unsere Leute warten auf das zweite Kontingent.»

«Richtig», schaltete sich Matthias ein. «Und erst wenn die Schlacht richtig losgeht, dann schlagen auch wir zu. Wenn wir zu früh sind, stellen sie uns mit ihrer Rückhut.»

Wieder waren Hornstösse aus dem burgundischen Heer zu hören. Die Streitmacht des Gegners hatte endlich seine Umformierung abgeschlossen.

Zuvorderst waren nun die englischen Langbogenschützen in Stellung gebracht worden. Auf der einen Seite des Heeres wartete die Kavallerie, auf der anderen Seite derjenigen dem See zugewandt, das wenige an Artillerie. Der burgundische Herzog hatte einige Geschütze in Stellung gebracht. Diese bestanden vor allem aus sogenannten Feldschlangen, schmale, lange Kanonen, welche jeweils auf zweirädrigen Lafetten montiert waren. Aber es war nur ein Bruchteil dessen, was er eigentlich zur Verfügung gehabt hätte, doch für den Rest fehlte ihm einfach der Platz.

Ein lauter, in englischer Sprache gerufener Befehl ertönte und die Langbogenschützen der Burgunder begannen ihre Bögen zu spannen. Ein erneuter Ruf, und ein erster Pfeilhagel wurde gegen das eidgenössische Heer abgeschossen. Während die Pfeile noch unterwegs waren, donnerte es laut und Rauch stieg auf. Auch die Artillerie schoss eine erste Salve ab.

Doch ihr Gegner war vorbereitet.

Diese hatten unterdessen ihre neue Formation ebenfalls erreicht und dazu richteten sie tragbare Palisaden auf, hinter denen sie nun Schutz suchten. Die meisten der Pfeile knallten in die Hölzer, nur ein paar wenige trafen ein Ziel. Erste Schreie auf Seiten der Eidgenossen drangen zu den versteckten Beobachtern hoch. Auch einige der Kanonenkugeln fanden ihr Ziel, säten Schrecken und Tod. Aber die meisten der Artillerieschüsse waren zu kurz oder zu flach und prallten irgendwo weit vor ihren Zielen in den Boden.

Die Langbögen schossen Salve um Salve von Pfeilen auf ihre Gegner ab, während das Nachladen der eisernen Feldschlangen einiges an Zeit in Anspruch nahm.

«Haltet durch», murmelte Matthias leise. Mit Spannung beobachteten er und seine Männer das Geschehen unter ihnen.

Doch ihre Sorge schien unbegründet. Trotzig duckten sich die Eidgenossen bei jedem Pfeilhagel hinter ihre hölzernen Palisaden und kamen danach wieder zum Vorschein, nur um ihren Gegner alle erdenklichen Obszönitäten entgegenzuschreien. Es gab solche, die den Burgundern ihre Zungen herausstreckten, andere zogen sich sogar die Hosen herunter und zeigten ihre nackten Hinterteile.

Aber die Formation hielt.

Nach über einer halben Stunde feuerten die Kanonen endlich ihre zweite Salve ab.

Erneut ertönten Schreie, als die Kugeln in die eidgenössischen Reihen hineinschossen. Sofort wurden die Lücken in der Formation jedoch wieder geschlossen, die Eidgenossen blieben standhaft. Und das Heer bewegte sich nicht. Trotzig blieb es, wo es war.

Rauch zog über die Burgunder hinweg. Plötzlich ertönten wieder Hornstösse und die Langbogenschützen verliessen ihre Stellung in den vordersten Reihen.

«Es geht los», flüsterte einer von Matthias' Söldnern und gespannt sahen sie, wie die Reiter der Burgunder sich bereit machten. Schwer gepanzerte Ritter wurden auf ihre Rösser gehievt, die Knappen halfen den eisenbewehrten Kämpfern, in ihre Sättel zu gelangen. Lanzen wurden gereicht, wunderschöne, farbenprächtige Fahnen in die Höhe gehalten.

Doch auch ihre Gegner waren nicht tatenlos. Harsthörner wurden geblasen, ein lautes Tosen ausstossend.

Die Soldaten und Söldner der Eidgenossenschaft begannen sich wieder neu zu gruppieren. Befehle waren zu hören und die Gruppe von Matthias konnte beobachten, wie die Männer versuchten, das schmale Viereck in ein breiteres zu verwandeln. Männer rannten umher, suchten ihre Position, während ihre Kapitäne mit Schreien, Pfeifen und Hornstössen versuchten, Ordnung in das Chaos zu schaffen.

«Gütiger Gott», murmelte der Mönch, der hinter seinem Kapitän in einem grossen Farnstrauch lag, «jetzt macht doch schon.»

Währenddessen schienen die Burgunder aber ähnliche Probleme zu haben. Auch bei ihnen waren Pfiffe und gellende Befehle zu hören, und auch hier benötigte das Heer einige Zeit, um seine Formation wieder zu ändern. Es schien, als ob Karl seine Reiterei nun einsetzen wollte, da die Pfeile der Langbögen durch die Palisaden ihre Wirkung verfehlten und die wenigen Geschütze einfach viel zu lange benötigten, um wieder nachzuladen.

Matthias und seine Männer konnten ob der unverständlichen Taktik des burgundischen Herzogs nur die Köpfe schütteln. Die Beobachter im Wald sahen, wie Karl seine Kavallerie versuchte, ganz nach vorne an die Spitze seines Heeres zu dirigieren. Als dies schliesslich gelang, hatten sich die Eidgenossen auf der anderen Seite des Feldes aber ebenfalls schon neu gruppiert. Sie bildeten jetzt ein breites, dicht gefülltes Viereck, dessen vordere Seite durch die hölzernen Palisaden zusätzlich verstärkt war. Die Kämpfer in der ersten Reihe knieten jeweils auf einem Bein.

Matthias und seine Männer wussten, was dies bedeutete.

«Er macht alles falsch, was er nur falsch machen kann», bemerkte Rolf, einer von Matthias' Männern, ein grosser Blondschopf aus Rapperswil.

«Gott sei es gedankt, Rolf», antwortete der Kapitän, er bekreuzigte sich dabei. «Der Arsch wird sich den Kopf einrennen mit seinen Pferden und Rittern.»

«Dort ist er», brummte Sven und zeigte auf einen Reiter auf einem wunderschönen, grossen Schimmel. Die Decke des Pferdes war silbern und mit goldenen Fäden durchwirkt und gross war darauf ein klauenbewehrter schwarzer Löwe auf goldenem Grund zu sehen. Der Sattel war mit Silber beschlagen und die schwarz–goldene Rüstung glänzte in der Sonne.

Umgeben war der Herzog von seinen Offizieren, ebenfalls auf ihren Pferden sitzend und seiner Leibgarde. Er schien erbost zu sein, da er heftig mit seinen Armen fuchtelte und irgendwelche Befehle schrie. Was er rief, konnten die Söldner im Wald nicht verstehen.

Die burgundische Kavallerie war nun bereit und breit aufgefächert. So begannen die stolzen, in ihren Rüstungen hell glänzenden Ritter auf ihren Gegner los zu galoppieren. Die schwer gepanzerten Reiter trugen lange Lanzen, die sie sich jeweils unter einen Arm geklemmt hatten. Auch ihre grossen Streitpferde waren gepanzert. Die eisernen Platten der Rüstungen von Pferd und Reiter klapperten laut, die Visiere der Helme waren geschlossen.

Sie sahen aus wie Wesen aus einer anderen Welt. Die Sonnenstrahlen reflektierten sich auf den auf Hochglanz polierten Eisenteilen der Rüstungen und den eisernen Spitzen ihrer Lanzen. An den Helmen waren lange Mähnen aus Federn oder Stoff befestigt, und diese wehten hinter den Reitern her.

Sie mussten bergan reiten, was der Kavallerie etwas an Geschwindigkeit nahm und den Eidgenossen auf der anderen Seite des Schlachtfeldes genug Zeit gab, sich auf den Ansturm vorzubereiten. Wiederum gellten von dort Hornstösse durch die Luft.

«Haltet stand», flüsterte einer der Söldner und Matthias sah ihn an. «Werden sie», versicherte er. Und etwas leiser zu sich selbst: «Sie müssen.»

Gespannt sahen sie, wie die gepanzerten Reiter in einer breiten, weit aufgefächerten Formation in zwei Reihen hintereinander gegen das gegnerische Heer galoppierten. Auch wenn sie die Gegenmassnahmen ihrer Landsleute kannten, hielten die Söldner den Atem an.

Die Geschwindigkeit der Ritter war atemberaubend. Mit jedem Augenblick kamen sie dem Gegner näher.

«Nun macht schon», sagte einer der Söldner.

«Nein, wartet!», flüsterte sein Kapitän zurück. «Wartet!» Und noch einmal: «Wartet!»

Die schweren Pferde kamen den Eidgenossen näher und näher.

«Jetzt!», flüsterte Matthias.

Ein lauter, gellender Pfiff war zu hören und die Reihe der burgundischen Ritter senkten ihre Lanzen nach vorne, ohne ihre Geschwindigkeit zu verlangsamen.

Sie wollten die in ihrem Viereck formierten Gegner mit voller Wucht über den Haufen reiten. Die Distanz verringerte sich weiter. Sie hatten ihr Ziel fast erreicht.

Es schien, als ob das ganze Schlachtfeld den Atem anhielt.

Nur das Donnern der Hufe und das Klappern der Rüstungen war zu hören, dann plötzlich ertönte laut, dumpf und unheimlich der Klang eines einzelnen Harsthornes und die vordersten Reihen der Eidgenossen bewegten sich.

Keinen Augenblick zu früh.

Wie auf das Kommando von Matthias hin hoben sie Hellebarden auf, welche unsichtbar für die Burgunder vor ihnen auf dem Boden gelegen hatten.

Die erste Reihe der Eidgenossen legten die über zwanzig Fuss langen Waffen, was über drei Manneslängen entsprach, in Aussparungen in den Hölzern der aufrechtstehenden Palisaden, als würden daraus riesige, furchterregende Stacheln erwachsen. Die hinteren Enden der Stangen wurden indes in den Boden gedrückt.

Auch die zweite und dritte Reihe der eidgenössischen Formation hoben ihre Langwaffen auf und hielten sie in verschiedenen Winkeln nach vorne und oben, während sie mit ihren Füssen diese gegen ein Wegrutschen absicherten.

Aus dem Viereck von Menschen war ein riesiger, eisenbewaffneter Igel geworden.

Unter der burgundischen Kavallerie brach Panik aus.

Die Hellebarden waren länger als die mobilen Lanzen der Ritter und diese versuchten nun irgendwie, mit ihren Pferden nach rechts oder links auszuweichen. Doch die Geschwindigkeit war zu hoch, der Zeitpunkt zu spät und der Platz dafür viel zu eng.

Unter lautem Knallen trafen die Ritter auf die Eidgenossen.

Die langen Spitzen der Hellebarden durchbohrten die Panzerungen von Pferden und Reitern als wären diese nicht aus Stahl, sondern Papier.

Chaos.

Pferde brachen zusammen und schleuderten ihre Reiter nach vorne in die wartenden Spitzen der Waffen der nächsten Reihen hinein. Andere knickten zur Seite und begruben ihre Besitzer unter sich oder bäumten sich auf und warfen die auf ihnen sitzenden Ritter ab. Blut von Pferden und Menschen ergoss sich über die Kämpfer in den vordersten Reihen, lief über den Boden, färbte das Gras rot. Gellende Schreie von Tieren und Männern waren zu hören.

Tote und Verletzte säumten die Front vor dem eidgenössischen Heer.

Fast die komplette erste Reihe der burgundischen Reiterei war den langen, spitzen Hellebarden zum Opfer gefallen. Die zweite Reihe versuchte indessen auf jede erdenkliche Weise den riesigen Stacheln zu entkommen, doch beim Versuch, ihre Pferde irgendwie zur Seite zu dirigieren, kamen sich die Ritter gegenseitig in die Quere. Nicht wenige fielen beim Versuch von ihren Pferden, oder ihre Reittiere stolperten über die auf dem Boden liegenden Leiber. Die Eidgenossen liessen ihre Stangenwaffen auf die am Boden liegenden Tiere und Menschen hinunterfahren, schlugen blind mit den Spitzen und Haken auf sie ein. Obwohl völlig ungezielt, trafen viele dieser Hiebe.

Noch mehr Blut tränkte den Boden. Markerschütternde Schreie gellten wieder durch die Luft, mischten sich mit dem Donnern der Hufe von fliehenden Rittern und der Rösser, die ohne Reiter davon galoppierten.

Und dem Jubeln der Sieger.

Matthias und seine Männer sahen, dass auch auf ihrer Seite Verluste zu beklagen waren, jedoch höchstens eine Handvoll von Männern. Kaum waren die Reiter Karls geflohen, schafften sie ihre Verletzten und Gefallenen nach hinten und ersetzten diese durch neue Männer.

Die burgundischen Reiter galoppierten indessen in Richtung ihres eigenen Heeres zurück, wo sie vom Herzog und seinen Befehlshabern empfangen wurden. Die Reiterei war über die Hälfte dezimiert worden. Es war eine harte erste Niederlage.

Matthias bemerkte, wie der Herzog auf seine Ritter einschrie. Immer wieder drehte er seinen Schimmel im Kreis, brüllte sie dabei an. Der Hauptmann der Kavallerie schrie irgendetwas zurück, gestikulierte in den Steigbügeln stehend.

«Das war eine richtige Klatsche», meinte Linhart von Klosters. «Da haben sie jetzt ihr Fett abgekriegt. Das sollte ihnen eine Lehre sein.»

Der Kapitän stimmte seinem Söldner zu. «Ja sollte es, aber sie werden nicht aufgeben.» Matthias nickte mit dem Kopf in Richtung des Schlachtfeldes. «Da, er treibt sie erneut an.»

Und tatsächlich begannen sich die Ritter der Burgunder wieder zu formieren.

Es war noch einmal dasselbe Gemetzel.

Erneut zeigten die Eidgenossen eine eiserne Disziplin, blieben somit Herr der Lage und konnten auch diesen Frontalangriff mit ihren langen Hellebarden abwehren. Und wieder blieben vor ihren Reihen Reiter und Pferde zurück und erneut färbte sich der Boden blutrot.

Doch auch nach diesem weiteren zurückgeschlagenen Angriff blieb der Herzog stur.

Zum Entsetzen aller trieb Herzog Karl seine Reiterei auch ein drittes Mal gegen den eisernen Igel. Und auch das dritte Mal wurden die gepanzerten Reiter blutig in die Flucht geschlagen.

Die Sonne stand schon hoch über dem Schlachtfeld, als der Herzog jetzt endlich Milde mit seiner Kavallerie zeigte und schliesslich seine Offiziere um sich scharte, während die schwer geschlagenen Ritter an ihm vorbei zurück zu ihrem Ausgangspunkt schlichen. Unter den Männern um den Herzog war auch einer zu erkennen, der bei Matthias ein komisches Gefühl hervorbrachte. Über den Grund war er sich aber nicht klar.

Auch Linhart hatte den Mann bemerkt und zeigte mit dem Finger auf ihn: «Condottiere!», sagte er nur leise.

«Du kennst ihn?», fragte der Söldner, welcher neben Linhart lag, aber dieser verneinte: «Condottieri ist kein Familienname, sondern die Bezeichnung für Söldner, welche aus Venezien stammen. Ganz üble Burschen.» Sein Blick war hasserfüllt und er hatte die Lippen aufeinandergepresst.

«Woher ...?», fragte der andere, doch er bekam keine Antwort. Es schien, als ob dies ein Thema war, worüber der Kämpfer aus Klosters nicht sprechen wollte. Matthias sah ihn einen Moment an, nickte dann und blickte wieder auf das Schlachtgeschehen hinunter.

Dabei stellte er fest, dass die Diskussion zwischen Herzog Karl und seinen Offizieren äusserst heftig geführt wurde. Von Einigkeit schien keine Rede zu sein. Währenddessen bemerkte er, wie die eidgenössischen Streiter Wasser und Brote in ihren Reihen verteilten und versuchten, sich auszuruhen.

«Je länger die Schweine diskutieren, desto besser für uns», meinte er zu seinen Männern.

Sven neben ihm, gab seinem Kapitän recht: «Diese Pause wird dringend benötigt. Die Sonne steht schon hoch und es ist warm für einen Märztag.»

«Ja und die Attacken waren heftig», antwortete Matthias.

«Wo ist unser zweites Kontingent?», fragte Friedrich, der Mönch. «Es sollte schon längst hier sein.»

«Es ist hier!» Woher Matthias das wusste, sagte er nicht. Der Mönch sah ihn stirnrunzelnd an, zuckte dann mit seinen Schultern. Er wusste, sein Kapitän würde sich nicht irren.

Die Unterredung von Herzog Karl und seinen Befehlshabern schien beendet zu sein. Die Offiziere schwärmten aus in Richtung ihrer verschiedenen Heeresteile, während der Herzog, begleitet von seiner Leibwache, zu seiner geschundenen und dezimierten Kavallerie ritt.

Wiederum waren laute Befehle und Pfiffe zu hören. Die verschiedenen Teile des burgundischen Heeres begannen sich zu bewegen.

Matthias wandte sich leise zu seinen Männern: «Macht Euch bereit!»

Die Befehle waren verteilt, die Männer wussten, was zu tun war. «Sobald es richtig losgeht, müssen wir schnell sein.» Sie nahmen ihre Waffen in die Hände, stellten sicher, dass die Schwerter lose in den Scheiden lagerten. Dann warteten sie, sahen gespannt nach unten auf das Schlachtfeld.

Dort war das burgundische Heer immer noch in Bewegung, versuchte eine weitere Formationsänderung. Auf der anderen Seite des Feldes dagegen blieben die Eidgenossen in ihrem Viereck, hielten ihre Formation noch immer. Die Hellebarden lagen wieder auf dem Boden, während die Kämpfer auf dem Boden sassen, Essen und Getränke herumreichten.

Laut hallten drei Stösse eines Harsthornes durch die Luft. Der dumpfe Klang wallte über das Schlachtfeld, erschütterte die Burgunder bis auf die Knochen.

Und im nächsten Augenblick brach die Hölle los.

Karl, immer noch auf seinem riesigen Schimmel sitzend, blickte sich entsetzt um.

Die eidgenössischen Kämpfer, welche bis jetzt die Pause der Schlacht genutzt hatten, um sich zu erholen, sprangen auf, griffen wieder zu ihren Waffen.

Noch einmal heulten drei Hornstösse über das Schlachtfeld. Wie erstarrt blickte Karl zu seinem Gegner, sah wie diese begannen, ihr Viereck bergab zu bewegen.

In diesem Moment begann das zweite Kontingent des eidgenössischen Heeres aus dem Wald zu strömen. Es war, als ob ein vielköpfiges Monster mit Tausenden eisenbewehrten Klauen sich aus dem Wald heraus wälzte, brüllend und schreiend. Nach Blut lechzend.

Unter lautem Toben rannten Kämpfer aus dem Unterholz auf das Schlachtfeld, trafen die burgundischen Truppen von der Seite. Auch das Viereck, das bisher so diszipliniert gehalten worden war, löste sich auf und es ergoss sich eine Welle von furchterregenden Kämpfern auf die entsetzten Burgunder.

* * *

«Jetzt!», schrie Matthias.

Er und seine Männer sprangen auf und rannten aus dem Unterholz auf den hinteren Teil von Karls Heerlager zu.

Während Sven und seine Gruppe sich auf die Zelte mit den Waffen und der Munition konzentrierten, sprintete Matthias mit fünf seiner Söldner zu der Mitte der Zeltstadt. Sie sprangen über Halteseile und Pflöcke, umrundeten kalte Lagerfeuer und Kochstellen. Alle hatten sie ihre Schwerter gezogen. Matthias trug das Langschwert, das er dem burgundischen Grafen in Vaumarcus abgenommen hatte.

Er umrundete das schneeweisse Zelt eines Offiziers, das schön mit blauen und goldenen Lilien verziert war, und sah sich der scharf geschliffenen Spitze einer Partisane, eines über einen Klafter langen Speeres gegenüber.

Er konnte gerade noch seinen Kopf auf die Seite reissen und die Spitze der einer Hellebarde nicht unähnlichen, aber etwas kürzeren Waffe, welche mitten auf sein Gesicht gezielt hatte, schrammte nur um Haaresbreite an seinem Auge vorbei. Das Klingenblatt streifte sanft seine Wange, schnitt ihm dabei die Haut auf.

Matthias drehte sich instinktiv zur Seite, liess sich vornüberfallen, vollführte über die linke Schulter eine Rolle, wobei er sein Schwert mit dem rechten Arm weit von sich hielt. Er beendete den Überschlag auf seinen Knien, hatte sich dabei um einhundertachtzig Grad gedreht und schlug, bevor dieser sich überhaupt umdrehen konnte, mit seinem Schwert von hinten in die Knie seines Gegners. Die Klinge des Langschwertes durchtrennte die Sehnen beider Kniekehlen des Burgunders, er schrie gellend auf. Der Bewegung seiner Beine beraubt, brach er zusammen und blieb zuckend und schreiend liegen.

Matthias seinerseits war schon wieder auf den Beinen und rannte weiter. Blut lief ihm übers Gesicht, aber er hatte keine Zeit darauf zu achten.

Nur ein paar Zelte weiter stoppte ihn wieder eine auf ihn gerichtete Klinge. Er konnte Waffengeklirr in seiner Nähe hören. Auch seine fünf Männer waren in Kämpfe verwickelt.

Er musterte seinen Gegner. Dieser war mit einem weissen Wams bekleidet, auf seiner Brust prangte gross das Wappen von Herzog Karl, gehalten von zwei gestickten goldenen Löwen, was den Mann als Mitglied der herzoglichen Garde zu erkennen gab. Auf dem Kopf trug er einen polierten, kesselförmigen Helm, an dessen hinteren Rand ein Schutz aus ineinander geflochtenen Eisenringen befestigt war. Matthias bemerkte die metallenen Schienen, die die Schienbeine bedeckten.

Und er bemerkte die Angst in den Augen seines Gegners.

Der Burgunder war noch jung, fuchtelte leicht mit seiner über acht Fuss langen Lanze vor Matthias Gesicht. Doch er hatte sein Leben schon verwirkt. Die grossen Augen, der heftige Atem und das leichte Zittern seiner Hände zeigten dem Kapitän, dass sein Gegner noch keine allzu grosse Kampferfahrung hatte. Kurz kam Matthias der Gedanke, wie ein solcher Jüngling wohl in des Herzogs Garde aufgenommen werden konnte, aber er wischte den Gedanken sogleich wieder weg.

Matthias lächelte böse, neigte seinen Kopf zur Seite. Hörbar sog der Burgunder die Luft ein, die Spitze seiner Partisane zuckte. Der Kapitän pendelte mit seinem Oberkörper leicht, die Spitze der Partisane bewegte sich mit ihm. Plötzlich ruckte Matthias mit dem Oberkörper nach rechts, nur um sich dann sofort nach links zu werfen. Die Langwaffe des jungen Burgunders versuchte zu folgen, aber für diese schnellen Bewegungen war sie zu schwer oder der Jüngling zu langsam.

Matthias tauchte links unter die Spitze hindurch, riss dabei sein Langschwert schräg nach rechts oben und traf mit der rasiermesserscharfen Klinge genau in den Schritt seines Gegners. Sofort drückte er sie mit aller Kraft weiter hoch und zog das Schwert gleichzeitig zurück, spürte, wie die frisch geschliffene Schneide Fleisch und Weichteile zerschnitt. Er machte einen weiteren

Schritt nach links, zog dabei sein Schwert mit und ging einfach an dem Mann vorbei.

Der weisse Wams seines Gegners färbte sich rot, als das Blut pulsierend aus der durchtrennten Arterie spritzte. Der junge Burgunder sank auf die Knie, das Gesicht bleich, die Augen mit Tränen gefüllt. Immer noch spritze das Blut bei jedem Herzschlag in einer weiten Fontäne aus der Wunde, dann plötzlich hörte es auf zu sprudeln und er fiel vornüber.

Matthias sah dies nicht mehr, er hastete schon weiter.

Er und seine Männer rannten zwischen den Zelten hindurch, immer weiter in Richtung Mitte des Lagers.

Überall um sie herum herrschte Chaos. Menschen rannten hin und her, jedoch die wenigsten davon waren Kämpfer, und niemand weiter hielt sie auf. Matthias konnte den tosenden Lärm der Schlacht hören. Vom hinteren Teil des Lagers war ein lauter Schrei einer Frau zu vernehmen. Er grinste in sich hinein. Sven, dachte er, dann standen er und seine Männer vor ihrem Ziel.

Das Zelt von Herzog Karl war riesig. Es war noch imposanter, als es von ihrem Beobachtungsposten im Wald aus erschienen war. Das Weiss war absolut makellos und die silbernen und goldenen Streifen waren mit äusserster Sorgfalt in den Stoff eingearbeitet. Wunderbare Muster und verschiedenste Motive hatte man mit der gleichen Farbe in diese Streifen eingenäht. Löwen, Adler, Wölfe, Bären, dazu verschiedene Wappen und immer wieder Lilien, welche bei den fränkisch abstammenden Herrschern so beliebt waren. Die burgundischen Fahnen an den beiden Mittelpfeiler flatterten leise im Wind.

Matthias spürte, wie ihm der Schweiss von der Stirn rann, um sich dann mit dem Blut auf seiner Wange zu vermischen. Er wischte sich mit dem Ärmel über die Augen, dann sah er die beiden Soldaten von Karls Leibwache an, die das Zelt bewachten.

Seine Männer bildeten einen Halbkreis hinter ihm, zeigten mit ihren gezogenen Schwertern auf die beiden Wächter.

«Legt Eure Waffen nieder.» Matthias sprach französisch. Als Antwort lachte einer der beiden burgundischen Wachen spöttisch auf, der andere hingegen verzog keine Miene.

«Wir sind zu sechst.»

Wieder nur ein Lachen. Dann ein Nicken. Es war nicht bejahend, sondern zeigte nach vorne.

«Kapitän», sagte Valentin aus Wollen leise.

Matthias drehte sich um.

Um sie herum standen weitere Mitglieder der Leibgarde, Matthias zählte acht. Alle bewaffnet mit jeweils einer Partisane, die Spitzen auf sie gerichtet.

Sie waren umzingelt.

Seine Männer drehten sich um und sie bildeten einen Kreis, ihre Schwerter gegen die Burgunder gerichtet.

«Legt Eure Waffen nieder», sagte der Wächter vor dem Zelt, Hohn und Spott in seiner Stimme. Er lachte noch immer.

Matthias wischte sich nochmals Schweiss und Blut aus dem Gesicht. Der Ärmel seines Wamses fühlte sich feucht an. Seine Männer warteten auf einen Befehl von ihm.

«Wartet!», sagte er auf Dialekt.

Und dann noch mal: «Wartet, Männer!»

«Legt die Waffen nieder!», herrschte sie der Burgunder vor dem Zelt erneut an und Matthias sah zu ihm hin. Dessen spöttisches Lachen war verschwunden, dafür blitzten die Augen. Matthias wusste, er meinte es ernst. Trotzdem lächelte er die Wache einfach nur an.

«Wartet!», sagte er nochmals leise. Und jetzt begriffen seine Männer, worauf ihr Kapitän wartete. Sie fassten ihre Schwerter noch fester, hoben die Spitzen der Klingen.

Dann duckten sie sich.

Eine gewaltige Explosion erschütterte das Lager.

Die Druckwelle fegte durch das Lager, riss Zelte mit sich, eine der Fahnen an den Mittelstangen am Zelt des Herzoges wurde fortgeweht. Trümmer begannen herabzuregnen. Holzteile, zerstörtes Mobiliar, Ausrüstungsgegenstände, Geschirr und vieles mehr flogen durch die Zeltstadt. Der Kadaver eines Schweines prallte, dumpf, genau auf das Zelt neben ihnen, zerriss den Stoff und es fiel in sich zusammen. Ein verbogenes Schwert rammte sich unweit von ihnen in den Boden.

Sie sprangen auf und griffen an.

Vor dem Zelt stand nur noch einer der Wärter. Der andere, derjenige mit dem spöttischen Gelächter, war von einem herabfallenden Wagenrad getroffen worden. Das schwere Rad hatte ihm den Schädel zertrümmert. Sein Körper lag unnatürlich verdreht und gekrümmt, auf dem Boden, seine Waffe und Teile seines Gehirns daneben.

Ein einzelnes, einsam auf dem Gras liegendes braunes Auge starrte Matthias an.

Er griff den andern Wächter des Zeltes an. Doch dieser stand einfach nur da, völlig gelähmt von der Explosion und zeigte keinerlei Reaktion.

Der Kapitän schlug auf den Schaft der Partisane, dann rammte er die Spitze seines Schwertes mitten in das Gesicht des Burgunders. Ohne Anstrengung trieb es die Klinge durch den Kopf und schob, als die Spitze hinten aus dem Schädel stiess, dessen Helm vom Kopf. Der Wächter stand nur da, ein Zittern lief durch seinen Körper. Matthias wollte die Klinge sofort wieder zurückziehen, doch der Burgunder brach in genau diesem Moment zusammen und das Schwert wurde ihm aus der Hand gerissen, blieb in dessen Schädel stecken.

Der Kapitän drehte sich instinktiv herum, riss dabei seinen langen Dolch aus der kleinen Scheide am Gürtel. Ein weiteres Mitglied der Leibwache stürzte sich auf ihn, die Klinge seiner Partisane auf Matthias Brust zielend. Seine Augen waren geweitet, er stiess einen lauten Kampfschrei aus.

Kurz bevor er Matthias erreichte, war ein dumpfer Schlag zu hören und der Schrei endete abrupt, als sich die Axt, durch die Luft geschleudert, tief in den Helm und in das Gehirn des Angreifers grub. Der Burgunder taumelte, lief mit leerem Blick noch zwei Schritte weiter, seine Waffe immer noch auf Matthias gerichtet. Dieser wich mit einer eleganten Bewegung aus und der bereits tote Angreifer fiel schwer neben ihm zu Boden.

Dankbar blickte Matthias zu Markus von Niederwinterthur, nickte diesem leicht zu, dann bückte er sich und riss endlich das Schwert aus dem Kopf des toten Zeltwärters. Seine Männer waren noch in Kämpfe verwickelt, machten jedoch einen nach dem anderen der Leibgarde nieder.

Matthias drehte sich um, nahm sein Schwert und rieb am Wams des vom Rad erschlagenen Wächters das Blut von der Klinge, schob es zurück in die Scheide.

Dann teilte er den Vorhang am Eingang und betrat das Zelt von Herzog Karl.

Kapitel VI

Das Zelt war enorm. Und wie durch ein Wunder fast unversehrt. Matthias blieb mit offenem Munde stehen. Er schätzte das Zelt in einer Breite von mindestens vier und in der Tiefe von sicher drei Klafter. Getragen wurde es von zwei hölzernen Pfosten, welche gegenseitig mit Seilen gesichert waren und den Raum somit in drei Teile unterteilten. Der Boden war vollständig mit Holzdielen ausgelegt und diese wiederum waren mit dicken, geknüpften Teppichen bedeckt. Der grösste davon in der Mitte zeigte das wunderschön gewebte Wappen Karls: ein schwarzer Löwe mit roter Zunge und roten Krallen auf gelbem Grund. Umrahmt wurde das Wappen von einem Wappengrund mit goldenen Lilien sowie zwei weiteren Löwen, einen in gold auf schwarz, der andere in rot auf weissem Hintergrund. Gehalten wurde das Wappen ähnlich den Gewändern seiner Garde von zwei weiteren goldfarbenen Löwen. Über die gesamte Breite des Teppichs war ein Spruch eingewebt.

«Je lay emprins», las Matthias laut. «Ich habe es gewagt.» Er schüttelte den Kopf. «Was für ein verdammter, arroganter Arsch.»

Vor dem Kapitän, genau in der Mitte des Raumes, befand sich ein grosser, aufwendig mit Schnitzereien verzierter Tisch, darauf lagen militärische Karten, irgendwelche Schreibwaren und beschriebenes Papier. Der Tisch war zu drei Seiten mit hölzernen Stühlen gesäumt, auf der hinteren Seite jedoch stand der Thron des Herzogs. Er glänzte, als wäre er aus purem Gold. Der Thron war mit Verzierungen übersät, es glänzte golden, silbern und in vielen weiteren Farben. Dazu waren Edelsteine aller Art und Grössen eingelassen. Sitzfläche und Rückenlehne bestanden aus blau gefärbtem Brokat, ebenfalls mit gestickten Verzierungen versehen. Über der Lehne hing ein Hermelin Pelz, weiss wie Schnee.

In der hinteren, linken Ecke stand das hölzerne Bett von Karl.

Es war ein grosses Doppelbett, über eineinhalb Klafter lang und genau so breit. Vier wunderbar geschnitzte Pfosten zierten die Ecken des Bettes, wobei am Kopfende ein Teppich dazwischen gehängt worden war, der wiederum detailgetreu das Wappen des

Herzogs darstellte. Das Bett war mit einer dicken Matratze ausgestattet und darauf lagen verschiedenste Felle und grosse, glänzende Kissen, wahrscheinlich mit Überzügen aus reinster Seide.

Matthias, der als Söldner höchstens Feldbetten mit kurzen Beinen und dünnen, strohgefüllten Matratzen kannte, verzog das Gesicht.

Neben dem Bett war ein kleiner Tisch zu sehen, mit zwei Klappstühlen daneben, worauf unordentlich Kleider lagen. Auf dem Tischchen standen wunderschön gearbeitete Gläser und eine silberne und mit Gold verzierte Karaffe. Passendes Geschirr und dazugehöriges Besteck lagen ebenfalls darauf herum.

Am Fussende des Bettes stand eine schwere Truhe, deren Deckel offenstand und damit den Blick freigab, auf weitere, wiederum unordentlich hineingeworfene Kleider des Herzoges. Auch diese Kleidungsstücke glänzten, waren mit silbernen und goldenen und allerlei farbigen Fäden durchwirkt. Teilweise konnte Matthias Felle sehen.

Gleich neben der Truhe stand ein hölzernes Gestell, einer menschlichen Gestalt nicht unähnlich. Das Holzgestell hatte eine runde Kugel als Kopf, zwei gebogene, horizontale Stangen als Arme und zwei gerade vertikale als Körper, welche gegen den Boden hin spitz zu liefen. Gehalten wurde die Holzfigur von einem Brett, auf dem sie mit einem metallenen Bügel und grossen Schrauben fixiert war. Auf der Kugel sass ein kesselförmiger Helm, ähnlich denjenigen der Leibwächter. Dieser jedoch war auf Hochglanz poliert und besass wunderschöne Verzierungen am unteren Rand, die um den ganzen Helm herum verliefen. Matthias schätzte, dass diese aus purem Gold bestanden. Auch war das Wappen des Herzogs in die Vorderseite des Helmes eingearbeitet und schien ebenfalls aus Gold zu sein. Sogar das am hinteren Ende angebrachte Geflecht aus Stahlringen glänzte golden.

Auf einer der Querstangen hing an einem Lederriemen ein Langschwert. Das Holz der Scheide war überzogen mit feinstem, gegerbtem und weiss gefärbtem Leder, das mit roten, ledernen Streifen bestickt war. Im Leder waren zusätzlich geschliffene Edelsteine eingearbeitet, Matthias erkannte blutrote, mandelgrosse Steine. Der Griff des Schwertes war länger als bei einem normalen Schwert. Wie jenes, dass Matthias dem burgundischen Grafen in Vaumarcus abgenommen hatte, war es ein sogenannter Anderthalbhänder. Somit konnte es mit einer wie auch mit beiden Händen geschwungen werden. Der Griff besass dasselbe rote Leder wie die Verzierungen auf der Scheide und war perfekt verarbeitet. Die quer zur Schneide stehende Parierstange mass über zwei mittlere Finger in der Länge und im Stahl waren goldene Einlegearbeiten sowie weitere weiss durchsichtige Edelsteine sichtbar. Auch der runde Knauf am Ende des Griffes hatte solch goldene Einlegearbeiten, dazu war noch ein riesiger, blutroter Rubin hineingearbeitet worden. Jedenfalls dachte sich Matthias, dass es sich um einen Rubin handelte, aber er hatte keine Ahnung von Edelsteinen. Da sich der Herzog mit einem Schwert auf dem Schlachtfeld befand, müsste es sich um ein Repräsentationsstück handeln, kein Schwert, um wirklich damit in den Kampf zu ziehen.

Neben der Holzfigur mit dem Helm und dem Schwert des Herzogs sah er ein weiteres kleines Tischchen, darauf einen aufgeklappten, drei–teiligen tragbaren Altar. Matthias bekreuzigte sich, als er die wunderschön geschnitzte Figur von Jesus am Kreuz sowie den beiden Heiligen zu dessen Seiten erkannte. Die äusseren beiden Flügel des Altars hatte man mit Scharnieren versehen, sodass dieser zusammengeklappt werden konnte, um ihn besser und ohne Beschädigungen transportieren zu können. Der Altar war bunt bemalt und schien ebenfalls teilweise mit Gold überzogen zu sein. Vor dem Altar lag ein kleines Kästchen, Matthias konnte nicht erkennen, worum es sich genau handelte, aber es glänzte schwarz, weiss und golden. Daneben befand sich geschlossen, ein kleines Gebetsbuch. Auch das schien aus Gold zu sein. Matthias schüttelte leicht den Kopf. Noch nie in seinem Leben hatte er so viel Gold oder so viele Edelsteine gesehen.

An den Seilen, die sich zwischen den beiden Zeltpfosten spannten, hing an einem hölzernen Kleiderbügel ein langer Brokatmantel sowie ein grosser Hut in derselben Farbe, über und über mit Perlen geschmückt. Der Mantel war aus schwarzem Brokat, jedoch mit goldenen Fäden durchwirkt, sodass er auf Matthias wie aus echtem Gold wirkte. Der Kragen und die komplette

Innenseite des Mantels bestanden aus schneeweissem Fell. Könnte ebenfalls Hermelin sein, dachte sich Matthias und schüttelte abermals ungläubig den Kopf.

Am anderen Ende des Zeltes standen schliesslich noch zwei grosse, hölzerne Truhen. Beide waren mit schwerem Eisen beschlagen und die Deckel der Truhen waren geschlossen. Matthias hob eine seiner Augenbrauen, lächelte leicht und ging zu den beiden Truhen hinüber.

Der Schlachtlärm draussen toste durch das Lager.

Der Kapitän interessierte sich nicht dafür, sondern nur für die beiden Truhen, die aber beide mit schweren, eisernen Vorhängeschlössern versehen waren. Matthias sah sich um, suchte nach möglichen Aufbewahrungsorten der zugehörigen Schlüssel. Er ging quer durch das Zelt zu der Truhe mit den Kleidern, riss des Herzogs Gewänder ohne Rücksicht auf die edlen Stoffe heraus und schmiss sie auf das Bett. Doch es waren keine Schlüssel zu finden.

Wiederum sah er sich um, bemerkte nochmals das Kästchen neben dem Altar. Er ging hinüber und nahm es vorsichtig in die Hand. Erst jetzt sah er es sich genauer an. Es war aus Holz, welches mit schwarzem Lack überzogen worden war, dazu hatte es Einlegearbeiten aus Perlmutt und Verzierungen aus reinem Gold. Auch die kleinen, feinen Füsschen, worauf es stand, waren aus Gold, ebenso wie die schön gearbeiteten Scharniere für den Deckel. Auf diesem war eine Figur aufgesetzt. Es stellte einen nackten Knaben dar, der auf einer Decke lag und eine Sanduhr in der Hand hielt. Dabei stützte er sich auf einem Totenschädel ab. Die ganze Skulptur war aus Silber gearbeitet, während die Locken des Knaben, die Sanduhr in seiner Hand und die Decke, worauf der lag, wiederum aus Gold zu sein schienen. Das Kästchen war eine ganze Elle lang, eine halbe Elle breit und in etwa ebenfalls eine halbe Elle hoch. Es war ein wunderbares Stück Handwerksarbeit.

Es ist Deine Zeit, die da abläuft, du burgundischer Hurenbock, dachte Matthias für sich.

Er öffnete den Deckel und es stockte ihm der Atem. Das Kästchen enthielt des Herzogs Schmuck sowie dessen goldenes Siegel und seine persönlichen Reliquien. Matthias entnahm wunderschöne Ringe, alle aus Gold mit irgendwelchen Edelsteinen verziert. Es gab Ringe mit Saphiren, andere mit Rubinen und wiederum solche mit Diamanten.

Dazu fand er eine Kette, die nur aus Gold und Rubinen zu bestehen schien. Sie hatte zwei Mal die Länge seines Unterarmes und der Verschluss bestand aus einem massiven Ring aus purem Gold. Als Nächstes zog er ein Medaillon heraus, das einen riesigen Saphir, eingearbeitet in einen silbernen Ring aus Lorbeerblättern trug. Dazu entnahm er ein komplett mit Gold überzogenes und mit Perlen verziertes Stück eines Holzstabes und ein Glasröhrchen, das Haare zu enthalten schien und mit einem goldenen Verschluss versehen war. Vorsichtig legte er den Schmuck, aber vor allem die Reliquien auf den Tisch neben den Altar. Er wusste nicht, von welchen Heiligen die beiden Reliquien waren, aber er wollte sich auf keinen Fall himmlische Feinde machen.

Und zuletzt fand Matthias, er nickte leicht, zwei schwere, eiserne Schlüssel.

In dem Moment schlug Markus die Vorhänge am Eingang auf und mit ihm stürmten die weiteren Söldner in das Zelt.

«Kapitän ...», machte Markus, wurde aber von einer erneuten, jedoch nicht mehr ganz so gewaltigen Explosion unterbrochen und Matthias nutzte den Augenblick und bedeckte die Reliquientruhe und den daneben liegenden Schmuck mit einem der Pelze vom Bett.

Matthias sah seine Männer an und legte seinen Finger auf die Lippen, deutete mit dem Kopf zu den beiden Truhen und zog die beiden Schlüssel hervor. Er liess sie an den dazugehörigen Ringen um seine Finger kreisen. Die Männer begannen zu grinsen. Er warf beide Schlüssel zu Markus und die Söldner machten sich daran, die Truhen zu öffnen.

Sie schlossen die Schlösser auf und öffneten die Deckel und Markus sog laut die Luft ein. Sie drehten sich zu ihrem Kapitän um, in ihren Gesichtern eine Mischung aus Ungläubigkeit, Zweifel und reiner Freude. Dieser konnte das gelbliche Schimmern sehen. Auch er konnte sich ein Lächeln nicht verkneifen.

Doch schon im nächsten Moment war er wieder ganz Soldat.

«Los!», befahl er. «Rolf und Markus, Ihr sichert das Zelt gegen Eindringlinge! Valentin und Mönch, Ihr sucht irgendetwas, wo wir einen Teil des Goldes und der Geldmünzen transportieren können! Aber denkt daran, wir müssen es zu Fuss tragen können.»

Die beiden erst Genannten zogen ihre Schwerter und verschwanden wieder durch den Ausgang, stellten sich vor das Zelt, während die anderen beiden es zu durchsuchen begannen.

Matthias ging erneut zu dem Reliquienkästchen, nahm einen Teil des Schmucks und legte ihn wieder hinein. Er sah sich um, bemerkte eine einfache, lederne Satteltasche und versorgte das Kästchen vorsichtig darin.

«Wir nehmen die Kleidertruhe», meinte Valentin aus Wollen, ein grosser, drahtiger Kämpfer. Matthias nickte. «Denkt aber daran, wir müssen sie zu Fuss und vielleicht weit tragen können.» Die beiden nickten, trugen sie zu den Geldtruhen und begannen, die leere Kleidertruhe mit Gold und Silbermünzen zu füllen.

«Wir nehmen uns, was uns zusteht. Ich nehme mir noch einen Teil des Schmucks und das kleine Siegel. Schliesslich soll die Stadt Zürich auch etwas von allem hier haben. Den ganzen Rest werden wir an unsere Heerführer übergeben.»

«Ja genau!», schimpfte Valentin. «Die werden sich dann sowieso den grössten Teil vom Ganzen abschneiden, seid versichert.» Der Mönch nickte eifrig, während er immer noch Goldstücke in die Kleidertruhe schüttete.

«Mit Sicherheit», brummte Matthias «und der ganze Rest bekommt dann sowieso nur Bern. Und Zürich geht leer aus.»

Rolf streckte seinen Kopf durch die Vorhänge. «Kapitän, die Hunde flüchten. Wir haben gewonnen.» Er grinste über das gesamte Gesicht.

«Sehr gut», antwortete Matthias und wandte sich wieder Valentin und Mönch zu: «Los! Egal wieviel jetzt drin ist oder nicht, schafft die Truhe fort!»

Eine weitere Explosion, insgesamt nun schon die dritte, erschütterte das Lager. Sven schien ganze Arbeit zu leisten.

«Könnt Ihr die Truhe tragen?», fragte Matthias seine beiden Männer. Diese prüften das Gewicht und nickten. «Na, dann los!», herrschte er sie an. «Raus mit Euch. Verschwindet im Wald, wo Euch keiner findet. Versteckt die Truhe und dann kommt Ihr beide hierher zurück. Wir anderen werden hier warten und alles schön brav an die Obrigkeit übergeben.» Der Kapitän grinste, seine beiden Männer ebenfalls.

Die beiden Söldner nahmen die Truhe an den Tragegriffen.

«Und lasst Euch um Himmels Willen nicht erwischen! Sonst sind wir alle tot!»

Grunzend hoben sie die Truhe an und trugen sie aus dem Zelt.

«Und he!», rief er ihnen nach und sie stoppten, wussten, was jetzt kommen würde, «Wenn Ihr nicht zurückkommt, töte ich Euch eigenhändig!»

Obwohl Matthias lächelte, wussten sie, ihr Kapitän meinte es äusserst ernst.

Im selben Moment, als Matthias wieder aus dem Zelt trat, kam ihm Sven und der Rest seiner Männer entgegen. Er trug seine Streitaxt lässig über der Schulter, die Klinge war schwarz. Der Rest der Truppe kam direkt hinter dem Hünen, zwei von ihnen trugen eine Bahre, die Übrigen hatten immer noch ihre Schwerter in Händen.

Matthias sah zu der Bahre und dann zu Sven. «Was ist mit Otto?»

«Tiefer Axthieb in Schulter und Hals», erklärte dieser und schüttelte leicht den Kopf. «Sieht nicht gut aus.» Matthias seufzte. «Legt ihn in das Zelt des Herzogs», befahl er den Trägern und diese verschwanden im Zelt.

Er wandte sich wieder Sven zu, sah den riesigen Mann fragend an. Dieser begann zu grinsen.

«Kinderspiel, Kapitän», machte er. «Wie Ihr gesagt hattet, nur Huren und Schmiede.»

«Und, warum dann das mit Otto?»

«Selber schuld.» Sven zuckte mit den Schultern. «Ihr meintet doch, die Schwänze in den Hosen lassen. Er wollte sich an irgendeiner Blondine vergreifen, wahrscheinlich die Frau des Schmieds. Falsche Wahl. Dieser hat ihm dabei von hinten eine Axt in die Schulter getrieben. Ist echt Kuhscheisse!»

«Was meinst Du, schafft er es?»

Sven schüttelte nur leicht den Kopf und Matthias verzog das Gesicht.

Dann wandte er sich an seine restlichen Männer: «Geht da mal rein und seht, was wir haben.» Er nickte mit dem Kopf zu dem Eingang des Herzogs Zelt.

Er konnte das Rufen und Lachen hören, als sie die Beute sahen. Dann steckte auch er den Kopf durch den Eingang. «Los Männer», befahl er, «zieht Eure Waffen und verteilt Euch. Vier bewachen das Zelt, der Rest durchkämmt die umliegenden Behausungen. Vielleicht gibt es da noch mehr. Und ich will niemanden hier drin sehen, bis wir das alles an die Obrigkeit übergeben haben.»

Matthias sah die Enttäuschung in den Augen seiner Männer.

«Keine Angst», er grinste sie an, «wir haben unseren Teil gesichert.»

* * *

Es dauerte Stunden.

Matthias' Männer lösten sich gegenseitig als Wachen ab, damit alle genug Zeit zum Ausruhen hatten. Unterdessen waren auch Valentin und der Mönch, wie befohlen, zurückgekommen.

In mehreren Zelten und hölzernen Schöpfen in direkter Nachbarschaft zu demjenigen von Karl, konnten weitere Schätze gefunden werden. Auch im Zelt, welches von dem Schwein zerschlagen worden war, lagerten wertvolle Waren.

Sie hatten eine Unzahl von bemalten und bestickten Seidenfahnen und Banner, Stoffe und Felle aller Art und Farben, Truhen voller Gold und Silbermünzen und ein weiteres Kästchen, nicht unähnlich demjenigen von Karl, voller Edelsteine gefunden.

Matthias liess alle Schätze in drei Zelte in direkter Nachbarschaft von Karls zusammentragen und sie von seiner Truppe ebenfalls streng bewachen.

Die Schlacht war vorüber.

Sven und sein Kapitän sassen gemütlich auf zwei Stühlen im Zelt des Herzoges. Sie hatten sich vom Wein bedient, tranken ihn aus den edlen Gläsern Karls. Ein vortrefflicher Tropfen.

Otto lag auf dem Bett des Herzogs. Er schlief, stöhnte aber immer wieder auf.

«Was für ein Schatz.» meinte Sven. «Ich denke, der Hauptmann wird zufrieden sein.»

«Davon gehe ich aus, mein Freund.» Matthias sprach mit einer zufriedenen Stimme, machte dann eine Pause. «Gute Arbeit gestern und heute.»

Der fast sieben Fuss grosse Mann senkte den Blick. Solche Komplimente gab es von seinem Kapitän nicht oft.

«Danke, Kapitän.»

Matthias nickte gedankenverloren. Dann seufzte er und stand auf. «Es ist an der Zeit, den Feldhauptmann zu suchen und unserer Obrigkeit mal zu zeigen, was uns da in die Hände gefallen ist.» Er sah den Hünen mit müdem, aber zufriedenen Blick an.

«Sieh zu, dass Ihr Otto ins Lazarett bringt und dann räumt hier etwas auf.»

Er drehte sich um und ging in den warmen Frühlingsabend hinaus.

* * *

Hans Waldmanns Haare standen ihm nach allen Seiten vom Kopf. Sein wallender, schwarzer Bart war mit Schweiss und Blut durchtränkt. Aber seine Augen strahlten, das Grinsen ging ihm über das ganze Gesicht.

Er sass am Tisch im Zelt von Herzog Karl, zusammen mit Hans von Hallwyl, dem Befehlshaber des Gewalthaufens, Feldhauptmann Wilhelm Herter von Hertneck und Oswald von Thierstein, der die Reiterei der Eidgenossenschaft befehligt hatte. Die Stimmung war gut, aber ruhig, alle hatten vollgefüllte Gläser mit Wein vor sich.

Matthias von Altstetin stand vor dem Tisch. Er hatte in allen Details Bericht erstattet.

Na ja, nicht ganz in allen Details, dachte er sich.

«Ihr habt sehr gute Arbeit geleistet, Kapitän.» Der Feldhauptmann sah ihn mit seinen grossen, blauen Augen an, die Matthias immer an das Blau eines schönen Sommerhimmels erinnerte. Er hatte lange, gelockte Haare und sah Jahre jünger aus, als er eigentlich war. Der Feldhauptmann war wie Matthias glattrasiert.

Dieser verbeugte sich leicht. «Danke, Feldhauptmann», murmelte er.

«Ihr habt Euch Euren Sold reichlich verdient.» Herter nickte anerkennend. «Wie ich von Hauptmann Waldmann erfuhr, war es Eure Idee, Vaumarcus gestern anzugreifen, um den Bastard aus der Reserve zu locken?»

«Es war die einzige Möglichkeit, Feldhauptmann. Wir dachten, so würde er sich endlich bewegen», erwiderte Matthias, zuckte leicht mit den Schultern. Dann fragte er: «Ist er tot?»

Die Miene der Offiziere verdunkelten sich bei der Frage augenblicklich, die Stimmung kippte.

«Nein.» Die Stimme des Feldhauptmannes war eine Nuance schärfer geworden. «Er hat sich aus dem Staub gemacht. Sie sind in vollkommener Panik ausgebrochen, als unser zweites Kontingent aus dem Wald hervor stürmte.» Herter verzog das Gesicht zu einer Grimasse und Hans von Hallwyl redete statt seiner weiter: «Der Schuft ist als einer der ersten gerannt. Hat seine Reiterei und seine berittene Leibgarde mitgenommen und sein Heer sich selbst überlassen.» Auch Von Hallwyl war, wie Herter, ein Ritter. Es handelte sich bei ihm um einen grossen, schmächtigen Mann mit schütterem, braunem Haar, das schon mit einigen weissen Strähnen durchzogen war. Sein Blick war durchdringend, er galt als harter, aber guter Anführer. Und er war ausserdem bekannt als sehr guter Schwertkämpfer. Seine Stimme klang müde und frustriert.

«Sie sind gerannt wie die Hasen. Wir haben sie über Stunden verfolgt, versuchten unbedingt diesen aufgeblasenen Arsch zu finden. Aber vergebens.» Hallwyl schüttelte den Kopf, atmete tief ein und aus. «Als es dann dunkel wurde, mussten wir die Jagd abbrechen.»

Draussen war es unterdessen Nacht. Im Zelt drinnen brannten Fackeln, erhellten den Raum. Das burgundische Lager war von den Eidgenossen übernommen worden. Lautes Gelächter, Gesang und Gegröle drang durch die Zeltwände. Auch gespielt empörte Rufe und Schreie von Frauen waren zu hören. Matthias schmunzelte in sich hinein. Er wusste, was Sven und der Rest seiner Männer da draussen taten.

Des Herzogs Zelt wurde nun durch Herters eigene Truppe gesichert. Den Schatz hatte Matthias den Offizieren übergeben, als diese von der Verfolgung Karls zurückgekommen waren. Ihre Verblüffung war nicht minder gross gewesen.

Matthias' Männer waren irgendwo im Lager verschwunden, auf der Suche nach Bier, Wein, Essen und natürlich, den Huren, die sich immer gerne auf die Seite der Gewinner schlugen. Otto war ins Lazarett verlegt worden und somit war nur noch Matthias bei des Herzoges Zelt.

Der Feldhauptmann sprach weiter: «Hauptmann Waldmann hier wird morgen nach Fribourg entsandt.» Matthias nickte zustimmend.

«Und Ihr?», fragte ihn Herter.

«Ich …?», fragte der Kapitän zurück, etwas unsicher.

«Ja, Ihr.» Herter nickte ernst, sah Matthias an. «Gute Arbeit, Herr von Altstetin!» Herter von Hertneck nahm sein Glas in die Hand und prostete ihm zu. Waldmann, Von Hallwyl und Von Thierstein taten es ihm gleich.

«Ihr werdet mit Eurem Hauptmann morgen nach Fribourg reiten und die Stadt sichern. Dort wartet Ihr auf weitere Befehle.» Er machte eine Pause, trank einen Schluck Wein. «Und jetzt, Herr Kapitän, da Ihr keinen weiteren Auftrag habt, geht da hinaus, sucht Eure Männer und feiert mit ihnen. Bier und Wein gibt es ja genug.» Der Feldhauptmann grinste Matthias an, nickte zum Eingang. «Raus hier!»

Kapitän Matthias von Altstetin beugte leicht den Kopf, drehte sich um und verliess das Zelt.

* * *

Vögel zwitscherten und die Sonne schien schon hell über das Heerlager und das Schlachtfeld.

Und mit der Sonne kam die Wärme.

Und mit der Wärme kam der Gestank.

Die Eidgenossen hatte alle Gefallenen noch am Abend nach der Schlacht geborgen und ein Kontingent aus Luzern war nun damit beschäftigt, Gräber auszuheben, damit die Männer im Laufe des heutigen Tages ehrenvoll bestattet werden konnten. Die gefallenen Burgunder hatte man zwar ebenfalls vom Schlachtfeld geholt, die Leichen aber achtlos auf einen grossen Haufen geworfen. Auch sie würden ein Begräbnis erhalten, ebenfalls würde ein Kirchenmann eine Predigt für sie abhalten, aber dann würde man sie in einem Massengrab verscharren.

Und vergessen.

Die Beisetzungen waren bis kurz nach Mittag abgeschlossen. Trotzdem war der Gestank immer noch fürchterlich und hinzu mischten sich die Gerüche aus dem Lager.

Der Feldhauptmann liess das ganze Heer antreten

Matthias stand an seinem vorbestimmten Platz ganz vorne in der Reihe. Er hatte erbärmliche Kopfschmerzen, Schweiss rann ihm über das Gesicht.

«Du stinkst immer noch nach Wein», grinste Hans Waldmann leise, der direkt neben ihm stand. Er lachte jetzt breit und Matthias grunzte nur. Ihm war übel und am liebsten hätte er sich wieder in das Zelt verkrochen, worin er wenigstens die letzten paar Stunden der Nacht verbracht hatte.

Nach dem Rapport bei den höheren Offizieren hatte er seine Truppe gesucht und sie schliesslich im hinteren Teil des Lagers gefunden. Durch die teilweise schweren Verwüstungen, die Sven und seine Gruppe hier angerichtet hatten, waren in diesem Teil des Lagers viel weniger Eidgenossen zu finden. Also hatte sich Matthias Truppe genau dahin verzogen. Sie wollten unter sich sein.

Wie erwartet, hatten seine Männer schon am Nachmittag nach ihrem Angriff einige Fässer mit Bier, Wein, Met und Esswaren gesichert. Säcke mit Hafer, Fässer mit geräucherten Fischen wie Aal oder Sardellen, Holzharassen mit eingesottenen Eiern, wiederum solche mit gesalzenem Fleisch oder mit Feigen und Weintrauben waren gefunden worden. Und Sven hatte eine beträchtliche Menge davon in Sicherheit gebracht und das Festmahl nahm seinen Gang. Sie hatten zwei grosse Feuer entzündet und tranken, speisten und sangen.

Und natürlich, die Huren waren auch schon unter ihnen.

Matthias setzte sich zu seinen Männern und genoss es, einfach, am Leben zu sein.

Am Morgen war er dann neben einer hässlichen Blondine mit riesigen Brüsten erwacht. Etwas ungläubig hatte er kurz ihre unter der Decke hervor lugenden Titten betrachtet, konnte sich aber beim besten Willen nicht mehr an die letzte Nacht erinnern. Somit hatte er wortlos seine Kleider angelegt, seine Waffen mitgenommen und das Zelt verlassen.

«Du hättest Dich wenigstens waschen können», warf ihm Waldmann vor. Obwohl er dies getan hatte, gab er ihm auch jetzt keine Antwort, sah ihn nur kurz von der Seite an. Hans Waldmann grinste immer noch breit, seine Augen blitzten belustigt und schadenfroh.

«Wie lange geht das hier?», fragte Matthias schliesslich leise.

«Schon noch eine Weile», antwortete der Hauptmann nun plötzlich ernst. «Hans von Hallwyl hat angeordnet, dass die burgundische Besatzung von Grandson dasselbe Schicksal erleiden soll, wie unsere Männer.»

Matthias sah ihn an, den Blick zweifelnd.

«Nun sieh mich nicht so an. Das war nicht meine Idee», schnauzte Waldmann. «Du selbst hast gesehen, zu was diese burgundischen Bastarde fähig sind. Fast fünfhundert unserer Männer! Du hast es selbst gesehen.» Er holte tief Luft. «Jetzt sollen ihre Köpfe rollen.»

«Wie viele?»

«Hundertzwanzig», antwortete Waldmann immer noch ernst. «Die ganze Besatzung von Grandson. Und dazu all diejenigen ihrer Kämpfer, die sich in die Stadt geflüchtet hatten.»

Matthias nickte leicht, einen angewiderten Ausdruck auf dem Gesicht.

Es war eine üble, eine blutige Prozedur. Viele der burgundischen Soldaten bettelten um ihr Leben, vergebens. Nur die Adeligen unter ihnen wurden verschont. Für sie wurden Forderungen auf Papieren vermerkt, diese mit Siegel und Unterschrift von Feldhauptmann Herter von Hertneck versehen, dann wurden Reiter ausgesandt, um die Lösegeldforderungen an Herzog Karl zu überbringen, sofern dieser überhaupt gefunden werden konnte.

Der Feldhauptmann hatte befohlen, dass die Adeligen, welche verschont wurden, selbst die blutige Bestrafung durchführen mussten. Wer sich weigerte, wurde mit in die Reihe gestellt. Es verweigerten sich nicht viele.

Blut. Viel Blut. Sehr rotes Blut.

Es war eine grauenvolle, eine äusserst entsetzliche Szene, die sich da vor den in Spalier stehenden Eidgenossen abspielte. Viele der kampferprobten Recken wendeten sich mit Grausen ab, einige übergaben sich schon nach den ersten Hinrichtungen, andere drehten sich um, versuchten nicht hinzusehen. Es gab sogar solche, die sich die Ohren zuhielten. Es waren aber auch nicht wenige, eigentlich sogar die meisten, die die Offiziere und die Soldaten mit Hohn und Spott überzogen, bei jedem Hieb jubelten.

Die burgundischen Offiziere waren keine ausgebildeten Henker und hatten dementsprechend Mühe, ihre Arbeit auszuführen. Ihre Hiebe waren teilweise zu hoch oder zu tief, bei anderen einfach nicht hart genug geschlagen.

Als einer der Offiziere bei einem der knienden Soldaten nicht weniger als fünf Schläge benötigte, dessen Kopf vom Rumpf zu trennen, gebot Herter von Hertneck dem Treiben Einhalt.

Matthias, der sich ebenfalls mit Entsetzen abgewandt hatte, bemerkte, wie Herter auf seinem Ross sitzend, Hans von Hallwyl zu sich rief und ihm sichtlich erbost neue Befehle gab.

Von Hallwyl nickte und ging zu dem burgundischen Offizier, riss ihm das Schwert aus der Hand, setzte dessen Spitze dem nächsten Soldaten hinten auf das Genick und trieb diesem die Klinge tief in den Rumpf. Dann riss er das Schwert wieder heraus und warf es dem Burgunder vor die Füsse. Er schrie den Offizieren irgendetwas auf Französisch zu und diese fuhren mit ihrer tödlichen Arbeit fort.

«Wie zu Zeiten der Römer», sagte Hans zu Matthias.

«Wenigstens schneller», antwortete dieser knapp. Seine Kopfschmerzen waren mit steigender Sonne und Frühlingswärme nur noch grösser geworden. «Ich bin froh, wenn wir hier weg sind.»

Nach den Hinrichtungen machte sich Matthias auf den Weg zu dem Zelt, in dem Otto lag. Einige seiner Männer waren ebenfalls da, und als Matthias auf sie traf, war die Stimmung bedrückt.

«Wie geht es ihm?», fragte er und Christian von Urtihun, ein grosser, breitschultriger Recke mit wilden Haaren und schwarzem Bart, antwortete leise: «Nicht gut, Kapitän.»

Matthias sah in fragend an, doch Christian zuckte nur mit den Schultern. «Der Arzt meinte, er übersteht den Tag nicht.»

Der Kapitän nickte nur leicht. «Macht Euch bereit, wir reiten nach Fribourg», sagte er schliesslich und seine Männer nickten und gingen.

Er dagegen betrat das Zelt.

Der Gestank verschlug ihm fast den Atem. Im Zelt war es düster und still. Ausser dem schweren Atem von Otto, der auf dem Bett lag, war nichts zu hören.

Matthias setzte sich auf die Bettkante, sass eine Weile nur schweigend da. Otto war noch nicht allzu lange in seiner Truppe. Er gehörte zu den letzten, zusammen mit Linhart von Klosters und Martin von Werdenberg, welche er rekrutiert hatte.

Otto schlug schliesslich die Augen auf. «Kapitän.»

Matthias musste sich zu ihm hinunter beugen, sonst hätte er nicht verstehen können.

«Ich … Es …», flüsterte Otto.

«Es ist schon gut», antwortete Matthias.

«Nein, Kapitän. Es ist nicht … gut.»

«Doch Otto, es ist gut.» Matthias sah, wie der Verband um Ottos Schulter wieder mit frischem Blut getränkt war. «Du musst Dich ausruhen.»

Otto krächzte. Es hätte ein Lachen sein sollen.

«Kapitän», er sprach so schwach, Matthias konnte ihn kaum mehr verstehen. «bitte … es tut mir … leid.»

Matthias nickte, wollte etwas entgegnen, aber Otto legte seine Hand auf Matthias Arm. «Kapitän … bitte … sorgt für … meine Familie.» Ein Seufzen entfuhr ihm, dann sank Ottos Hand hinunter, währenddessen ihm ein kleines Rinnsal Blut aus dem Mundwinkel floss.

Matthias seufzte und stand auf. Er beugte sich nochmals über seinen toten Kämpfer und schloss ihm sanft die Augen.

«Versprochen, Otto von Hoinga!»

* * *

Sie ritten am späten Nachmittag.

Von Hallwyl hatte sie mit frischen Pferden, Waffen und neuer Kleidung ausgestattet. Zwei Packpferde zogen einen Wagen, worauf sie den Rest ihres erbeuteten Proviants, Wein und Bier transportierten. Waldmann und Matthias ritten an der Spitze, eine lange Zeit sprach keiner von ihnen.

Schliesslich sah ihn der Hauptmann von der Seite an.

«Dafür, dass wir so einen riesigen Schatz erbeuten haben und nichts als einen warmen Händedruck erhielten, sind Deine Männer aber in ziemlich guter Laune.» Er zeigte mit seinem Daumen nach hinten, seine Stimme klang belustigt, jedoch schwang auch eine Spur Argwohn darin.

«Wenn Du meinst», antwortete der Kapitän knapp.

«Weiche mir nicht aus.» Der Ton Waldmanns wurde eine Spur schärfer. «Du vergisst, dass wir uns schon zu lange kennen.»

Matthias schwieg einen Moment, dann lächelte er leicht. Es stimmte, sie kannten sich schon viel zu lange, als dass sie einander etwas vormachen konnten.

«Wir müssen einen kleinen Umweg machen», meinte er schliesslich.

«Wusst' ich's doch!», rief Waldmann und lachte. «Auf Dich ist Verlass.»

Sie waren schon weit ausser Sichtweite des Lagers, als der Mönch und Valentin von Wollen zu Hans Waldmann und Matthias von Altstetin aufschlossen.

«Da vorne, Hauptmann», sagte Valentin leise und zeigte auf einen kleinen Weg, der in den Wald hineinführte. Waldmann nickte und liess die ganze Truppe anhalten.

«Sichert die Umgebung! Ich will keine verfluchten Zeugen.»

Die Söldner sprangen von ihren Pferden, verteilten sich in der näheren Umgebung.

Unter der Führung von Valentin holten Matthias und Sven die Kiste mit ihrer Kriegsbeute und verluden sie auf den Wagen. Sie war ziemlich schwer. Die Truhe wurde mit Seilen gesichert und dann tarnten sie sie mit Fellen und sonstigen Ausrüstungsgegenständen.

Langsam ritten sie gegen Südwesten, folgten dem Weg am See entlang. Matthias und sein Hauptmann schwiegen, während ihre Männer hinter ihnen, den Wagen mit der wertvollen Beladung genau in ihrer Mitte, lauthals darüber diskutierten, was sie als Erstes mit ihrer Beute machen wollten.

«He!», rief irgendwann Matthias und es kehrte Ruhe ein. «Wollt Ihr es denn der gesamten Welt erzählen?» Er schüttelte den Kopf und Waldmann grinste ihn dafür an.

«Gönn' ihnen doch die Freude. Es werden noch Tausende anderer hier durchkommen und sich dabei ausmalen, wie sie ihren Anteil an der Beute von Grandson verprassen wollen, auch wenn derer nicht so hoch sein wird, wie unser.»

Matthias murrte zustimmend.

«Nur, weil Du gerade eine Scheisslaune hast, sollen sie doch trotzdem ihre Freude haben.»

«Ja, ja. Ist ja gut», antwortete der Kapitän sein Ton mürrisch und genervt. Er hatte immer noch Kopfschmerzen und die ganze Sache mit Otto und die systematischen Hinrichtungen der Gefangenen hatten seine Laune definitiv nicht verbessert. Und das Nachdenken führte dann wiederum zu weiteren Kopfschmerzen.

Matthias nahm sich seinen Bocksbeutel vom Sattelhorn, entkorkte ihn und trank gierig, was Hans Waldmann mit einem gemeinen Lachen quittierte.

«Ich gehe davon aus», meinte er, «dass Du morgen mit uns kaum im Wirtshaus eine Flasche Wein köpfen wirst.»

Matthias schüttelte zur Antwort den Kopf. «Ich denke, ich werde dafür mal die erste Sichtung von Fribourg machen und die nötigen Vorkehrungen veranlassen, damit wir die Absicherung der Stadt gut organisieren können.» Er machte eine Pause und Waldmann nickte zustimmend. «Dann müssen wir sehen, wie viele Männer wir dort haben, um die Stadt so zu befestigen, dass wir die befohlenen Ausfälle mit unserer Truppe problemlos durchführen können.»

«Ha!», machte Waldmann und lachte humorlos. «Warte mal! Du glaubst doch nicht, dass wir uns da nochmals den Arsch aufreissen?» Waldmann hörte sich erbost an. «Wir werden es uns in der Stadt so richtig gemütlich machen und sobald wir vernehmen, dass sich unsere Truppen aufgelöst haben, kehren wir nach Zürich zurück.»

«Auch gut.» Matthias lächelte. «Hört sich nach einem Plan an. Dann lass uns noch ein wenig weiter reiten, es wird schon bald dunkel.»

Er gab seinem Pferd die Sporen.

Teil 2 – Murten

Kapitel I – Sommer

Hans Waldmann stand hinter dem Schreibtisch mit den Fäusten auf die Platte gestützt. «Diese verdammten heidnischen Zungenklaffer! Haben diese Hurenknechte denn überhaupt keinen Respekt!» Hans Waldmann kochte vor Wut. «Was haben die sich denn gedacht? Nichts wurde mit uns abgesprochen!»

Er meinte die Stände der Eidgenossenschaft.

Alle fünfzehn weiteren im Raume anwesenden Männer wussten, dass sie jetzt besser den Mund hielten. Wenn Waldmann kochte, sollte man nicht noch Öl ins Feuer giessen.

Nur einer dieser Männer getraute sich, etwas zu sagen. Und alle Anwesenden waren sich bewusst, dass dieser der Einzige war, auf den Hans in solchen Momenten hörte.

«Hauptmann, wir pfeifen auf Erlach.» Matthias Stimme war kalt. Auch er schüttelte nur den Kopf ob der dreisten Dummheit, die in dem auf dem Tisch liegenden Schriftstück beschrieben war, aber er war nicht wütend darüber, doch eher unangenehm überrascht.

«Wir sollten uns hier wirklich heraushalten.»

Waldmann sah ihn, immer noch auf seine Fäuste gestützt, durchdringend an.

«Als wüsste ich nicht, dass uns Erlach am Allerwertesten vorbeigeht. Das verdammte Kaff ist keinen Pfifferling wert.» Waldmann senkte den Blick wieder auf den Brief. «Aber was glaubst Du passiert jetzt? Da haben wir Karl in Grandson so richtig schön den Arsch versohlt und jetzt das.» Waldmann schnaubte. «Ich könnte Niklaus von Diesbach den Hals umdrehen. Er war schon der stinkende Lump, der Von Hagenbach umbringen liess.»

Matthias wollte etwas sagen, aber Waldmann war schneller: «Ich weiss, ich weiss!», fauchte er. «Klar hatte der es verdient und ich hatte richtig Freude daran, seinen Kopf rollen zu sehen. Und ich war ja auch dafür, dass Bern seine Gebiete erweitert.» Er machte eine kurze Pause und Matthias wollte abermals etwas entgegnen. Waldmann war wiederum schneller: «Und ja, ich war ebenfalls dafür, dass wir diesem Idioten seinen herzoglichen Arsch versohlen. Aber das jetzt? Ich weiss nicht …» Erneut machte er eine Pause und schüttelte seinen Kopf, doch dieses Mal blieb auch Matthias stumm.

Waldmann seufzte schliesslich tief. «Aber was ich weiss ist, dass dieser burgundische Mistkäfer Erlach zum Anlass nehmen wird, wieder irgendetwas anzuzetteln.» Waldmann hatte sich so richtig in Rage geredet. «Und dazu, Erlach gehört zum Gebiet Savoyens. Und mit Savoyen macht man keine Spässe! Es wird regiert von einer Herzogin …»

«Aber mit einer Frau werden wir ja wohl noch fertig werden!», rief Heinrich in die Runde und einige der Männer lachten.

Hans blitzte seinen Bruder zornig an, sodass diesem das Lächeln im Gesicht gefror.

«Eine Frau?» Waldmanns Stimme war spöttisch, troff vor Hohn. «Nur eine Frau, also.» Der Blick des Hauptmannes war so wütend, dass einige der hart gesottenen Söldner unwillkürlich einen Schritt rückwärts machten. Matthias lächelte in sich hinein. Die Männer sollten es ja eigentlich besser wissen. Und sein Bruder sowieso.

«Eine Frau, sagst Du? Weisst Du, wer diese Frau ist? Nein! Du hast keine Ahnung! Wisst Ihr, dass es heisst, diese Frau besitze einen Tiger?» Waldmanns Augen wurden grösser und er hämmerte mit seiner rechten Faust auf das Holz seines Schreibtisches. «Einen Tiger!» Das letzte Wort schrie er fast. «Was für eine Person muss das sein, die sich einen Tiger hält?» Er blitzte in die Runde. Ausser Waldmanns Stimme war nicht das geringste Geräusch zu hören. Hans machte eine Pause, atmete tief ein und aus, dann sprach er mit plötzlich ganz ruhiger Stimme weiter: «Savoyen wird regiert von Jolanda de Valois, oder auch Jolanda von Savoyen genannt. Und wisst Ihr, was das auch noch bedeutet?» Waldmann sah in die Runde, aber keiner antwortete. «Hm, hm», murmelte er, «dachte ich mir doch.» Er machte wieder eine Pause, sah nochmals in die Gesichter. Sein eigenes war rot angelaufen. «Jolanda ist eine Schwester von König Louis XI.»

Einige der Söldner sogen scharf die Luft ein.

«Genau!», herrschte Waldmann sie an. «Jetzt wisst Ihr es! Sie ist die Schwester vom französischen König!» Er nickte heftig. «Und sie hat einen Tiger.» Er rollte mit den Augen, sprach dies mehr zu sich selber als zu den Männern. «Wer zum Teufel hält sich einen Tiger?» Er zuckte mit den Schultern, dann sah er wieder hoch, sprach weiter: «Ach ja, sie hatte ein Bündnis mit der Eidgenossenschaft! Ja, genau! Ein Bündnis. Mit uns!» Er betonte das letzte Wort besonders.

Keiner sprach. Jeder wusste, was dies bedeutete.

Auch Matthias.

Wie Herzogin Jolanda von Savoyen hatte auch der französische König Louis XI. ein schriftliches Bündnis mit der Eidgenossenschaft. Jedoch hatte die Herzogin zusätzlich noch eine Weiteres mit Karl dem Kühnen. Sie hatte mit aller Macht versucht, nicht in diesen Konflikt zwischen Karl und der Eidgenossenschaft mit hinein gezogen zu werden.

Wenn Herzogin Jolanda aber durch diesen Affront das Bündnis mit der Eidgenossenschaft und den zugewandten Orten kündigte und sich militärisch mit Karl einliess und dabei vielleicht sogar noch Hilfe von ihrem Bruder, dem französischen König erhielt, dann könnte dies nicht nur das Aus für die Berner Gebietsansprüche bedeuten, sondern sogar zu einer Invasion auf eidgenössischem Gebiet führen. Und dann wären alle Verbündete, welche in Grandson gemeinsam gegen Karl gekämpft hatten, deswegen gefährdet. Auch Zürich.

Und einen Krieg gegen das grosse Frankreich konnten sie nicht gewinnen. Das wäre das Ende der Eidgenossenschaft, das Ende der Unabhängigkeit, für die all diese Städte und Orte seit fast zwei Jahrhunderten mit so viel Blut gestritten hatten.

Das durfte nicht geschehen!

«Wo ist Karl jetzt?», fragte Matthias.

Waldmann fuhr sich mit den Fingern durch seinen Bart. «Irgendwo um Genf herum.» Er seufzte. «Er hat sich verkrochen und leckt immer noch seine Wunden. Aber vielleicht hatte Bern ja recht in Grandson. Wir hätten den Bastard verfolgen und ihn im See ertränken sollen.»

Matthias nickte. «Das ist der Grund der Berner für diesen Handstreich in Erlach.»

Waldmann sah ihn erst fragend an, schnippte dann mit seinen Fingern. «Aber sicher schon! Du hast recht! Sie versuchen, alle möglichen Wege, die nach Bern führen, zu sichern. Und das haben sie somit erreicht.» Er suchte aufgeregt in dem papierenen Chaos auf seinem Schreibtisch nach einer Karte. Als er sie gefunden hatte, zog er sie hervor und breitete sie aus.

Hans Waldmann seufzte ein weiteres Mal, dann streckte er sich und begab sich zu der Kommode in der Ecke hinter seinem Schreibtisch. Er holte einige Zinnbecher und eine passende Karaffe hervor und stellte alles auf den Tisch.

«Wir sind hier in Fribourg.» Er zeigte mit seinem Zeigefinger auf einen Punkt auf der Karte. «Von Diesbach ist jetzt hier in Erlach. In Grandson sitzt ...» Er stockte.

«Oswald von Thierstein», warf Matthias ein.

«Oswald von Thierstein, mit seiner Reiterei», pflichtete Waldmann ihm bei. «Jawohl. Und Von Bubenberg steht mit seinen Mannen in Murten.»

Er richtete sich auf, streckte sich ein weiteres Mal. Dann nahm er die Zinnbecher und stellte sie auf die genannten Orte auf der Karte. Den letzten Becher stellte er auf den Punkt, wo sich die Stadt Bern auf der Karte befand. Somit bildeten die Becher ein Kreuz mit Murten in der Mitte, Bern im Osten, Erlach als nördlicher Punkt sowie Fribourg im Süden und Grandson im Westen.

Er nickte. «Du hast recht. Somit haben sie alle Wege in Richtung Bern gesichert.» Er seufzte wieder. «Aber zu welchem Preis?»

Waldmann sah die Männer an. Sein Blick war ernst. Dann schüttelte er den Kopf und befahl: «Matthias, Heinrich, Sven und der Mönch, ihr bleibt hier. Den Rest sehe ich dann später in der Blauen Ente.» Er entliess die Männer mit einer Handbewegung. Als Waldmann den Blick von Sven bemerkte, stockte er. «Was?»

«Hauptmann, könnt Ihr Euch nach der Keilerei von letzter Woche dort überhaupt noch blicken lassen?» Sven grinste wie meistens, und auch Matthias musste lächeln. Sogar Heinrich konnte sich dem Anflug eines Lächelns nicht erwehren.

«Willst Du damit sagen, Sven, wir hätten dort irgendetwas verbrochen?» Er blickte den Hünen scharf an, dann grinste er ebenfalls.

«Nein, Herr Hauptmann!», entgegnete dieser und lachte noch breiter. «Natürlich nicht.»

«Dann ist es ja so weit gut», meinte Waldmann und beendete somit das Gespräch.

Als sich die Türe hinter den Männern schloss, nahm er die Trinkbecher von der Karte, füllte sie mit Wein und stellte sie den vier Männern vor die Nase. Dann ergriff er sich das Papier, das den Handstreich von Erlach beschrieb und sah sich das zerbrochene Siegel genauer an. Es trug das Wappen von Bern. Er faltete das Papier auseinander, schmiss es dann jedoch wieder, ohne zu lesen, auf den Schreibtisch. Es rutschte über einen dort aufgestapelten Haufen anderer Dokumente und fiel mit lautem Rascheln auf den Boden. Matthias bückte sich und hob es auf. Er legte es, ebenfalls, ohne es zu lesen, wieder auf den Tisch. Er kannte den Inhalt schon. Es war die offizielle Bekanntmachung der Stadt Bern an Waldmann, dass sie Erlach eingenommen hatten und er mit Matthias Truppe in Fribourg bleiben sollte.

Zusammen mit der Erinnerung, dass, sollte Herzog Karl wieder in bernisches Gebiet einfallen, die eidgenössischen Truppen ihnen wieder zu Hilfe kommen müssten.

Matthias wusste, dass nicht nur Waldmann ein solches Dokument erhalten hatte, sondern alle Orte und Heerführer der Stände der Eidgenossenschaft. Die Berner spielten ein risikobehaftetes Spiel und wollten, falls sie in Probleme gerieten, auf die Hilfe der Orte der Eidgenossenschaft zählen können.

«Was habt Ihr dem Stadtrat von Zürich empfohlen?», fragte Sven an den Hauptmann gewandt.

«Gute Frage, alter Freund.» Er sah den Hünen ernst an. «Bisher noch nichts. Aber wir werden darauf eingehen müssen. Wir können es uns nicht leisten, Bern an die Froschfresser zu verlieren. Es ist unser Bollwerk gegen Westen, so wie Basel, sofern die endlich beitreten werden, und Solothurn gegen Norden.» Er nahm seinen Trinkbecher, hob ihn kurz, nickte den Männern zu und nahm dann einen grossen Schluck Wein. «Wenn wir Bern die Hilfe verweigern, riskieren wir nicht nur, dass die Bastarde die westlichen Gebiete hier unter ihre Kontrolle bringen, wir könnten auch Bern als Mitglied der Eidgenossenschaft verlieren. Und beides wäre wirtschaftlich eine Katastrophe.» Er kniff die Lippen zusammen, schüttelte wieder mit dem Kopf. «Also lassen wir die bernischen Hosenscheisser ihr Spiel spielen.» Er nahm wiederum einen grossen Schluck aus seinem Becher. «Aber wir müssen alles daransetzen, dass wir nicht plötzlich König Louis von Frankreich vor der Nase haben.»

Auch Matthias nahm ebenfalls einen Schluck Wein, hob anerkennend die Augenbrauen. Der Wein war äusserst köstlich. Dann meinte er: «Warum versuchen wir nicht, mit Prinzessin Jolanda von Frankreich, Herzogin von Savoyen direkt zu verhandeln?»

Hans Waldmann nickte. «Genau darauf will ich hinaus.» Er gestikulierte, seinen Becher immer noch in der Hand. Ein Teil des Weines spritze heraus und grosse, rote Tropfen bildeten sich auf der Karte. Er bemerkte es nicht einmal.

«Wir müssen sicherstellen, dass die Herzogin von Savoyen trotz der Provokation in Erlach auf unserer Seite bleibt. Gleichzeitig müssen wir unsere Stände überzeugen, Bern die Hilfe nicht zu verweigern.» Er stand auf. «Und, genau dafür brauche ich Euch.»

Die Männer sahen ihn erwartungsvoll an.

«Ich werde heute Nacht noch drei Briefe verfassen. Einen für unsere Stadträte in Zürich. Ein Zweiter soll nach Bern und einen Letzten für die Herzogin Jolanda.» Er wandte sich direkt an Friedrich: «Mönch, ich will, dass Du morgen nach Bern aufbrichst und diesen Brief direkt an den Feldhauptmann Von Hertneck übergibst.»

Der Mann mit den langen Haaren nickte.

«An niemanden anderen!», sagte Waldmann scharf. «Nur an den Feldhauptmann. Ist das klar?»

Waldmann wartete auf keine Antwort, sondern wandte sich Heinrich zu: «Bruder, Du wirst den Brief nach Zürich überbringen. Überzeuge unsere Räte, dass wir Bern helfen müssen, sobald Herzog Arsch der Kühne wieder auf der Landkarte auftaucht.» Heinrich nickte, machte aber ein unzufriedenes Gesicht. Doch Hans Waldmann kümmerte sich nicht darum.

«Und Du, mein Freund», er sprach nun direkt Matthias an, «Du wirst Dich nach Chambéry begeben. Nimm Sven mit. Und Du wirst die Prinzessin Jolanda davon überzeugen, trotz ihres Bündnisses mit Karl unseres nicht zu vergessen und ihn nicht militärisch zu unterstützen. Mach ihr klar, dass wir Bern davon überzeugen werden, ihr Erlach wieder zurückzugeben, sollte sie ihn nicht unterstützen. Und stell vor allem sicher, dass sie nicht ihren Bruder in die ganze Sache mit hineinzieht.» Er kniff die Augen zusammen. «Und Ihr müsst schnell sein. Wir haben nicht viel Zeit!»

«Du schickst uns also zu der Prinzessin mit dem Tiger?» Matthias machte eine Grimasse und fuhr dann weiter: «Und wieso sollte sie uns überhaupt empfangen, von anhören gar nicht gesprochen?» Matthias Stimme verbreitete Zweifel.

«Zu der Herzogin mit dem Tiger, ja! Und wenn diese Geschichte wahr ist, dann haben wir es mit einer richtig starken Regentin zu tun. Aber ich habe die grosse Hoffnung, dass sie alles dafür tun wird, nicht in den Konflikt mit hinein gezogen zu werden. Und dann wird sie Euch auch anhören.» Doch auch Waldmanns Stimme klang nicht völlig überzeugend und Matthias hob seine Augenbrauen. «Sie hatte einige Probleme mit dem Wallis, versuchte da ihr Gebiet zu vergrössern, aber ist gescheitert. Vielleicht hilft Dir das. Aber ansonsten, wir müssen es einfach versuchen.» Der Kapitän nickte.

«Bruder» Heinrichs Ton war kalt, fast feindselig, «warum schickst Du mich nach Zürich und nicht zu der Herzogin?»

Waldmann sah seinen Bruder lange an, dann antwortete er: «Weil ich einen Waldmann brauche, um unsere Räte zu überzeugen. Ich kann keinen einfachen Söldner senden, nicht mal Matthias hier, der hätte keinen oder zu wenig Einfluss im Rathaus bei unserer Stadtregierung. Aber Du bist ein Waldmann, Du bist mein Bruder, Du wirst sie überzeugen können. Und dazu», er hob seine Augenbrauen, «sprichst Du Französisch gut genug?»

Heinrich verzog sein Gesicht, sagte aber nichts mehr.

Hans Waldmann setzte sich wieder in seinen Stuhl und begann, leere Papierseiten vor sich zu stapeln. Dann nahm er seine Schreibfeder in die Hand. Er sah noch einmal hoch. «Wir sehen uns in der Ente, sobald ich hier fertig bin. Und sauft mir nicht allen Wein weg.»

Dann begann er zu schreiben.

* * *

Leichter Nebel lag noch über den Feldern.

Die Sonne ging soeben auf und liess ihre goldenen Strahlen über Wiesen und Wälder leuchten. Vögel zwitscherten, es war windstill und schon ziemlich warm.

Matthias und Sven waren durch das Murtentor aus der Stadt geritten und bogen dann nach Süden ab. Die Hufe ihrer Pferde klapperten über die Pflastersteine, bis diese dann einem ungepflasterten Weg wichen. Es waren schon viele Leute unterwes und sie konnten nicht so schnell reiten, wie sie eigentlich gerne wollten. Händler mit Karren, von Ochsen oder Eseln gezogen, strömten schon frühmorgens in Richtung Stadt. Bauern kamen ihnen entgegen, die ihre Waren auf den Märkten verkaufen wollten, Gesinde auf der Suche nach einer Arbeit. Sie alle machten Platz, als ihnen die beiden Söldner auf ihren Pferden entgegenritten, jedoch waren die Karren zu behäbig und Matthias und Sven mussten immer wieder um diese herumreiten.

Matthias hatte sich mit der Kriegsbeute von Grandson neue Kleider, aber vor allem ein neues Pferd zugelegt. Es handelte sich um einen wunderbaren, grossen Rappen, schwarz wie die Nacht. Matthias hatte das Friesenpferd bei einem Züchter nördlich von Fribourg gefunden und ihn nach einiger Feilscherei auch erstanden. Er hatte in den letzten Wochen viel Zeit damit verbracht, sich mit dem Pferd anzufreunden, es kennenzulernen. Und er hatte ihm den Namen Artus gegeben.

Auch hatte er sich einen neuen Sattel anfertigen lassen, ebenfalls komplett schwarz, mit silbernen Ornamenten geschmückt. Der Sattel war noch nicht richtig eingeritten und Matthias machte sich auf Schmerzen gefasst, auf ihrer langen Reise nach Chambéry.

Er war eine stattliche Figur. Mit neuen, schwarzen Kleidern, alle aus edlen Stoffen gefertigt, nur sein königsblaues Wams hob sich in der Farbgebung ab. Er trug schwarze, enge, lederne Hosen, darüber ein schwarzes Leinenhemd mit langen, weit aufgebauschten

Ärmeln. Sein Wams hatte einen hohen Stehkragen, die weiten Ärmel waren geschlitzt und über der Taille trug er einen dünnen Ledergürtel mit goldener Schnalle. Auf Brust und Rücken prangte gross das Wappen von Altstetin: In gold auf rotem Dreiberg stand der schwarze Turm mit den drei Zinnen. Dazu waren die Insignien eines Kapitäns der Zürcher Truppen aufgenäht.

Auch hatte er sich schwarze Lederhandschuhe aus Hirschleder mit langem Schaft nähen lassen und über die Knie reichende, hohe Stiefel aus Rinderleder, jeweils mit vier Schnallen auf der Seite. Diese waren, genau passend zu der seines Gürtels, ebenfalls golden.

Dazu nannte er einen neuen Hut sein Eigen. Dieser, natürlich ebenfalls schwarz, war mit breiter Krempe versehen und hatte blaue Straussenfedern, die beim Reiten auf und ab wippten.

Das Langschwert baumelte lässig am Sattelknauf.

Auch Sven trug sichtlich stolz seine neue Bekleidung. Der riesige Mann hatte sich eine blau gepuffte Hose bis knapp über die Knie machen lassen, die mit gelben Mustern und Verzierungen überzogen war. Dazu trug er passende gelbe Strümpfe und neue, schwarze, breite und flache Schuhe, deren Schlitze die Strümpfe durchscheinen liessen. Ein Wams, mit grossen, ebenfalls gepufften und geschlitzten Ärmeln in derselben Farbe, dazu mit passenden blauen Verzierungen, welches er vor der Brust verschnürt hatte und den gleichen Hut wie sein Kapitän, aber in blau und mit einer gelben Feder versehen.

Seine grosse Streitaxt lag quer hinter dem Sattel. Ihre Schneide glitzerte böse in der Sonne.

Sie hatten nur das Nötigste an Ausrüstung und Kleidung mit dabei. Ihre Harnische, die Kettenhemden und Helme, die sie normalerweise mit Packpferden transportierten, waren in Fribourg geblieben. Sie wollten so schnell wie möglich ihr Ziel erreichen. Also hatten sie Reitmäntel, Ersatzkleidung, ihre Waffen und etwas an Proviant in ihre Reitdecken gewickelt und hinter die Sättel geschnallt.

Endlich hatten sie den Weg für sich allein und konnten ihren Pferden die Sporen geben.

Sie ritten auf geradem Weg nach Süden. Eigentlich wäre der Weg über die Stadt Lausanne schneller und kürzer gewesen, aber sie wollten auf keinen Fall Herzog Karl dem Kühnen und dessen Männern über den Weg laufen, die irgendwo zwischen Genf und Lausanne vermutet wurden.

Somit planten sie den Weg östlich um den Genfer See herum, dann an dessen Südseite entlang, um schliesslich kurz vor Genf wieder nach Süden abzubiegen und dann auf direktestem Weg nach Chambéry zu gelangen.

Sie ritten so schnell sie konnten, ohne ihre Pferde zu übermüden. Sie sprachen wenig. Die Sonne hing schon tief am Himmel, als sie endlich den grossen See erreichten. Sie drehten gen Osten, ritten dem Wasser entlang.

Matthias war tief in Gedanken versunken, während Sven sichtlich Freude an der gewaltigen Bergkulisse hinter dem See hatte, welche von der untergehenden Sonne rot beschienen wurde. Der Kapitän hatte keine Ahnung, wie er die Herzogin Jolanda davon überzeugen sollte, sich nicht gegen die Eidgenossenschaft zu stellen. Und Waldmann hatte ihn dringend auch vor den Intrigen an einem solchen herzoglichen Hofe gewarnt. Aber wie sollte er dem entgegnen? Matthias wusste es nicht.

«Wie lange noch, Kapitän?», fragte Sven. Matthias schreckte aus seinen Gedanken hoch.

«Etwa eine Stunde, dann sind wir in Chillon», brummte er. Er liess seinen langjährigen Weggefährten spüren, dass er eigentlich gar nicht reden wollte. Doch Sven kümmerte dies wie immer wenig: «Chillon gehört den Savoyern, nicht?»

Matthias seufzte tief und nickte. Seine Hutfedern schwangen dabei.

«Dem ist so, Sven», antwortete er schliesslich.

«Aber mit der ganzen Geschichte in Erlach, werden die doch kaum Freude haben, wenn wir vor ihrem Tor auftauchen?» Der riesige Mann machte sich normalerweise nichts aus Politik, ausser sie führte dazu, dass er mit seiner Streitaxt irgendwelche Köpfe einhauen konnte.

Matthias sah ihn deshalb erstaunt an. Er überlegte kurz, dann antwortete er: «Das denke ich auch nicht.» Er sah Svens

Stirnrunzeln und fuhr fort: «Deshalb hat mir der Hauptmann auch noch ein weiteres Schreiben mitgegeben. Es erklärt unsere Gründe und unser Ziel und bittet gleichzeitig um eine Passage durch das savoyische Gebiet.» Er sah seinen Kampfgefährten und Freund an.

«Hm», brummte dieser. Matthias sah ihm an, wie er überlegte. Dann zuckte Sven mit den breiten Schultern und meinte: «Hauptsache, sie lassen uns rein und geben uns was zu essen. Ich sterbe vor Hunger.»

Matthias lachte.

* * *

Als sie an der Burg ankamen, war es schon dunkel. Sie war wie eine Insel aus Mauerwerk und Holz, völlig umgeben von Wasser und nur zugänglich über einen langen, hölzernen Steg. An dessen Anfang noch an Land sowie in der Mitte war jeweils ein Tor zu passieren. Der letzte Teil des Stegs bestand aus einer Zugbrücke und konnte hochgeklappt werden. Überall brannten Fackeln, auch die Fenster der Festung waren erhellt. Ein drittes Tor war auf dem Weg vorgelagert und versperrte ihnen jetzt den Weg. Zwei Wachen standen gelangweilt davor. Ihre Schilde trugen das rot-weisse Wappen Savoyens.

«Wer seid Ihr und was wollt Ihr?», fragte der eine der Wachen unhöflich, ohne sie zuerst zu begrüssen.

«Ich bin Matthias von Altstetin und das», er zeigte auf den Hünen links von ihm, «ist Sven Ivarsson von Einsiedeln. Wir wollen nur ein Nachtlager und etwas zu essen. Morgen sind wir schon wieder weg. Wir sind in einer …» Er stockte kurz. «In einer Mission unterwegs» Er hoffte, dass dies dem Mann genügen würde, sah sich aber enttäuscht.

«Woher kommt Ihr und in welcher Art von Mission?» Das letzte Wort sprach er mit einem Stirnrunzeln aus.

«Wir kommen aus Fribourg», antwortete Matthias und als Antwort wurden sogleich die Lanzen beider Wächter gesenkt und auf sie gerichtet. Die Spitzen funkelten im Licht der Fackeln.

«Wartet!», sagte Matthias und hob beschwichtigend seine Hände. «Wir kommen in Frieden! Und genau das wollen wir mit unserer Mission erreichen. Frieden für Savoyen.»

«Nein!», herrschte sie der Wärter an. «Ihr wartet! Und zwar auf den Kastellan, der wird wissen, was mit Euch zu tun ist.» Er rief einen Befehl und ein anderer Wärter rannte los, um den Burgkastellan zu holen.

«Hoffentlich kommt der bald», brummte Sven, während sie warteten. «Ich fresse sonst mein Pferd.» Matthias grinste. «Solange Du nicht meines verspeist, ist mir das egal. Du bist selbst schuld, wenn Du dann zu Fuss gehen musst.»

«Ruhe!» herrschte der Wächter sie an und Matthias gab ihm auf Französisch Antwort: «Wir sind lange geritten und sind müde und hungrig. Wir ...»

Der Wächter unterbrach ihn rüde: «Du eidgenössischer Hund, weisst Du eigentlich, wie verdammt egal mir das ist? Und wenn Ihr vor Müdigkeit hier vor meinen Füssen krepiert, ich würde keine Finger rühren. Ich würde Euch einfach verrecken lassen.»

Sven, der kein Französisch verstand, musste an dem Ton des Wächters gehört haben, was der Mann in etwa gesagt hatte und stiess ein tiefes Grollen aus. Er blitzte den Mann böse an.

Matthias nahm es mit einem Schmunzeln zur Kenntnis, dass dieser einen halben Schritt zurückwich, sagte aber ebenfalls nichts mehr.

Schliesslich kam der Kastellan, ein dünner, nervöser, kleiner Mann in den roten Gewändern von Savoyen gekleidet. Er hatte einen strähnigen Bart und dünne, graue Haare. Seine Stimme piepste: «Was wollt Ihr, Ihr bernischen Hunde?»

«Wir sind keine Berner», antwortete Matthias ruhig, «sondern kommen aus Zürich.»

«Mir wurde gesagt, Ihr kommt aus Fribourg. Also seid Ihr Berner.» meinte die Piepsstimme und Matthias verdrehte innerlich die Augen.

«Wir sind vom Zürcher Kontingent, das zurzeit in Fribourg stationiert ist», erklärte er geduldig.

«Aha», meinte der Kastellan, «warum sagt Ihr das nicht gleich? Und was wollt Ihr hier?» Er sah Matthias scharf an.

«Wir haben eine Nachricht für Eure Herzogin von Savoyen, Prinzessin Jolanda von Frankreich.» Er wählte absichtlich den kompletten Titel. «Und wir haben das hier.» Er hielt dem Kastellan das Gesuch um eine Passage bis nach Chambéry unter die Nase. Dieser riss ihm das Schreiben aus der Hand und las es im Schein einer Fackel durch. Dann wandte er sich wieder den beiden Söldnern zu.

«Ihr wollt also zu unserer Herzogin?», piepste er und schüttelte heftig den Kopf. «Das hättet Ihr vorher den Bernern klar machen müssen.»

«Da habt Ihr recht, werter Herr Kastellan. Aber das ist nun jetzt leider nicht mehr möglich und wir beide», er zeigte mit der Hand auf sich und Sven «sind diejenigen, die verhindern können, dass Ihr und Eure Familien in diesen Krieg mit hineingezogen werdet.» Er machte eine bedeutungsvolle Pause und der kleine Kastellan wartete geduldig. «Und Ihr habt es nun in der Hand, ob Eure Söhne aufs Schlachtfeld müssen, oder dies dem Heer von Karl zu überlassen.»

Der Kastellan überlegte kurz, dann drehte er sich um. «Kommt!» piepste er.

Er führte die beiden Söldner über den hölzernen Steg und durch das grosse befestigte Tor in die Burg hinein. Sie kamen in einen kleinen Hof, den sie durchquerten. Er war umgeben von Ställen, einer Schmiede sowie sonstigen Wirtschaftsräumen. Durch eine offene Tür war eine Küche zu sehen, aus der es wohl duftete. Mägde und Handwerker gingen geschäftig hin und her. Der Kastellan wies sie an, ihre Pferde in einem der Ställe unterzubringen und ihm dann weiter zu folgen.

Unter einem kleinen, engen Tor hindurch gelangten sie in einen weiteren Hof.

«Das ist der Hof des Kastellans», piepste er. Inmitten dieses Hofs blieb er stehen und drehte sich um. «Die Herren können mit mir speisen. Aber dafür müsst Ihr mir mitteilen, was genau Ihr vorhabt.»

«Vielen Dank, Monsieur», antwortete Matthias. «Werden wir gerne tun.»

Der Kastellan sah ihn noch einen Moment nachdenklich an, nickte, dann drehte er sich wieder um und ging weiter voran. Er öffnete eine kleine Tür und führte sie in das Innere eines der Gebäude. Über Treppen und unter Durchgängen und durch eine eisenbeschlagene Tür gelangten sie schliesslich in einen grossen Saal. Matthias war beeindruckt. Die Wände waren nicht mit Teppichen oder Holz, sondern mit Steinplatten verkleidet, welche ein schwarz–weisses, diagonales Streifenmuster bildeten. Holzbänke waren, ähnlich wie ein einer Kirche, über die ganze Länge der Wände angebracht. Die Decke wurde von drei schmalen Säulen getragen und bestand komplett aus Holz. Vier grosse Fenster öffneten sich mit Blick auf den See. Auf der den Fenstern gegenüberliegenden Seite befand sich ein riesiger, gemauerter Kamin, in dem ein grosses Feuer brannte. Fackeln an den Wänden erhellten den mächtigen Raum zusätzlich. In der Mitte des Saales, vor der Feuerstelle, waren drei Tische in der Form eines Hufeisens angeordnet. Einige Holzstühle standen dabei.

Der Kastellan rief einer Magd und gab ihr einen Befehl. Sofort eilte diese aus dem Raum, um nur kurze Zeit später mit Wein in einer wunderschönen Glasflasche und passenden Gläsern wieder zu erscheinen. Hinter ihr folgten weitere Diener und Mägde und brachten Tafelgeschirr, das sie vor ihnen auf den Tischen verteilten.

Der Kastellan wies ihnen zwei Plätze an einem der seitlichen Tische zu und hiess seine Gäste, sich zu setzen. Er selbst setzte sich an den mittleren Tisch gegenüber dem Kamin. Er wartete, bis die Mägde ihnen die gefüllten Gläser vorgesetzt hatten, dann sah er Matthias und Sven durchdringend an. Als die Diener wieder aus dem Saal verschwunden waren, piepste er: «Matthias von Altstetin und …» Er stockte. «Sven Ivarsson», half ihm Matthias.

«Genau, Sven Ivarsson.» Der kleine Mann sah den Hünen direkt an.

«Ihr müsst entschuldigen, Monsieur, aber Sven spricht kein Französisch.»

Der Kastellan nickte. «Ein grosser Mann», bemerkte er.

«Ein grosser Kämpfer», pflichtete ihm Matthias bei und übersetzte kurz für Sven. Dieser nickte dem Kastellan zu.

«Ein grosser Kämpfer, fürwahr. Und was machen ein Kapitän und ein grosser Kämpfer in Wirklichkeit hier?» Sein Blick war direkt und klar.

Bevor Matthias antworten konnte, fuhr der Kastellan fort: «Die Eidgenossen haben Karl in Grandson geschlagen, aber es verpasst ihm den Todesstoss zu versetzen. Das war ein Fehler! Und ein Fehler war es auch, Bern danach nicht im Zaume zu halten. Und jetzt seid Ihr beide hier, ein Kapitän aus Zürich und sein bester Kämpfer. Und ich denke, um irgendwie zu verhindern, dass dieses Feuer, das die Berner da entfacht haben, sich zu einem Flächenbrand ausbreitet.» Die hohe Stimme des Kastellans sprach ruhig und sachlich. Matthias begann zu verstehen, wie ein so kleiner Mann Offizier im savoyischen Heer werden konnte. Bevor er antworten konnte, redete der Kastellan weiter: «Die Eidgenossenschaft ist in Panik! Gefangen zwischen der aggressiven Expansionspolitik der Stadt Bern und den Gelüsten Karls, der die Vaux und Fribourg ebenfalls gerne für sich hätte.»

Die Tür öffnete sich und die Diener kamen wieder herein, dieses Mal mit Speisen aller Art bestückt. Sie stellten Schüsseln mit allerlei gedünstetem Gemüse, Platten mit gebratenen Gänsen, Enten und Hühnern, dazu weitere mit verschiedenem Käse und geflochtene Körbe mit Brot vor sie hin.

Der Kastellan bot ihnen mit einer Handbewegung an, zu Essen und die beiden Gäste machten sich hungrig über die verschiedenen Speisen her.

Der Kastellan nahm sich nichts, sass nur da und sah sie an.

«Und jetzt erscheint Ihr hier und zeigt mir diesen Brief von Eurem Hauptmann Waldmann, dass Ihr freies Geleit für Eure Reise zu unserer werten Herzogin wollt.» Er machte eine Pause. Immer noch hatte er weder Wein noch Speisen angerührt.

«Entweder möchtet ihr verhindern, dass sich Savoyen auf die Seite von Karl schlägt, oder Ihr wollt uns auf Eure Seite bringen, möchtet, dass wir für Eure Sache kämpfen.» Es war keine Frage.

Matthias spürte, dass er diesen Mann keinesfalls unterschätzen durfte. Er beschloss, die Wahrheit zu sagen: «Nein!» Der Kastellan zog seine Brauen hoch. «Aber wir wissen, dass die Einnahme von Erlach, welches zum Herzogtum Savoyen gehört, ein Fehler war.

Da gebe ich Euch recht, Herr. Und ja, wir wollen verhindern, dass sich Savoyen dem Arsch … dem Herzog anschliesst.»

«Und Ihr wollt verhindern, dass sich der König in die Sache mit einmischt», unterbrach ihn der Kastellan mit piepsender Stimme.» Als er Matthias Nicken sah, meinte er: «Das würde für Eurer Bündnis das Ende bedeuten.» In seiner Stimme schwang Verachtung. «Und jetzt kriecht Ihr auf Knien zu uns, um den ganzen Schlamassel wieder geradezubiegen.»

Matthias sagte nichts, legte aber den Kopf schief.

Der Kastellan stand auf.

«Esst und trinkt so viel Ihr wollt. Eure Pferde werden versorgt und meine Diener werden Euch Eure Gemächer zeigen, sobald Ihr hier fertig seid.» Seine Stimme piepste kalt.

«Ich stelle Euch ein Schreiben aus, dass Euch das freie Geleit zusichert. Morgen früh will ich Euch hier nicht mehr sehen.»

Er wartete keine Antwort ab, sondern drehte sich auf dem Absatz um und verschwand durch eine Tür.

Sie verliessen die Burg noch vor dem Morgengrauen. Sie setzten ihre Pferde in leichten Trab, nutzten die Leere auf dem Weg am See entlang, um zügig voranzukommen. Der Weg war durch das gute Wetter trocken. Der See lag stetig zu ihrer rechten Seite und langsam ging die Sonne auf und tauchte die Berge in goldenes Licht. Mit dem tiefen Blau des Sees und dem hellen Himmel schien es, als sei das Bild wie von einem Künstler mit Pinsel und Farbe gemalt.

«Habt Ihr den Wisch des Kastellans, Kapitän?», fragte Sven plötzlich.

«Ja», antwortete Matthias «ein Diener brachte mir das Schriftstück heute früh.» Er schüttelte den Kopf. «Aber ich weiss nicht, ob der Kastellan es wirklich ernst meinte.»

«Das ist ein ausgefuchster Halunke. Wenn Ihr mich fragt.»

Matthias sah seinen alten Weggefährten von der Seite an. «Warum meinst Du?»

«Ich könnte mir vorstellen, dass es ihm gut gelegen käme, wenn Karl den Bernern die Vaux wieder abluchst. Und Savoyen danach, vielleicht mithilfe des Königs, das Gebiet dann für sich einnimmt.»

Matthias war beeindruckt. Auch er hatte sich diese Gedanken schon gemacht.

«Wir sollten auf der Hut sein», meinte er schliesslich.

Der Verkehr auf dem Weg nahm mit steigender Sonne zu. Es war Sommer und auch hier waren allerlei Händler und Bauern unterwegs. Als die Sonne am höchsten stand, kam ihnen eine Gruppe Mönche entgegen.

«Grüss Gott», begrüsste Matthias die Gruppe in Französisch, während sie am Wegesrand anhielten, um die Mönche durchzulassen.

Der vorderste der Ordensmänner sah sie an: «Gott grüsse auch Euch, Messieurs. Wohin des Weges?» Es handelte sich um einen kräftigen Mann und wie die restlichen Mönche, war er mit einer braunen langen Kutte aus grober Wolle bekleidet, die er mit einem einfachen Hanfseil um die Hüfte gegürtet hatte. Er schob sich die Kapuze vom Kopf und zeigte seine kurz geschorenen braunen Haare, einen gepflegten Bart und stechende, blaue Augen. Er sprach das Französisch mit einem leichten Akzent, den Matthias aber nicht einordnen konnte.

«Na ja», antwortete dieser «soweit uns die Pferde heute noch tragen.»

Der Mönch lachte. «Ihr seid Söldner», bemerkte er dann mit einem Blick auf Svens auffallend gelbe Bekleidung und Matthias nickte. «Dann vergebe Euch der Herr Eure Sünden.» Und als er sah, wie sich Matthias bekreuzigte, fuhr er fort: «Wir sind Mönche des Franziskaner Ordens, sind auf dem Weg von Assisi in Umbrien nach Einsiedeln auf einer Pilgerreise. Wir wollen die schwarze Madonna besuchen.»

«Mein Freund hier», Matthias zeigte auf Sven «er stammt aus Einsiedeln.»

«Wirklich?», rief der Franziskaner erfreut und Matthias erklärte es Sven, der den Mönch freundlich anlächelte. Dieser andererseits übersetzte es an seine Ordensbrüder auf italienisch, die sich alle bekreuzigten und erfreut durcheinanderredeten.

«Ein Wunder!», rief der Mönch dann aus. «Dass wir Euch hier treffen, ist eine Fügung des Herrn.» Er bekreuzigte sich abermals.

Der Kapitän stieg ab und hiess Sven, es ihm gleich zu tun.

«Ich bin Matthias von Altstetin, in der Nähe der Stadt Zürich und das hier ist Sven, wie gesagt, aus Einsiedeln.»

«Wie ist sie, die schwarze Madonna?», fragte der Mönch an Sven gewandt, doch dieser lächelte nur verlegen und zuckte mit den Schultern.

«Es tut mir leid, Pater», erklärte Matthias «aber mein Freund hier spricht kein Französisch.»

«Das macht nichts», rief der Mönch. Die restliche Gruppe der Franziskaner hatte sich auf eine kleine Wiese am Wegesrand gesetzt und lauschte. Ob sie die Konversation verstanden oder nicht, konnte Matthias nicht sagen.

«Aber entschuldigt Herr», sagte der Mönch. «Ich vergass ganz, mich vorzustellen. Ich bin Bernhardin von Feltre und, wie schon gesagt, wir sind in Assisi aufgebrochen und jetzt auf dem Weg nach Einsiedeln. Wir waren in Genf, doch da …» Er stockte, suchte nach dem richtigen Wort. «Da wollten sie unsere … meine Predigten nicht hören. Diese Ungläubigen!»

Als er Matthias erstaunten Blick sah, erklärte er weiter: «Die Banken sind das Problem! Die Florentiner, Genuesen und Juden verleihen als private Banken Geld und nehmen dafür Schuldverschreibungen und Faustpfand. Sie nehmen von den Armen und stopfen sich das Geld in die eigenen Säckel.»

«Wie die Könige auch», unterbrach ihn Matthias.

«Schlimmer!», rief Bernhardin aus. «Viel schlimmer, Monsieur! Diese Banken leihen den Armen Geld, verlangen aber Wucherzinsen. Und das, obwohl doch eigentlich ein Zinsverbot herrscht, aber das kümmert sie nicht.» Er holte tief Luft. «Und die armen Schweine, die Bauern und Handwerker haben doch sonst schon nichts. Sie können ja kaum die Leihen zurückzahlen, aber die Zinsen brechen ihnen, und das teilweise sogar im wahrsten Sinne des Wortes das Genick.»

Matthias wusste, wovon der Mönch sprach; schliesslich machten die Stadtwechsel und Amtstuben in Zürich es nicht anders, jedoch inoffiziell.

«Bei uns ist das ebenso», meinte er nur trocken.

«Sind es bei Euch auch die Genuesen und Florentiner? Diese geldgierigen, gottverlassenen Hundesöhne.» Die blauen Augen des Predigers blitzten wütend. «Vielleicht sollten wir als Männer Gottes dieses Geschäft führen. Geldverleihen, jedoch ohne Zinsen!»

Matthias musste unwillkürlich lächeln. «Ihr Vater, als heilige Männer im Geldgeschäft?»

Bernhardin blitzte ihn an. «Warum nicht? Es ist doch unsere christliche Pflicht, diesem gottverlassenen Treiben einen Riegel zu schieben!»

Matthias nickte zustimmend, beliess es aber dabei.

Doch dann entspannte Bernhardin sich plötzlich.

«Entschuldigt bitte, Herr. Ihr wollt doch sicher keine Predigt über diese Hurenböcke hören.»

Matthias war erschrocken über die derbe Wortwahl dieses Gottesmannes, aber er liess sich nichts anmerken. Er wechselte das

Thema: «Eigentlich interessiert uns eher, was Ihr uns aus Genf berichten könnt.»

«Aus Genf?» Bernhardin sah ihn mit seinen stechend blauen Augen durchdringend an. Sein Blick verdunkelte sich und er legte seine Stirn in Falten. «Ich will Euch berichten, Herr. Euer Freund ist aus einem heiligen Ort und es ist ein Wunder unseres Herrn, dass wir Euch hier getroffen haben.» Er bekreuzigte sich erneut und seine Ordensbrüder taten es ihm nach.

Bernhardin setzte sich nun ebenfalls ins Gras und Matthias tat es ihm gleich. Sven führte die Pferde auf die Wiese, liess sie dort weiden. Dann stellte er sich hinter die ganze Gruppe.

«War bei Eurer Abreise Herzog Karl von Burgund noch in Genf?», fragte Matthias und der Franziskanermönch sah ihn durchdringend an, sein Blick immer noch wütend.

«Wer glaubt Ihr, Monsieur, hat uns aus der Stadt geworfen?» Bernhardin schüttelte wild den Kopf. «Dieser gottlose Schelm, ohne Ehre ist er. Der Teufel soll ihn holen, ihn und seine verfluchte Sippe. Dieser Hurenbock, mit seinen goldenen ...»

«Hatte er ein Heer in Genf?», unterbrach Matthias die Schimpftirade des Predigers.

«Ja hatte er. Es lagerte vor der Stadt. Aber am selben Tag, als wir die Stadt verlassen mussten, machte es sich ebenfalls bereit zum Aufbruch.»

«Wann war das?»

Der Mönch dachte kurz nach. «Vor drei Tagen», antwortete er dann und nickte. «Ja von vor drei Tagen.»

«Dann sind sie jetzt auf dem Weg in das Burgund», meinte Matthias, mehr zu sich selbst als zu Bernhardin.

«Murten», antwortete dieser «sie wollten nach Murten.»

«Murten?» Matthias sah ihn an, kniff die Augen zusammen. «Seid Ihr sicher?»

«Aber ja, Monsieur. Einige der Soldaten waren bei uns, wollten die Beichte ablegen. Darunter waren auch einige Offiziere und sie meinten, Karl wolle nach Murten. Ich bin ganz sicher, sie sagten Murten.»

Matthias überlegte lange und der Mönch sah ihn gespannt an.

«Diese Meldung müsste dringend zu meinem Hauptmann», sagte er, wiederum mehr zu sich selbst.

«Monsieur», fragte Bernhardin dann, «Ihr braucht einen Boten?»

Matthias nickte.

«Ich werde selbst dafür sorgen», meinte der Mönch. «Aber wir könnten …» Er stockte. «etwas Weggeld gebrauchen. Es ist ja doch ein erheblicher Umweg.»

Matthias nickte, stand auf und auch der Franziskaner erhob sich.

«Ihr habt uns sehr geholfen, Vater Bernhardin von Feltre. Habt vielen Dank.» Er verbeugte sich leicht vor dem Mönch.

«Das freut mich, Herr von Altstetin. Es ist ein gutes Zeichen für unsere weitere Reise, dass wir Euch und Eurem Freund begegnet sind. Wenn Ihr wünscht, nehmen wir Euch gerne die Beichte ab und segnen Eure weitere Reise.»

Matthias nahm das Angebot dankend an und sank auf ein Knie.

* * *

Den Rest des Tages kamen sie gut voran.

Sie liessen die Stadt Genf auf ihrer rechten Seite liegen und ihr Weg führte sie ab da genau nach Süden. Nach der kleinen Ortschaft Annemasse verschwand der Pfad in tiefen, dunkelgrünen Wäldern.

Der Himmel über ihnen verdunkelte sich langsam, graue, schwere Wolken zogen auf und Wind kam hinzu.

«Wir sollten uns beeilen, Kapitän», meinte Sven. «Da kommt ein Sturm auf.»

Sie gaben ihren Pferden die Sporen. Dennoch waren sie immer noch unterwegs, als der Wind sich plötzlich legte und es begann, wie aus Eimern zu schütten. Die beiden Söldner hatten ihre schweren Ledermäntel um sich gehüllt und die Hüte tief in die Gesichter gezogen. Sie konnten kaum noch den Weg sehen, somit liessen sie ihre Pferde deren eigene Geschwindigkeit wählen.

Die Mönche hatten von einer einsamen Wirtschaft im Walde berichtet, etwa eine halbe Tagesreise entfernt. Dort wollten sie versuchen, etwas zu essen und ein Nachtlager zu bekommen.

Durch den schweren Regen kamen sie nur noch langsam und mühselig voran und es ging schon gegen die Dunkelheit, als sie schliesslich die Herberge erreichten. Düster und dunkel tauchte sie vor ihnen auf. Im angrenzenden Stall standen einige Pferde, doch sie fanden noch Platz für ihre beiden Reittiere, banden diese fest und sattelten sie ab.

Matthias ging zur Tür und musterte das darüber angebrachte Schild 'Le Buffet du Forêt'. Das Essen des Waldes, dachte er und schmunzelte, dann öffnete er die Tür.

Die Gaststube war nur zur Hälfte besetzt. Es waren ein paar Händler und Bauern sowie eine Gruppe von Soldaten, welche alle Schutz vor dem Wetter und ein Abendmahl sowie eine Übernachtungsmöglichkeit gesucht hatten. Es roch nach gutem Essen und Matthias Magen knurrte. Sven hatte sowieso immer Hunger.

Die beiden Söldner wurden von düsteren Blicken gemustert, als sie eintraten. Links vom Eingang befand sich eine Nische, darin stand ein kleiner Tisch, der noch nicht besetzt war. Sie wandten sich dorthin und setzten sich. Ihre nassen Mäntel und Hüte warfen sie auf die Bänke neben ihnen.

Der Schankwirt, ein nervös lächelnder Mann mit einem riesigen, dunklen Bart, bahnte sich seinen Weg durch die Gäste.

«Könnt Ihr bezahlen?», fragte er unwirsch und ohne eine Begrüssung.

Matthias kramte ein paar Münzen hervor und legte sie vor sich auf den Tisch. Als der Wirt diese nehmen wollte, knallte Matthias seine flache Hand auf das Geld. «Wein für mich, Bier für meinen Freund, etwas zu essen, ein Zimmer für die Nacht und zwei Plätze im Stall für unsere Pferde. Dann gehören die Münzen Euch, Herr Wirt», antwortete er freundlich, aber bestimmt.

Die Miene des Wirtes erhellte sich beim Gedanken an das Geld. «Meine Herren», meinte er «Wein und Bier und das beste Essen im Walde, versprochen. Auch für Eure Pferde werden wir sorgen, aber ein Zimmer habe ich nicht.» Er zuckte leicht mit den Schultern.

Matthias nahm eine der Münzen und stecke sie wieder in seinen Wams.

«Wartet, Monsieur!», rief der Wirt sogleich, «Ihr könnt gerne hier in der warmen Gaststube übernachten. Oder auch draussen im Stall. Wie es Euch beliebt.» Sein Blick klebte auf Matthias Hand, worunter die Münzen lagen. Dieser klaubte die eine Münze wieder hervor und schob alles Geld dem Schankwirt entgegen. Als sich dieser die Münzen nehmen wollte, schnellte Matthias Hand vor und packte dessen Handgelenk. «Herr Wirt», er lächelte unangenehm, «besser für Euch, wenn der Wein und das Bier geniessbar und das Essen heiss ist.» Der Wirt wand sich unter Matthias Griff, konnte sich aber nicht befreien.

«Gewiss, Monsieur. Gewiss.» Matthias sah den Wirt mit kaltem Blick an, dieser senkte die Augen. «Gewiss.» murmelte er nochmals und Matthias liess endlich sein Handgelenk los.

«Wir sind hier nicht willkommen», sagte Sven und Matthias schüttelte den Kopf.

«Nein sind wir nicht. Und ich spreche nicht vom Wirt.» Er sah sich mit wachsamen Augen in der Gaststube um. Die Soldaten sahen immer wieder abwechselnd zu ihnen herüber, schienen über sie zu sprechen. Der Rest der Gäste aber interessierte sich nicht für sie. «Ich denke, wir übernachten bei unseren Pferden im Stall.»

«Gute Idee», brummte Sven.

Der Wirt war mit Bier in der einen und Wein in der anderen Hand auf dem Weg zu ihrem Tisch, als einer der Soldaten sich abrupt von seinem Stuhl erhob und dabei den Wirt beiseite schubste. Diesem fiel der Bierhumpen aus der Hand und er zersprang auf dem Boden. Der Gerstensaft lief über die roh gezimmerten Dielen.

«Kannst du nicht aufpassen, du Narr!», herrschte der Soldat den Wirt an und dieser machte sich sofort daran, wieder hinter seinen Tresen zu kommen.

Der Soldat, sichtlich betrunken, wankte in Richtung der beiden Söldner und Sven packte seine Axt, die griffbereit neben ihm auf der Sitzbank lag.

«Nein», sagte Matthias ruhig und der Hüne entspannte sich leicht, behielt die Axt aber in seinem Griff.

Breitbeinig stellte sich der Soldat vor Matthias und Sven hin.

«Ihr seid hier nicht willkommen», schnauzte er sie an, wartete mit überkreuzten Armen auf eine Antwort. Doch Matthias liess sich nicht provozieren.

«Guten Abend Monsieur», meinte er ruhig, «Wir sind weit gereist, haben Hunger und draussen ist so richtig schlechtes Wetter. Wir wollen uns hier verpflegen und morgen früh weiter.»

«Es ist mir egal wie Pferdescheisse, ob Ihr in dem Regen draussen ersäuft. Ihr seid Söldner und Söldner sind hier nicht willkommen.» Er hob sein Kinn etwas, um seinen Worten Nachdruck zu verleihen. Im selben Augenblick drängte sich der Wirt an ihm vorbei und stelle Bier und Wein auf den Tisch. Dann verschwand er wieder, so schnell er konnte.

«Geschätzter Herr», Matthias liess sich immer noch nicht darauf ein, «Ihr habt vorhin unser Bier verschüttet. Aber ich verzeihe Euch. Und nun bitte ich Euch, uns jetzt nicht weiter zu belästigen, sondern uns in Ruhe essen und trinken zu lassen. Wir haben nichts miteinander zu schaffen.»

Der Soldat grunzte als Antwort, dann beugte er sich vor, nahm den Bierhumpen und wollte ihn Matthias ins Gesicht schütten.

Er kam nicht dazu.

Sven, entgegen seiner Grösse, sprang behände auf, wobei er den Tisch umstürzte, und riss seine riesige Streitaxt hoch, knallte dem Soldaten seinen linken Unterarm vor die Brust und schleuderte diesen an die Wand. Schon war die rasiermesserscharfe Schneide der Axt an der Gurgel des Soldaten.

In der Herberge war es plötzlich still.

Es brauchte einen Moment, dann waren die anderen Soldaten aufgesprungen und hatten ihre Schwerter gezogen, kamen aber keinen Schritt näher.

Sven lächelte den Soldaten freundlich an, während er ihn mit dem Arm an die Wand presste. Die Axt bewegte sich kein bisschen, verharrte an dessen Hals.

Matthias stand langsam auf und rieb sich mit den Fingern einer Hand die Augen. Dann stellte er den Tisch wieder auf und hob Bierhumpen und Weinkaraffe vom Boden auf.

«Ihr schuldet uns nun zwei Bier, sowie einen Krug Wein!», rief er den Soldaten zu. Die bewegten sich nicht. Er sah sie an. «Bitte zwei Bier und einen Krug Wein! Jetzt!»

Sie bewegten sich immer noch nicht. Er blickte zu Sven und dieser hob seine Axt, liess sie drohend über seinem Kopf schweben.

Matthias sah die Soldaten wieder an. «Zwei Bier und einen Krug Wein!», sagte er noch einmal, immer noch ruhig. Seine Stimme war kälter geworden. Endlich rief einer der Soldaten dem Wirt etwas zu. Dieser beeilte sich mit den Getränken erneut zu Matthias und Sven und stellte sie abermals auf den Tisch. Wieder machte er sich schnellstens aus dem Staub.

Matthias wandte sich wieder an die Soldaten mit den gezogenen Schwertern: «Und jetzt verschwindet hier! Eure Getränke und das Essen gehen auf uns, aber Ihr habt hier nichts mehr zu suchen.» Matthias sprach immer noch ruhig, viel zu ruhig.

Einer der Soldaten fand nun endlich seine Sprache wieder: «Nein, das werden wir nicht.» Er fuchtelte mit seinem Schwert. «Ihr seid zu zweit, wir zu fünft. Ihr habt keine Chance. Wir sind Soldaten von Savoyen, Ihr nur dreckige Söldner.»

«Monsieur», Matthias Stimme war jetzt eiskalt, «Ihr seid nur noch zu viert, wenn Ihr uns nicht sofort verlasst.» Er machte eine bedeutungsvolle Pause. «Und ja, vielleicht kommen zwei von Euch an uns heran, aber dafür sind zwei andere von Euch tot!» Wieder eine Pause. «Die Chancen stehen also halb–halb. Wie viel ist Euch Euer Leben wert?»

Die vier Soldaten überlegten, sahen sich gegenseitig an.

Matthias seufzte.

«Ich mache Euch einen Vorschlag, Messieurs: Ihr steckt jetzt Eure Schwerter weg und Euer Kamerad hier verlässt die Taverne lebend. Oder Ihr behaltet die Waffen in den Händen und Ihr seid in fünf Minuten alle tot. Und er hier», Matthias zeigte auf den Soldaten, der immer noch von Sven an die Wand gepresst wurde, «ist der Erste.»

Er wartete.

Und wartete.

«Was sagt Ihr?»

Wiederum keine Antwort, aber die Soldaten blickten nervös zwischen Sven und Matthias hin und her.

Dieser zog langsam sein Schwert.

Der Soldat, welcher bisher gesprochen hatte, seufzte. «Gut», sagte er schliesslich und steckte sein Schwert weg. Ein Befehl und die anderen liessen ebenfalls ihre Schwerter in den Scheiden verschwinden.

«Lasst ihn frei und wir gehen.»

Diesmal liess Matthias die Soldaten warten.

«Ihr habt versprochen, ihn leben zu lassen», meinte der Soldat, als er keine Antwort erhielt.

«Das stimmt», antwortete Matthias schliesslich und lächelte kalt, «ich habe gesagt lebend. Aber nicht unversehrt.»

Er nickte Sven leicht zu und die Axt senkte sich wie ein Blitz. Laut wie der zum Blitz gehörige Donner, knallte die Schneide in die Wand, gleich neben dem Kopf des Soldaten.

Dieser schrie gellend auf und sein linkes Ohr fiel neben ihm auf den Boden.

«Es tut mir ausserordentlich leid, meine Herren», entschuldigte sich der Wirt, als er ihnen das Essen brachte. Er stellte eine grosse Schüssel mit heissem, dampfendem und gut riechendem Inhalt auf den Tisch. «Das passiert sonst nicht in meinem so ruhigen Gasthaus.»

«Herr Wirt, Ihr braucht Euch nicht zu entschuldigen. Marodierende Soldaten sind zurzeit überall und die Nerven aller sind zum Zerreissen gespannt. Aber ich bitte Euch sicher zu stellen, dass unsere Pferde sicher sind und wir heute Nacht die Betten der Soldaten bekommen, diese benötigen sie ja nun nicht mehr. Wir werden für alle Betten bezahlen. Und wir sind morgen vor der Dämmerung auch wieder weg.»

«Selbstverständlich, die Herren.» Er nickte fleissig. «Und bitte geniesst das Wildschwein. Es ist mit Milch und Honig übergossen, dazu habe ich hier Rüben, Zwiebeln und Lauch sowie Brot, frisch aus dem Ofen.»

Der Wirt hatte recht; es war das beste Essen des Waldes.

* * *

Noch vor der Dämmerung sattelten sie ihre Pferde und verliessen die Herberge. Es regnete immer noch, wenn auch nicht mehr so stark wie am Vorabend. Der Weg war matschig, aufgeweicht und doch kamen sie gut voran.

Der Pfad führte weiter durch dichte Wälder, immer in Richtung Süden. Er schmiegte sich an einem westlich gelegenen Tal entlang und mit jedem Schritt schien das Wetter besser zu werden. Bald schon hörte es ganz auf zu regnen und nur ein wenig später schienen die ersten Sonnenstrahlen durch das noch nasse Blätterdach. Vögel begannen wieder zu zwitschern und ab und an waren Hirsche oder Wildschweine zu hören.

Beide hatten sie ihre Mäntel über die Pferde ausgebreitet, um sie schneller trocken zu können und ihre Stimmung wurde immer besser.

«Kapitän», sagte irgendwann Sven und sah Matthias an, «warum eigentlich unbedingt Artus?», fragte er dann. Er sprach über den Namen von Matthias neuem Pferd.

«Kennst Du die Geschichte denn nicht, Sven?»

«Doch, doch, Kapitän», antwortete dieser gut gelaunt. «Das war doch der schottische König mit dem Schwert im Stein, das sich nicht herausziehen liess, und dessen Frau ihm Hörner aufgesetzt hatte!» Er sah Matthias von der Seite her an. «Genau deshalb ja meine Frage. Wie könnt Ihr Euer Pferd nach so einem ...», er suchte nach einem Wort, «Verlierer benennen?», beendete er schliesslich seinen Satz mit einem Schulterzucken.

Matthias lachte laut, was Sven ihn erstaunt ansehen liess.

«Mein guter Freund», antwortete er dann immer noch lachend. «Du hast aber auch wirklich gar keine Ahnung.» Matthias seufzte und drehte sich auf seinem Sattel zu ihm hin.

«Artus war weder Schotte, noch war er König», begann er zu erklären. «Er war ein Hauptmann und Fürst britischer Abstammung. Der heilige Derfel, ein enger Freund von Artus, der in vielen Schlachten neben ihm gekämpft hatte, schrieb die Geschichte später nieder.»

«Und Ihr habt diese Geschichte gelesen?», warf Sven erstaunt ein.

«Aber ja! In der Stiftsbibliothek zu Sankt Gallen gibt es eine Abschrift in deutscher Übersetzung.» Er machte eine Pause. «Du solltest mehr lesen, Sven. Das täte Dir gut.»

Der Hüne schüttelte den Kopf. «Nein, Kapitän. Lesen ist anstrengend. Davon bekomme ich Kopfschmerzen.» Er machte ein saures Gesicht und Matthias lachte wieder.

«Na ja, jedenfalls, wie gesagt, er war britischer Abstammung, man sagt der Bastard eines grossen Königs namens Uther Pendragon.»

Svens Gesicht zeigte, dass er den Namen noch nie gehört hatte. Matthias fuhr fort: «Dieser Artus hatte ein Schwert mit Namen Excalibur …»

«Das ist das Schwert im Stein!», unterbrach ihn Sven sichtlich erfreut, dass er etwas von der Geschichte wusste.

«Stimmt und doch auch wieder nicht», antwortete Matthias. «Artus zog das Schwert nicht aus dem Stein, er musste es darüber halten. Das mit dem Stein haben nur die Minnesänger später erfunden, weil es sich so besser anhörte.»

«Und wieso musste er das tun?» Sven runzelte das Gesicht.

«Weil Merlin ihm das so gesagt hatte, als Prüfung sozusagen.»

«Merlin!», rief Sven wieder dazwischen. «Das ist doch der Zauberer?»

«Richtig!»

«Ich verstehe aber immer noch nicht, warum er das tun musste.»

Matthias seufzte. «Merlin hatte Artus einige Prüfungen auferlegt, um sicherzugehen, dass er der Richtige sei.»

«Wofür der Richtige?»

«Um sein Land von den Sachsen zu befreien, welche zu dieser Zeit in Britannien einfielen.»

Matthias lächelte, man sah Sven sichtlich an, wie er überlegte.

«Und hat er Britannien von den … äh … Sa…»

«Sachsen.»

«Ja, Sachsen befreit?»

«Zuerst ja», erklärte Matthias weiter, «aber zum Schluss, hat er doch verloren.»

Sven runzelte die Stirn, überlegte wieder. «Und wie war das mit der Frau?»

«Das stimmt, sie hat ihn mit einem guten Freund betrogen. Aber er hat ihr später verziehen.»

Sven hatte sein Gesicht immer noch in Falten gelegt und überlegte.

«Ich verstehe es nicht», meinte er letztendlich.

«Warum? Es ist doch gut, wenn er ihr verzeihen konnte. Schliesslich hat uns dies der Herrgott gelehrt.»

«Nicht das, Kapitän. Er hat gegen die Sa…, die Sa…, gegen seine Feinde verloren, seine Frau hat ihm Hörner aufgesetzt und das Schwert musste er auch nicht aus dem Stein ziehen. Und trotzdem habt Ihr Euer Pferd nach ihm benannt.» Sven zuckte mit den Schultern. «Ich sagte doch, er war ein Verlierer.»

«Das …»

Das hochfrequente Surren unterbrach den Kapitän.

Das Surren wurde tiefer und ging in ein Zischen über.

Instinktiv duckten sich die beiden Söldner und der Pfeil flog nur eine Handbreite über Matthias Kopf hinweg und blieb zitternd in einem Baum stecken.

Kapitel III

Als sich der Pfeil mit einem dumpfen Knall in einen Baumstamm abseits des Weges bohrte und dort zitternd stecken blieb, waren Sven und Matthias schon von ihren Pferden herunter und hatten ihre Waffen in den Händen, Matthias sein Langschwert, Sven dessen Streitaxt. Sie duckten sich hinter den Pferderücken.

«Eine unehrenhafte Art, zwei Reisende aus dem Hinterhalt ohne Warnung mit Pfeilen anzugreifen», rief Matthias in den Wald hinein. Eine Antwort blieb aus. «Ich hatte immer gedacht, Soldaten aus Savoyen hätten Ehre im Leib. Sie seien mutige Kämpfer und keine hinterlistigen Feiglinge.»

Er bekam wieder keine Antwort, aber jetzt raschelte es im Unterholz und fünf Gestalten tauchten auf.

«Wusste ich's doch», murmelte er zu Sven, machte ein säuerliches Gesicht.

«Macht nichts, Kapitän», antwortete dieser mit einem Grinsen. «Etwas Übung tut uns ganz gut.»

Ihnen gegenüber standen die fünf Soldaten aus der Schenke vom vorherigen Abend. Einer von ihnen hatte einen blutigen Verband um den Kopf, ein anderer einen Bogen umgeschnallt und alle ihre Schwerter in den Händen.

«Lasst uns durch. Ihr wisst weder unsere Absichten noch wer wir sind», sprach Matthias die Gruppe an.

«Es ist mir …», begann derjenige mit dem Verband, aber Matthias unterbrach ihn: «Egal wie Pferdescheisse, ich weiss.» Matthias kramte mit der linken Hand in seiner Satteltasche, nahm die Briefe hervor und wedelte damit herum.

«Wir sind in einer wichtigen Sache zu Prinzessin Jolanda, Herzogin von Savoyen unterwegs. Und wir haben freies Geleit durch ihr Land.» Er wedelte wieder mit den Papieren. «Ihr solltet uns durchlassen und nicht mehr behelligen.»

«Ich verstehe etwas Deutsch. Ihr seid verdammte eidgenössische Hurensöhne!», machte der Soldat mit dem Verband.

«Das ist richtig», Matthias nickte. «Aber wir …»

Der Soldat liess ihn nicht ausreden: «Ihr wollt das Land von Herzog Karl und Ihr wollt unser Land!»

«Das jetzt ist wirklich Pferdescheisse!», entgegnete Matthias, eines seiner seltenen Schimpfwörter gebrauchend. «Wir wollen Euer Land nicht. Im Gegenteil ...»

«Weisst Du, was mich das kümmert?», spie ihm der Soldat entgegen.

Sven raunte ihm zu: «Kapitän, so lasst doch. Die verdienen eine Lektion und ich brauche mal etwas anderes zum Üben als nur Bäume.»

Matthias sah seinen langjährigen Weggefährten von der Seite an, zuckte mit den Schultern und liess die Briefe wieder in der Satteltasche verschwinden.

Sie traten hinter den Rössern hervor, stellten sich mitten auf die Strasse.

«Ihr schuldet uns ein Ohr», rief derjenige mit dem Verband. «Mindestens eines!»

«Dann holt es Euch», antwortete Matthias mit ruhiger, kalter Stimme.

Die fünf Soldaten fächerten aus und begannen, auf die beiden zuzulaufen.

Matthias holte mit einer fliessenden Bewegung aus und sein Messer schwirrte dem Soldaten mit Pfeil und Bogen mitten ins Gesicht. Die Klinge bohrte sich bis zur Hälfte in das linke Auge und der Mann wurde zurückgeschleudert, als wäre er gegen eine Wand gelaufen. Sein Schwert klirrte leicht, als es auf den Boden fiel.

Matthias rannte den Männern entgegen, sein Schwert erhoben. In dem Moment, wo er hätte zuschlagen müssen, liess er sich jedoch zu Boden gleiten und rutschte, mit einem Fuss voran, genau zwischen zweien der Soldaten durch. Deren Schwerthiebe gingen ins Leere.

Er hatte sein eigenes Schwert erhoben und die Klinge schnitt beim Vorübergleiten von unten des einen Soldaten Achselhöhle auf. Dieser liess sein Schwert fallen und sank jammernd und schluchzend auf die Knie.

Der andere, derjenige mit dem Verband, hatte sich blitzschnell umgedreht und war schon wieder zum Angriff über gegangen, schlug einen brutalen, geraden Hieb von oben herab.

Matthias, immer noch auf einem Knie, parierte dessen Schlag, indem er sein Schwert über seinen Kopf hob und lenkte dann des Angreifers Klinge mit seiner eigenen nach rechts weg.

Er sprang auf, machte einen Satz nach vorne, um in den Rücken des Soldaten zu gelangen, doch dieser hatte sich schon um die eigene Achse gedreht und schlug gleichzeitig einen Schlag quer auf Hüfthöhe.

Matthias riss das Heft seines Schwertes hoch und blockte dadurch den Hieb.

Er machte einen Sprung rückwärts und der Soldat folgte ihm sogleich. Dabei schlug dieser sein Schwert von oben nach schräg unten. Die Klinge pfiff in der Luft und Matthias verdrehte seine Hüfte. Die Spitze des kurzen Soldatenschwertes zischte nur um eine Fingerbreite an seinem Gesicht und seiner Brust vorbei, aber dies reichte.

Der Schwung des Schlages brachte den Soldaten etwas aus dem Gleichgewicht und er taumelte, musste einen Schritt nach vorne machen, um sich aufzufangen.

Im selben Augenblick tat Matthias ebenfalls einen Schritt, jedoch zur Seite hin und war so nun im Rücken des Soldaten. Er legte die lange Klinge seines Schwertes auf die Schulter des Soldaten, drückte die Schneide gegen dessen Hals.

Der Mann erstarrte augenblicklich.

«Weg mit der Waffe», befahl ihm Matthias und der Soldat schmiss sein Schwert ohne Widerrede ins Unterholz. Er hob beide Hände. Der Kapitän sah sich zu Sven um, der abwechselnd, auf seine beiden Gegner einhieb oder deren Stösse und Schläge blockte.

«Hör auf, mit ihnen zu spielen!», rief Matthias und der Riese liess sogleich seine Axt noch schneller rotieren, auf einen Hieb folgte ein nächster.

Matthias sah, wie sich der so gemütliche, oft so gut gelaunte Hüne im Kampf veränderte. Da war kein Überlegen, keine blinde

Wut zu sehen, nur Instinkt und Erfahrung und ein einziges Ziel: Tod.

Sven war für seine Grösse äusserst behände, er rotierte und seine Axt mit ihm. Hiebe von schräg oben nach unten, horizontal oder von unten nach oben. Es war wie ein tödlicher Tanz.

Die beiden Soldaten waren jetzt nur noch mit Abwehrarbeit beschäftigt, versuchten irgendwie der Schneide auszuweichen. Sie wurden rückwärts getrieben, immer weiter rückwärts.

Schweiss liess die Haare der beiden Soldaten in ihren Gesichtern kleben. Der Hüne hieb von links, von rechts in einem tödlichen, schnellen Rhythmus. Wiederum blieben den beiden Savoyern keine Zeit für eigene Angriffe, sie konnten nur die schnellen Schläge Svens blocken und abwehren. Die beiden Soldaten atmeten schwer.

Einer von ihnen rutschte auf dem noch nassen Boden aus und in Panik, mit einem Knie auf dem Boden riss er das Schwert nach oben. Die Axt, von der Seite geschwungen, traf das Schwert genau über dem Heft und riss es ihm aus der Hand. Die Waffe flog in hohem Bogen in den Wald und der Mann schrie in Todesangst auf. Sven liess die Energie der Axt in einen weiten Bogen übergleiten. Sie vollführte einen Kreis über Svens Kopf und pfiff von oben herunter, genau auf den Kopf des Soldaten zu.

«Sven!», schrie Matthias und augenblicklich änderte der Kämpfer den Winkel seines Schlages. Die Schneide zischte nur einen Fingerbreit über den Schädel des Soldaten hinweg.

Matthias drückte seinerseits seine Waffe noch etwas mehr gegen den Hals des Gefangenen. Die scharfe Klinge schnitt ihm die Haut auf, ein kleines Rinnsal Blut tropfte hervor.

Der Soldat verstand.

«Lasst ab!», rief er dem letzten noch bewaffneten Soldaten zu. Dieser machte einen Satz rückwärts.

Einen Moment lang blieben alle, wo sie gerade waren. Nur das Wimmern des Verletzten war zu hören, der immer noch auf dem Boden kniete. Blut floss aus der Achselhöhle, färbte dessen Kleidung dunkel.

«Wir wollen Euch nicht töten», sagte Matthias.

«Und, was passiert jetzt?», fragte der Soldat mit dem Verband.

Sie liessen die vier Savoyer am Leben. Matthias sammelte die Waffen ein und verstaute diese in ihrem Gepäck.

«Ihr nehmt Euren toten Kameraden und bringt ihn zurück zu Eurer Einheit!», befahl er ihnen. «Dort werdet Ihr melden, dass wir in friedlicher Absicht auf dem Weg nach Chambéry sind. Ich will keine weiteren Probleme mehr auf dem Weg, habt Ihr das verstanden?»

Die vier nickten.

«Wir werden der Herzogin melden, was gestern und heute hier passiert ist. Soll sie darüber urteilen.» Die Mienen der Soldaten waren finster. Sie wussten, dass sie sich für ihr Handeln würden verantworten müssen.

«Und wir wollen Euch nicht wiedersehen! Falls doch, seid Ihr alle tot!» Er sah sie scharf an. «Ist Euch das klar?»

«Ja, Monsieur», sagte derjenige mit dem fehlenden Ohr. «Wir haben verstanden.»

Matthias hiess die Soldaten, ihren toten Mann auf dessen Pferd zu hieven und aufzusitzen und sah ihnen nach, wie sie langsam davon ritten.

«Ich glaube, Kapitän, die sehen wir nicht wieder», meinte Sven amüsiert. Sie sassen ebenfalls auf.

«Ich glaube», antwortete Matthias, «sie wissen, dass wir es ernst meinen. Sollten wir ihnen nochmals begegnen, sind sie alle tot.»

Er gab seinem Pferd die Sporen.

* * *

Sie umgingen die kleine Stadt Annecy, um nicht noch weitere Aufmerksamkeit zu erregen.

Der Weg führte von da weiter in Richtung Südwesten. Er zog sich über kleine Felder und Auen an schmalen, grünen Hügeln vorbei. Der Himmel war wieder nur blau, die Sonne wärmte und liess die Landschaft leuchten. Sie übernachteten in einer alten Mühle, einen halben Tagesritt von ihrem Ziel entfernt, wo sie durch das quietschende Rad jedoch nur wenig an Schlaf fanden. Dementsprechend früh zogen sie morgens weiter.

Sie begegneten kaum einer Menschenseele. Einige Bauern waren schon auf ihren Feldern, kaum war die Sonne aufgegangen, aber ansonsten sahen sie niemanden. Sie ritten mehrheitlich schweigend, beide immer noch müde von der letzten Nacht.

Der Weg führte nun wieder in dichte, grüne Wälder hinein, doch dann plötzlich kamen sie aus den Bäumen heraus und blickten auf einen tiefen, blauen See hinunter.

Matthias zügelte seinen Rappen, blickte gedankenverloren auf das Wasser.

Sven sah ihn fragend an.

«Wir sind bald da. Ich hoffe, wir können die Herzogin überzeugen», meinte sein Kapitän mit einem Seufzer.

«Wir müssen, Kapitän. Der Hauptmann zählt auf uns.»

Matthias seufzte nochmals, lenkte sein Pferd wieder auf den Weg.

«Ich weiss», sagte er leise.

* * *

Die Sonne war genau auf ihrem höchsten Stand, als sie in Chambéry eintrafen.

Die Stadt lag in einer Talsohle, im Hintergrund waren bewaldete Hügel und noch weiter dahinter hohe, schneebedeckte Berge zu sehen. Die beiden ritten langsam durch eines der Stadttore, ohne dass die dort stationierten Wachen sie behelligten. Überall in der Stadt herrschte geschäftiges Treiben. Kaufleute hatten auf jedem Platz Stände aufgebaut und versuchten ihre Waren zu verkaufen. Handwerker priesen vor ihren Werkstätten ihre Dienste an. Die Hufe ihrer Pferde klapperten laut auf den bepflasterten Strassen. Viele Soldaten waren zu sehen. Die beiden Söldner wurden misstrauisch beäugt, jedoch sprach niemand sie an.

Durch die Häuser konnte Matthias immer wieder die Burg sehen, ihr eigentliches Ziel. Er erkannte einen hohen, kirchlichen Bau, eingebettet zwischen hohen Mauern sowie mehrstöckige Türme und Häuser.

Sie ritten langsam durch enge Gassen, mussten immer wieder mal nach links oder rechts abbiegen. Schliesslich bogen sie aus einer schmalen Gasse auf einen grossen Platz und plötzlich befand sich die Burg genau vor ihnen.

Sie war noch imposanter, als er zwischen den Häusern hindurch hatte erkennen können.

Vor ihnen eröffnete sich ein grosser Platz, umrahmt von Häuserzeilen. Er war mit schönen weissen Pflastersteinen belegt und blendete sie durch die gleissenden Sonnenstrahlen, welche sich auf den Steinen reflektierten. Am Ende des Platzes befand sich eine grosse Treppe, die links und rechts von einer halbrunden Mauer begrenzt wurde. Die Treppe führte zu einem kleinen, erhöhten Platz. Darauf waren zwei riesige Bäume gepflanzt und dahinter war eine imposante Mauer errichtet, die sich über drei Stockwerke in die Höhe erstreckte.

Begrenzt wurde die Mauer auf der rechten Seite von einem vierstöckigen Gebäude, gespickt mit vielen kleinen Fenstern und Erkern. Das Gebäude hatte einen halbrunden Torbogen, welcher auf den kleinen, erhöhten Platz mit den Bäumen führte. Wachen standen davor.

Das grosse Gebäude ging über in weitere, kleinere, direkt angebaute Häuser und dann in die Rückseite einer Kirche, die sogar in ihrer Höhe das erste Gebäude überragte. Wunderschöne, hohe, schmale Fenster unterbrachen das Mauerwerk der Kirche. Sie glänzten in verschiedensten Farben. Kleine Türmchen mit Verzierungen und Statuen zeigten den Prunk des Baus. Die Kirche ging ihrerseits über in eine hohe Mauer und diese dann in einen mehreckigen Wehrturm mit hohem, spitzem Dach.

Auf der Spitze wehte die rote Fahne mit dem schmalen, weissen Kreuz von Savoyen, dem eidgenössischen Wappen nicht unähnlich.

Die Burg strahlte leuchtend weiss im Sonnenlicht, im Gegensatz zu den dreckigen, eher dunkel gefärbten Häusern der Stadt.

Die beiden Söldner sassen ab und führten ihre Pferde langsam in Richtung der grossen Treppe.

«Halt!», schrie einer der beiden Wachen und trat vom Tor auf den kleinen Platz über der Treppe. Matthias sah ihn von unten an der Treppe an. Er war gekleidet in den roten und weissen Farben Savoyens und hatte einen spitzen Helm mit hohen roten Federn auf dem Kopf. Über den aufgebauschten Hosen trug er einen Harnisch mit Brustplatten sowie Schutz für die Oberarme. Harnisch und Helm waren schön poliert und glänzten im grellen Sonnenlicht. Er trug ein kurzes Schwert, das aber immer noch in der Scheide steckte. Schweiss rann ihm in Strömen über das Gesicht.

«Halt!», schrie der Wächter noch einmal, als Matthias und Sven ihre Pferde bis zum Fusse der Treppe führten.

«Die Treppe ist für normales Gesinde verboten!»

«Wir sind kein normales Gesinde», antwortete Matthias ruhig.

«Und wer seid Ihr dann, Söldner?» Das letzte Wort spie er ihnen regelrecht entgegen.

«Ich bin Kapitän Matthias von Altstetin», er zeigte dann mit der Hand auf Sven «und das ist mein Gefährte, Sven Ivarsson.» Matthias zog den Brief Waldmanns aus seinem Wams. «Und wir sind von der Eidgenossenschaft.»

Der Wärter spie aus und zog sein Schwert. «Feinde Savoyens!», schrie er.

«Nein, im Gegenteil», antwortete der Kapitän immer noch ruhig. «Wir sind auf einer diplomatischen Mission und unser Begehr ist, diesen Brief und die dazugehörige Nachricht direkt an die Hoheit, Prinzessin Jolanda, Herzogin von Savoyen zu überbringen.»

Der Wächter überlegte lange. Dann plötzlich rief er dem zweiten Wärter etwas zu und dieser verschwand durch das Tor im Innern der Burg.

«Ihr wartet hier!», befahl er und blieb sein Schwert in der Hand, oberhalb der Treppe stehen.

«Und jetzt?», fragte Sven.

«Wir warten», antwortete Matthias. Er zuckte mit den Schultern. «Wieder einmal.»

Es verging eine geraume Zeit, bis der zweite Wärter wieder vor dem Tor erschien. Er wurde begleitet von einem Mann in einer Bischofsrobe, einem violett–roten, langen Mantel, jedoch trug er keinen Hut. Unter dem Mantel konnte Matthias leichte Reitbekleidung ähnlich seiner eigenen, erkennen.

Der andere Wächter stellte sich wieder auf seinen angestammten Platz vor dem Eingangstor und der Mann ging weiter zum Wachposten, der mit gezücktem Schwert oberhalb der Treppe stand. Er sagte ihm irgendetwas und dieser schob sein Schwert wieder in die Scheide. Dann beorderte er ihn mit einer

Handbewegung zurück auf dessen Platz vor dem Tor. Schliesslich blieb er oben an der Treppe stehen, verschränkte seine Arme, musterte die beiden Neuankömmlinge.

Matthias nutzte die Zeit, um sich den Mann ebenfalls näher zu betrachten.

Er hatte volles, braunes Haar, das er schulterlang offen trug. Sein kleines Bärtchen, perfekt gestutzt, schien schwarz, war aber wahrscheinlich geölt. Die Augen hatten einen offenen, klaren Blick und lagen unter dichten, dunklen Brauen. Er hatte eine gerade Nase und ein spitzes Kinn. Seine Statur war weder gross noch klein und durch die lange Robe schwer einzuschätzen. Aber er stand da, stolz, mit geradem Rücken.

Sein Gesichtsausdruck zeigte einen Anflug von Neugier.

«Ich bin Peter von Savoyen», sprach er schliesslich mit einer festen, autoritären Stimme.

Ein Mann, der es gewohnt ist, Befehle zu erteilen, dachte Matthias.

«Ich, bin der Fürstbischof von Tarentaise, der Schwager und der Berater unserer geliebten Herzogin, Prinzessin Jolanda von Frankreich und ich frage Euch, was ist Euer Begehr?»

Matthias verneigte sich und zeigte Sven es ihm gleich zu tun.

«Ich bin Matthias von Altstetin, Kapitän in den Truppen von Zürich von der Eidgenossenschaft.» Er verbeugte sich nochmals leicht. «Und dies hier ist mein Gefährte, Sven Ivarsson von Einsiedeln.»

Sven verstand nicht, was gesagt wurde, jedoch hörte er seinen Namen und verneigte sich ebenfalls nochmals.

Peter von Savoyen bewegte sich nicht, hielt seine Arme vor der Brust verschränkt. Jedoch zog er beim Namen Einsiedelns die beiden Brauen hoch.

«Euer Gefährte ist von einem heiligen Ort», meinte Peter. «Ich hoffe, Ihr seid mit heiligen Absichten gekommen?»

Matthias nickte. «Wir sind im Namen des Friedens gekommen und ...»

«Ha!», meinte Peter «Im Namen des Friedens? Ihr Eidgenossen seid doch nur auf Euren eigenen Gewinn aus.» Seine Stimme zeigte keinerlei Emotionen, er sprach ruhig und sanft.

«Und wir haben eine Nachricht für Eure erlauchte Herzogin, Prinzessin Jolanda.» Matthias zeigte den Brief Waldmanns, liess sich ebenfalls nicht aus der Ruhe bringen.

«Gebt ihn mir und verschwindet.» Peter machte eine wegwerfende Handbewegung, verschränkte die Arme danach wieder.

Matthias lächelte leicht, sah dem Mann oben auf der Treppe direkt in die Augen.

«Ihr werdet wissen, dass wir das nicht tun dürfen, Monsieur.» Matthias machte eine kurze Pause. «Wir haben unsere Befehle.»

«Ha!», rief Peter von Savoyen wieder, dieses Mal aber mit Verachtung in der Stimme. «Ihr seid nichts anderes als einfache Laufburschen, Lakaien. Ihr macht, was man Euch sagt.» Er lächelte jetzt ein Lächeln, welches nicht seine Augen erreichte. «Und, ich sage Euch, gebt mir den Brief und verschwindet. Kehrt wieder zurück unter den Stein, unter dem Ihr hervorgekrochen seid.»

Matthias schüttelte den Kopf. «Es tut mir leid, mein werter Herr Fürstbischof, das dürfen wir nicht.»

«Dann macht Euch hinfort.» Die Verachtung in Peters Stimme war wieder verschwunden, er sprach erneut ruhig und völlig emotionslos.

Matthias lächelte immer noch, nickte jetzt aber. Er gab Sven ein Zeichen und sie stiegen auf ihre Pferde. Matthias wendete Artus und liess den grossen Rappen ein paar Schritte gehen, hielt ihn dann wieder an und drehte sich im Sattel um. Peter von Savoyen stand immer noch oben an der Treppe, das Gesicht ausdruckslos und die Arme verschränkt.

«Werter Herr», rief Matthias so laut, dass ihn die Menschen auf dem Platz hören konnten, «denkt Ihr bitte an diese unsere Unterredung, wenn Ihr als Fürstbischof den Söhnen und Ehemännern der Menschen hier», er machte mit dem Arm eine ausladende Bewegung, «ihre Grabrede halten müsst. Wenn sie nicht mehr nach Hause kommen aus dem Krieg, den Ihr nicht verhindern wolltet.»

Matthias sah sich um und bemerkte, dass die meisten Menschen ihre Geschäftigkeit unterbrochen hatten und zu ihnen hinsahen. Genau, was er beabsichtigt hatte.

Er setzte Artus in Bewegung.

Es verging einen Moment.

«Wartet!», rief Peter von Savoyen. Doch Matthias reagierte nicht, ritt langsam weiter.

«Wartet! Kapitän!», rief der Fürstbischof, dieses Mal lauter und jetzt mit Dringlichkeit in der Stimme.

Matthias sah Sven von der Seite an, beide grinsten. Dann hielt er Artus an, änderte seinen Gesichtsausdruck auf ernst und drehte den grossen Rappen wieder in Richtung der Burg.

Peter von Savoyen war die Treppe hinabgestiegen, stand nun auf der untersten Stufe.

* * *

Er führte sie in die Burg hinein, diese war innen noch einiges imposanter als von aussen. Das schmale Eingangstor führte unter dem ersten Gebäude hindurch auf einen kleinen, engen Hof. Dieser war auf der linken Seite umrahmt von hohen, dreistöckigen Gebäuden. Auf der gegenüberliegenden Seite schwang sich eine breite Treppe mit vier Bögen in eines der Gebäude hinein. Es schien sich um ein Bedienstetenhaus zu handeln. Mägde und Handwerker liefen über die breite Treppe auf und ab. Sven sah den Dienstmädchen ungeniert nach und Matthias rammte dem Hünen einen Ellbogen in die Rippen.

Peter von Savoyen, der den Blick Svens bemerkt hatte, aber keine Reaktion zeigte, führte sie den Weg weiter, welcher sich leicht nach rechts bog und auf ein zweites, enges Tor zu lief. Es schien, als ob dies der älteste Teil der Burg war und die weiteren Gebäude dann zu späteren Zeitpunkten hinzugefügt worden waren. Dies war bei den meisten Burgen und Schlösser so, aber hier schien es offensichtlich. Der Fürstbischof ging schnellen Schrittes, sah sich nicht um. Matthias und Sven führten ihre Pferde an den Zügeln und mussten sich beeilen, um mit ihm Schritt zu halten.

Sie gingen unter dem zweiten Tor hindurch und es öffnete sich vor ihnen ein grosser Hof. Der Weg verlief weiter und endete schliesslich vor einer grossen Treppe direkt vor der Kapelle. Dort blieb Peter von Savoyen stehen.

Matthias sah sich um. Was er sah, beeindruckte ihn.

Hinter ihnen lag die kleine, aber hohe Kirche, deren Rückseite er von draussen gesehen hatte. Sie überragte alle übrigen

Gebäude der Burg. Ihre grosse, eckige Tür wurde umrahmt von vier Säulen, deren Kapitelle kunstvoll geschmückt waren. Darüber befand sich ein grosses, rechteckiges Fenster. Zwei kleine Pfeiler ragten in den Himmel und Stuckaturen verzierten die Fassade der Kirche. Dahinter war ein Turm, der sich noch im Bau befand, er war etwa zur Hälfte fertig und ein hölzernes Baugerüst umschloss ihn. Auf der anderen, der rechten Seite der Kirche ging eine kleine, bedeckte Brücke von der Kapelle direkt in das angrenzende Haus. Das schien ursprünglich mal der frühere Sitz des Herzogs gewesen zu sein und somit hatte dieser einen direkten Zugang in seine Kapelle gehabt.

Vor ihnen lag der grosse Platz. Er war mit denselben schönen, weissen Pflastersteinen bepflastert wie der grosse Platz vor der Burg. Auf dessen gegenüberliegenden Seite standen lange, mehrstöckige Gebäude. Das grösste von ihnen stützte sich auf mehrere Torbögen und besass einen grossen Eingang, worin eine Treppe in das Gebäude hineinführte. Es grenzte an ein ebenfalls stattliches, aber einfacheres Gebäude, welches sich wiederum an Stallungen schmiegte, die im rechten Winkel die hinterste Ecke der Burg bildeten. Dort stand ein Turm, der aussah, als hätte man ein rundes Wagenrad genau in der Mitte zerteilt. Nach aussen, von der Burg weg war der Turm abgerundet, aber gegen den Hof war er gerade und besass kleine Fenster, Zinnen und mehrere hölzerne Lastenaufzüge.

Eine perfekte Abwehr, dachte sich Matthias.

Auch der eckige Turm neben der Kapelle, den sie von aussen gesehen hatten, war zur Innenseite gerade gebaut und besass ebenfalls Türen, Fenster, mehrere kleine Balkone und zwei dieser Aufzüge. Die vordere Ecke der Burg war durch ein weiteres Gebäude begrenzt. Es war fast so hoch wie die Kirche und besass am äussersten Ende ein kleines Türmchen. Die vielen Fenster zeigten, dass es sich um ein Wohnhaus handeln musste.

Peter von Savoyen wartete geduldig, bis Matthias seinen Rundblick beendet hatte.

«Beeindruckend», meinte er. Der Fürstbischof sah ihn mit langem Blick an.

«Und Ihr seid wirklich für den Frieden hier?», fragte er dann, ein leichtes, spöttisches Lächeln im Gesicht.

«Ja sind wir, Monsieur.» Matthias erwiderte den Blick, hielt demjenigen Peters stand. Dieser nickte schliesslich. «Gut», meinte er letztendlich. «Dann werde ich zusehen, dass Ihr bei der Herzogin vorsprechen könnt.» Peter von Savoyen nickte. «Bringt Eure Pferde in die Stallungen. Ich werde veranlassen, dass im Pavillon zwei Gästezimmer bereit gemacht werden.» Er zeigte mit dem Finger auf das Eckhaus mit dem Türmchen. «Auch werde ich Euch Wasser für Bäder bringen lassen.» Er verzog leicht das Gesicht. «Ihr seht aus, als könntet Ihr beide ein Bad gebrauchen. Und Ihr könnt einer Magd Eure Kleider zum Waschen geben.» Er machte eine Pause, sah zu Sven herüber und dann wieder zu Matthias. «Ihr habt sicher Hunger. Wenn Ihr möchtet, könnt Ihr im grossen Saal im Pavillon speisen, ich werde etwas bringen lassen.»

Peter wandte sich, ohne auf ihre Antwort zu warten ab, liess die beiden Söldner stehen und ging zum Haupthaus mit den Torbögen.

Sie brachten ihre Pferde in die Ställe, übergaben sie den Stallburschen zur Pflege, dann bekamen sie jeder ein Zimmer zugewiesen, worin schon Zuber mit dampfendem Wasser standen.

Matthias liess sich Zeit, genoss das warme, parfümierte Wasser. Danach trocknete er sich mit sauberen Tüchern ab und kleidete sich mit seiner zweiten Garnitur Kleidung.

Sven und er genossen ein üppiges Mahl im grossen Saal des Pavillons. Bestehend aus Obst, gedünstetem Spinat, geschmortem Huhn, gebratenen Enten und getrockneten Feigen sowie knusprigem Brot assen sie, so viel sie konnten.

Für Sven gab es frisches Bier, während Matthias den hochwertigen Wein genoss.

«Ob die Herzogin uns wohl anhören wird?», fragte Sven und wischte sich mit dem Ärmel den Schaum aus dem Bart. Auch er trug frische Kleider, diese waren rot, anstelle der Farbe Gelb, aber ansonsten gleich geschnitten wie die anderen. Matthias trug wieder schwarz bis auf das Hemd, dieses Mal war es in Weiss gehalten.

«Ich denke, der Herr Fürstbischof hat schon begriffen, wie wichtig unsere Nachricht ist.»

«Und wir dürfen den Hauptmann nicht enttäuschen! Er zählt auf uns.» Sven nickte eifrig.

«Er spielt schon ein heisses Spiel, unser Hauptmann», sagte Matthias und nahm sich einen Schluck Wein. «Wenn nur einer der Briefe sein Ziel verfehlt, werden wir es entweder nicht nur mit Karl zu tun bekommen, oder wir werden einfach nicht genug Männer haben, um ihn nochmals zu schlagen.»

Mehrere Mägde kamen herein und begann die Reste des Mahls abzuräumen. Fast ausnahmslos hatten sie nur Augen für den Hünen aus Einsiedeln und auch dieser machte ihnen sogleich schöne Augen. Matthias seufzte, lächelte und schüttelte leicht den Kopf.

Eine der Mägde setzte eine noch dampfende und äusserst fein duftende Apfel–Tarte vor Sven hin.

«Die ist ganz frisch gebacken und mit reichlich Honig gesüsst», flötete sie. Sven, der jedoch kein Wort verstand, sah seinen Kapitän hilfesuchend an und dieser übersetzte. Der Riese setzte sein schönstes Lächeln auf und die Magd kicherte und machte sich davon, nur um wenige Augenblicke später mit einem ähnlichen Teller für Matthias wieder zu erscheinen. Sie stellte ihn dem Kapitän hin, sah dabei aber die ganze Zeit über nur dessen Gefährten an. Mit klimpernden Augendeckeln drehte sie sich kokett um und verschwand wieder aus der Tür.

«Was?», fragte Sven unschuldig, als er Matthias tadelnden Blick sah. «Ich mache doch gar nichts.»

Dieser rollte mit den Augen und liess das Thema fallen.

Die Süssspeise war, wie der Rest des gesamten Mahls, vorzüglich. Matthias schaufelte gerade den letzten Bissen in seinen Mund, als Peter von Savoyen unter der Tür erschien und sich ihnen gegenüber an den Tisch setzte. Gleich hinter ihm erschien wieder die Magd, um die leeren Teller abzuräumen. Wieder hatte sie nur Augen für den Riesen und Peter von Savoyen hob beide Augenbrauen, sah den Kapitän an. Matthias zuckte nur mit den Schultern.

Der Berater der Herzogin lächelte kurz, schnappte sich ein leeres Weinglas und goss sich ein.

«Santé», sagte er, hob sein Glas und nahm einen tiefen Schluck.

Auch Matthias hob ebenfalls sein Glas. «Wir danken Euch, werter Herr Fürstbischof, für die Bewirtung und die Unterbringung. Das Mahl war vorzüglich, ebenso die Zimmer.» Peter von Savoyen nickte nur leicht.

Sven, der die Konversation nicht verstand, erhob sich. «Mit Verlaub, Kapitän?», fragte er, und als dieser nickte, verbeugte sich der Hüne vor dem Fürstbischof, nahm seinen Bierhumpen und machte sich davon.

«Ein Riese.» meinte dieser, sah Sven kurz hinterher, nickte.

«Und ein äusserst gefährlicher Kämpfer», antwortete Matthias, doch trotz der Drohung, die in diesen einfachen Worten lag, zeigte sich sein Gegenüber unbeeindruckt.

Er sah Matthias lange und durchdringend an.

«Ich weiss noch nicht, was Euer wirkliches Begehr ist, Herr Kapitän», sagte er schliesslich.

«Wie ich Euch schon sagte Herr Fürstbischof, wir kommen in Frieden und wollen diesen gewahrt sehen. Und unser Begehr ist, dies Eurer ehrenwerten Herzogin vorzutragen.» Matthias machte eine Pause, spielte mit seinem Weinglas. «Und unser Begehr ist dringend.»

«Ach, ist es das?», spielte Peter den Überraschten, doch er konnte Matthias nicht täuschen.

«Fürstbischof, Ihr wisst, wo sich Karl der Kühne aufhält. Und Ihr wisst ebenso, was seine Absichten sind.» Matthias machte eine kleine Pause, um seine Worte wirken zu lassen. «So wie wir.» Wieder spielte Matthias mit dem Glas, nahm sich einen Schluck. «Und Ihr wisst nur allzu genau, warum wir hier sind.»

Peter von Savoyen lächelte als Antwort nur wieder leicht. Dann sah er Matthias direkt in die Augen. «Hattet Ihr irgendwelche Probleme auf dem Weg hierhin?», änderte er plötzlich das Thema. Sein Ton war freundschaftlich, als würden sie über das Wetter plaudern.

«Auch das wisst Ihr schon, Monsieur!» Matthias lächelte ebenfalls, hielt dem Blick des Fürstbischofs stand. «Wir wurden angegriffen von einer Truppe Eurer Soldaten.»

«Und woher sollte ich das wissen? Ihr seid erst heute angekommen.» Sein Ton war unschuldig. Vielleicht etwas zu offenkundig unschuldig.

«Sie waren ziemlich betrunken und haben uns vorgestern Abend in einer Taverne provoziert, also erteilten wir ihnen eine kleine Lektion. Sie kamen, sagen wir es so, fast ungeschoren davon. Aber gestern wollten sie sich rächen und griffen uns in einem Waldstück an.» Matthias seufzte. «Es gab einen Toten.»

«Einem das Ohr abzuschneiden ist, so meint Ihr, fast ungeschoren?», fragte Peter von Savoyen und zeigte Matthias somit, dass er ganz genau Bescheid wusste. Dieser zuckte wiederum nur mit den Achseln. «Wir hätten ihm auch etwas ganz anderes abschneiden können.»

Zu seiner grossen Überraschung lachte Peter von Savoyen laut. Die Spannung im Raum war wie weggeblasen. Der Fürstbischof füllte sein Glas nochmals bis an den Rand mit Wein.

«Ich wollte nur wissen, wie ehrlich Ihr seid, Herr Kapitän. Ich muss gestehen, Ihr scheint ein Ehrenmann zu sein. Leider kann man das nicht von allen Eidgenossen behaupten.»

«Aber genauso wie von Savoyern, Burgundern oder Franzosen», konterte Matthias und der Fürstbischof nickte. «Dem ist leider so, da habt Ihr sicherlich recht.» Er nickte wieder, trank einen grossen Schluck seines Weines. «Ich glaube Euch. Und ich entschuldige mich für das Verhalten unserer Männer. Aber ich denke, diese hatten ihre Befehle.» Er machte eine kleine Pause. «Und Ihr könnt morgen mit der Herzogin sprechen. Aber nur unter der Bedingung meiner eigenen Anwesenheit!»

«Ich danke Euch, Fürstbischof.» Matthias nickte und Peter von Savoyen stellte sein Glas auf den Tisch, stand auf, verneigte sich leicht und ging.

Kapitel IV

Sven war in der Küche zu finden. Der Riese sass auf einer Holzbank, die Magd auf seinem Schoss und einige der weiteren Bediensteten um ihn herum. Obwohl er nicht französisch sprach und keiner der Bediensteten deutsch, war eine rege Unterhaltung mit viel lautem Gelächter im Gange.

Matthias streckte kurz seinen Kopf herein, nickte seinem alten Freund zu und ging dann auf den Hof hinaus. Es war schon dunkel und der Burghof war mit vielen Fackeln erleuchtet. Die flackernden Flammen gaben einen schönen, orangenen Schein, der auf den weissen Steinen der Burg rötlich schimmerte und sich darin widerspiegelte. In einigen der Fenster der Burg brannte Licht.

Ein leichter Wind wehte, der den Gestank der Stadt von der Burg fortblies. Matthias atmete tief die frische Luft ein. Der Lärm der Stadt war innerhalb der Mauern kaum zu hören.

Er ging gemächlichen Schrittes hinüber zu den Stallungen, suchte Artus. Als er ihn fand, begrüsste er den Hengst. Dieser erwiderte die Begrüssung mit einem leisen Schnauben. Matthias nahm sich ein Bündel Stroh und begann diesen abzureiben.

Dann, mitten in der Bewegung, stockte er.

Ein Geruch.

Ein Geruch von Lavendel und Jasmin.

«Ein äusserst schönes Pferd», sagte eine leise, sanfte Stimme. Matthias sah hoch und erblickte eine kleine, schmale Gestalt im Halbdunkel des Stalles. Er versuchte, die Gestalt zu erkennen, aber sie war in den Schatten verborgen. Er sagte nichts.

«Wirklich, ein sehr schönes Pferd», sagte die Gestalt noch einmal und löste sich aus dem Dunkel.

Sie war zierlich, mit feinen Gesichtszügen. Sie hatte Augen, so blau wie ein klarer Bergsee. Dazu eine zierliche Stupsnase und einen kleinen, vollen Mund. Ihr Gesicht wurde umrahmt von vollen, braunen Locken, welche ihr über den schmalen Hals und ebensolche Schultern fielen. Sie trug eine enge braune, Reithose, dazu hohe, schwarze Stiefel, beides aus feinstem Leder gefertigt. Dazu eine sehr dünne, schneeweisse Bluse. Ihre festen Brüste schimmerten durch den dünnen Stoff, die Nippel hoben sich ab.

Matthias musste sich von dem Anblick losreissen.

«Vielen Dank …, Madame», stammelte er. Sie lächelte sanft und Matthias spürte, wie die Spannung … Wie die Spannung erst nachliess und dann wieder stärker wurde? Er war sich nicht sicher.

Sie kam zu Artus und hob eine Hand. Sofort hob der Friese den Kopf, schnaubte freudig. Sie kraulte die Nase des grossen Rappen und er stiess sie mit seinem Kopf an. Sie lachte hell, streichelte ihn zwischen den Ohren.

«Sein Name ist Artus», sagte Matthias.

«Wahrlich, ein König unter den Pferden.» Sie lachte wieder und Matthias wusste nicht, ob sie sich über ihn lustig machte. «Ein königlicher Name für ein königliches Tier.» Sie sah Matthias an, kraulte dabei Artus weiter. «Und wie ist Ihr Name, Monsieur?», fragte sie wieder mit dieser sanften, leisen Stimme.

Eine Stimme wie aus einem Traum.

«Matthias», sagte er nur.

Sie wartete einen Moment. «Einfach nur … Matthias?» Sie lachte über seine Unsicherheit. «Und wie kommt ein solch schönes Tier zu einem …» Sie verzog ihr Gesicht zu einem etwas spöttischen Lächeln. «… zu einem einfachen Matthias?»

«Ah … Matthias … Matthias von Altstetin», stammelte er schliesslich.

«Nun», machte sie, wieder mit dieser sanften Stimme, woraus der Spott gänzlich verschwunden war, «jetzt passt es doch schon viel besser. Artus und Matthias von Altstetin.» Sie lächelte ihn wieder an. Entwaffnend.

«Und … Und wer seid Ihr, Madame?», fragte er.

«Ich?» Sie lächelte immer noch, dem Hengst die Nase kraulend. «Ich bin nur ein Stallmädchen.» Sie kicherte.

«Ein Stallmädchen.» Matthias Unsicherheit wurde nicht geringer. «In solch edlen Reithosen und Stiefeln?»

«Aber ja, Monsieur.» Sie zog ihre Hand zurück und Artus stupste sie nochmals mit dem Kopf an. Sie blickte Matthias mit ihren grossen, blauen Augen unschuldig an. «Ein einfaches Stallmädchen.»

Matthias sah sie einfach nur an.

Er sah ihre schmalen Grübchen neben den Augen, wenn sie lachte. Ihren vollen Mund, der leicht geöffnet schneeweisse Zähne hervorschimmern liess. Ihre kleine Stupsnase. Ihre wohlgeformten Brüste, die sich unter dem Stoff der Bluse hoben und senkten. Ihre schlanke Taille. Ihre schmalen, geraden Beine.

Sie lachte und riss ihn so aus seinen Gedanken. Er senkte beschämt die Augen.

«Mein Name ist … Guinevere.» Wieder lachte sie hell und Matthias stand einfach nur da, wusste nicht, was er entgegnen sollte.

Sie hob einen schlanken Finger, legte ihn Matthias sanft auf die Brust. Berührte ihn kaum. Und doch war es heftiger als jeder Schwerthieb.

«Und vielleicht seid Ihr ja mein Lancelot», lachte sie, zog den Finger zurück und drehte sich um und ging aus dem Stall.

Dort, wo ihr Finger ihn berührt hatte, brannte es. Kein Schmerz, aber dieses sanfte Brennen. Und es breitete sich langsam in seinem ganzen Körper aus.

Matthias schlief kaum in dieser Nacht. Irgendwann stand er letztendlich auf, schlüpfte in seine Hose und nahm sich ein Glas Wein. Er öffnete eines seiner Fenster, sog die Luft tief in seine Lungen.

Seine Gedanken rasten, er wusste nicht warum.

Wer war sie?

Lange stand er an dem geöffneten Fenster. Dann trank er den Wein und legte sich schliesslich wieder hin, fiel irgendwann doch noch in einen unruhigen Schlaf.

* * *

Die beiden Söldner waren den ganzen Tag über beschäftigt, ihre Ausrüstung und Pferde zu versorgen. Svens Schimmel hatte ein Hufeisen verloren und der Hufschmied der Burg musste ein Neues anfertigen und sie liessen dabei gleich beide Pferde komplett neu beschlagen.

Danach sassen sie am Nachmittag auf der grossen Treppe vor der Kapelle. Die Sonne schien und über den Himmel flogen leichte Schleierwolken.

«Das Wetter schlägt um», meinte Sven mit einem prüfenden Blick gen Himmel und riss Matthias aus seinen Gedanken.

«Ich hoffe, die Franziskanermönche haben unterdessen den Hauptmann erreicht und ihm die Nachricht übermittelt.»

«Müssten sie eigentlich unterdessen.» Sven machte eine Pause und sah seinen Kapitän von der Seite her an. «Kapitän, bei Euch alles in Ordnung?»

«Aber ja», antwortete dieser. «Ich mache mir nur Gedanken, wie wir die Herzogin überzeugen können.»

Sven sagte nichts dazu, hob aber eine Augenbraue. Er wunderte sich schon den ganzen Tag über die gedankliche Abwesenheit seines Kapitäns.

Peter von Savoyen erschien irgendwann am Eingang des Haupthauses, erkannte die beiden Söldner vor der Kirche und schlenderte langsam zu ihnen herüber. Sie hatten weder ihn noch die Herzogin bisher zu Gesicht bekommen.

«Ein wunderbarer Tag», begrüsste er sie und Matthias und Sven standen auf.

«Herr Fürstbischof.» Sie verneigten sich beide.

«Ich denke, das Wetter wird umschlagen, spätestens morgen Abend wird es regnen», sagte er, bekam aber von beiden keine Antwort.

Der Fürstbischof seufzte. «Wenn es Euch beliebt, heute Abend gebe ich einen Gottesdienst in unserer Kapelle Saint-Chapelle.» Er zeigte dabei auf die Kirche hinter ihnen. «Wir haben hier eine äusserst seltene und wertvolle Reliquie.» Peter lächelte, als er Matthias fragenden Blick sah. «Etwas Heiligeres habt Ihr noch nie gesehen und wir geben immer wieder mal einen speziellen Gottesdienst dafür. Ihr werdet schon sehen.»

«Und wann sprechen wir mit der Herzogin?», fragte Matthias ungeduldig und ohne auf die Einladung des Fürstbischofs einzugehen.

Peter nickte. «Ihr werdet heute Abend vor dem Gottesdienst mit uns speisen. Ich werde Euch rufen lassen.»

Er drehte sich wieder um und ging langsamen Schrittes davon.

Matthias zog wieder seine besten Kleider über, welche gewaschen und gefaltet auf seinem Bett gelegen hatten. Dann reinigte er seine Stiefel und schliesslich seinen Hut.

Der Fürstbischof hatte ihnen ausrichten lassen, sich bereit zu machen. Ein Diener holte die beiden Söldner aus den Zimmern und führte sie über den Hof zu dem Haupthaus. Am Fusse der Treppe wartete Peter von Savoyen auf sie. Er musterte die beiden Söldner von oben nach unten, nickte dann zufrieden und führte sie die Treppe hinauf und durch einen langen Gang.

Sie betraten die grosse Halle.

Die Halle war mindestens so gross, wie diejenige in der Burg Chillon, jedoch war sie um ein Vielfaches prunkvoller ausgestattet. Die grossen Querbalken an der Decke ruhten auf geschnitzten, konsolenartigen Steinen. Darüber lagen die Längsbalken für die oberen Stockwerke. Alle waren mit buntesten Farben bemalt. Der Fussboden bestand aus glasierten und farbigen Tonfliessen, diese zeigten mosaikartig verschiedene Tiere und Pflanzenarten. Als Fenster dienten, wie auch in ihren Schlafgemächern, kleine, in Blei gefasste Butzenscheiben. Diese hier waren jedoch nicht einfach weiss, sondern ebenfalls in bunten, passenden Farben gehalten. Davor hingen hohe, dichte Vorhänge in grüner Farbe, mit roten und weissen Verzierungen. Alle Wände waren mit Teppichen überzogen in den Farben rot, grün, ockergelb und blau. Sie zeigten ausschliesslich Blumenmuster und rote Sterne auf gelbem Grund.

An der grossen Wand zwischen zwei Fenstern lag ein riesiger Kamin, in dem ein kleines Feuer brannte. Auch der Kamin war mit Teppichen verkleidet, dieser hier zeigte Musiker mit verschiedenen Instrumenten und zu der Musik tanzenden Frauen. Begrenzt wurde der Kamin durch zwei gemauerte Kragsteine, darauf standen schöne, silberne Kerzenhalter.

Vor dem Kamin standen zwei geschnitzte und mit bunten, wunderschön gewebten Stoffen bezogene Holzbänke. Darauf lagen seidene Kissen in passender Farbe. Über den Bänken hing von der Decke ein riesiger Kronleuchter aus geschmiedetem Eisen, versehen mit einer Unzahl Öllampen. Im Rücken der linken Bank befand sich eine grosse Tafel, auf einem grossen Teppich stehend gehalten in denselben Farben wie diejenige an den Wänden. Am Tisch stand eine Vielzahl von geschnitzten Stühlen und an der Stirnseite ein einzelner Stuhl mit hoher Lehne und Armlehnen. Dieser schien aus Gold zu sein oder war zumindest goldfarben lackiert. Dahinter befand sich eine grosse Kommode, ebenfalls reichlich verziert mit Schnitzereien. Darauf waren wunderschöne Glaskaraffen mit verschiedenen Getränken sowie passende Gläser auf hohen Stielen zu erkennen.

Die Herzogin sass auf der rechten Bank.

Sie trug ein goldgelbes Kleid mit engen roten Ärmeln und tiefem, v–förmigem Ausschnitt. Darunter ein durchsichtiges Unterkleid, wodurch der Ansatz ihrer Brüste zu sehen waren. Eine dünne Kette aus Silber mit einem Anhänger mit drei grossen Perlen lag um ihren schmalen Hals.

Passend zu der Farbe der Ärmel war das Kleid mit einem roten Gürtel geschnürt. Es fiel bis auf den Boden. Ihre Haare waren streng nach hinten frisiert und auf ihrem Kopf sass eine kleine Haube von derselben goldgelben Farbe wie das Kleid. Von der Haube fiel ein Schleier über ihre Schultern, er bestand aus demselben dünnen, durchsichtigen Stoff wie das Unterkleid. Kleine Ohrhänger, ebenfalls in Silber und mit je einer Perle besetzt, baumelten von ihren Ohren.

Sie sah die Ankömmlinge mit ihren blauen Augen an. Diese hatten die Farbe eines klaren Bergsees.

Matthias blieb abrupt mitten in der Bewegung stehen.

Herzogin Jolanda lächelte, kleine Grübchen zeigten sich neben ihren Augen und schneeweisse Zähne blitzten hinter den vollen Lippen.

«Bitte werte Herren, tretet näher.» Jolanda lächelte immer noch, sah dabei nur Matthias an.

Peter von Savoyen bemerkte den Blick seiner Regentin, neigte leicht den Kopf und runzelte die Stirn.

Die Herzogin zeigte mit der Hand auf die gegenüberliegende Bank. «Bitte setzt Euch.»

Matthias zwang sich, weiterzugehen. Sven, er und der Fürstbischof verbeugten sich und setzten sich auf die Bank.

Jolanda lächelte immer noch, sah sie mit ihren blauen Augen an. « Monsieur von Altstetin, Ihr habt einen Brief für mich?» Sie sprach mit einer leisen, sanften Stimme.

Matthias stammelte vor sich hin, versuchte den Brief aus seinem Wams zu ziehen. Er fingerte ihn hervor, liess ihn dann jedoch auf den Boden fallen. Peter von Savoyen, der links von ihm sass, bückte sich und immer noch stirnrunzelnd, hob den Brief auf und händigte ihn an seine Herzogin aus.

«Ent... Entschuldigt bitte, meine Herzogin», murmelte Matthias.

Jolanda lehnte sich zurück, besah sich für einen Moment das Siegel von Hans Waldmann. Dann zerbrach sie es, rollte das Papier auseinander und las. Als sie den Brief beendet hatte, begann sie nochmals von vorne. Sie las ruhig und konzentriert, dann legte sie das Papier neben sich auf die Bank.

Das Lächeln war aus ihrem Gesicht verschwunden.

«Wer ist dieser», sie sah kurz auf den Brief, «Hans Waldmann?», fragte sie dann ernst.

«Er ist der Hauptmann von Zürich», antwortete Matthias. «Und mein Freund.»

«So», machte die Herzogin und zog leicht eine Augenbraue hoch, «und, was interessiert Zürich die Anliegen Savoyens?»

«Meine Herzogin ...», machte Peter, aber Jolanda schnitt ihn mit einer knappen Handbewegung das Wort ab. «Lasst Herrn von Altstetin antworten.»

Matthias räusperte sich. «Die Stadt Zürich ist das älteste Mitglied der Eidgenossenschaft, abgesehen von den drei Gründungsorten.» Er machte eine Pause, Jolanda sah ihn nur an. «Die Stadt Bern gehört ebenfalls dazu und unterdessen noch weitere Orte wie Luzern oder Glarus.»

Sie unterbrach ihn: «Das wissen wir alles.»

«Die Stadt Zürich, wie auch andere Orte unserer Gemeinschaft hat wirtschaftlich schwer gelitten unter der Herrschaft des burgundischen Vogts Von Hagenbach und hat deshalb Bern unterstützt, als nach dessen Hinrichtung Herzog Karl gegen Grandson gezogen ist, um Rache zu nehmen.»

Sie lachte ihr helles Lachen. «Das war doch keine Rache, mein werter Herr von Altstetin. Das war einfach eine Expansion seines

Gebietes, und die Hinrichtung durch die Stadt Bern und die Eidgenossenschaft kam ihm da sehr gelegen.»

«Wie Ihr es auch immer nennen möget, verehrte Herzogin, Karl griff Bern an.» Matthias machte eine kurze Pause. «Zugegebenermassen, aufgrund der Hinrichtung seines Vogtes. Aber ich wäre nicht überrascht, wenn dies alles sein Plan gewesen wäre.»

Jolanda zuckte mit ihren schmalen Schultern. «Ihr wisst, dass ich ein Bündnis habe mit Herzog Karl.» Als Matthias nickte, fuhr sie fort: «Und jetzt hat Bern einen meiner Grenzorte angegriffen und ihn eingenommen. Wie hiess der Ort noch?» Sie sah Peter an.

«Erlach», antwortete dieser prompt.

«Erlach, stimmt. Und jetzt erscheint Ihr hier und versucht zu verhindern, dass ich an der Seite von Karl gegen Bern ziehe.» Es war keine Frage.

«Warum sollte ich nicht?» Das war die Frage.

«Wir haben Karl in Grandson schwer geschlagen», antwortete Matthias trocken. Dass auch Jolanda in einem kurzen Feldzug gegen die Sieben Zehnden im Wallis den Kürzeren gezogen hatte, erwähnte er selbstverständlich nicht.

«Dem ist so», sie stimmte ihm bei. «Er mag ja nicht unbedingt der klügste Taktiker sein.» Matthias sah, wie der Fürstbischof nickte. «Und der Plan von Eurem Heer war gut ausgedacht und durchgeführt, das muss ich zugeben.»

«Es war Hauptmann Hans Waldmanns Plan», warf Matthias ein und sie zog überrascht die Augenbrauen hoch.

«Dieser Hans Waldmann?» Sie zeigte auf den Brief und Matthias nickte.

«Ein wirklich kluger Plan», stimmte Peter von Savoyen zu. «Zuerst die Erstürmung des Vorpostens, dann die Teilung des Heeres und die Zerstörung seines Lagers.» Er nickte zustimmend. «Ein Einfall in den hinteren Teil und schon war der gute Herzog in Panik.»

Matthias sagte nichts.

«Wart Ihr bei der Schlacht auch mit dabei?», fragte die Herzogin und als Matthias nickte, «Mitten im Heer?»

«Majestät», antwortete Matthias, «es war Sven», er zeigte auf den Hünen, welcher aber nichts verstand und sichtlich unwohl auf dem Sofa hin und her rutschte, «der den hinteren Teil des Lagers eingenommen hatte.»

Sie zog wieder ihre Augenbrauen hoch, musterte den riesigen Mann. «Unter Eurem Kommando?»

«Unter meinem Befehl, ja.»

«Und Ihr?»

«Lasst Euch doch nicht alles aus der Nase ziehen, Herr Kapitän», tadelte Peter.

Matthias seufzte. Schliesslich erzählte er: «Es war meine Truppe, die Vaumarcus … den Vorposten eingenommen hatte. In der Nacht vor der Schlacht erstürmten wir die Burg.»

«Mit wie vielen Mann?», fragte der Fürstbischof interessiert.

«Fünfzehn», antwortete Matthias wahrheitsgemäss.

«Fünfzehn? Für eine ganze Burg?» Peter zweifelte, was gut an seiner Stimme zu hören war.

«Es war eine kleine Burg.» Matthias zuckte mit den Schultern. «Wir stiegen über Leitern in das erste Stockwerk und überraschten die Besatzung kurz vor dem Morgengrauen.»

Jolanda nickte beeindruckt.

«Danach versteckten wir uns im Wald oberhalb des Schlachtfeldes und warteten, bis die Schlacht begann. Dann fielen wir direkt in das Lager ein.»

«Mit nur fünfzehn Mann?», fragte nun auch die Herzogin.

Matthias sah sie an, lächelte verlegen. «Sven hatte den Befehl, mit einem Teil meiner Männer in den hinteren Teil des Lagers einzufallen, um dort für Unruhe und Aufruhr zu sorgen. Er war es auch, der das Pulverdepot in die Luft sprengte.» Er machte eine Pause, keiner sonst sprach. «Ich nahm mir mit fünf Männern das Zelt von Herzog Karl.»

Jolanda sog hörbar die Luft ein.

«Ihr wart das?», rief sie. «Ihr habt den Schatz erbeutet?»

Matthias zuckte mit den Achseln, lächelte erneut verlegen.

«Was für eine Geschichte», machte Peter leise und nickte anerkennend und zu seiner Herzogin gewandt: «Wir sollten diese Zürcher nicht unterschätzen, Hoheit.»

In diesem Augenblick wurde die Tür geöffnet und die Dienerschaft erschien mit dem Essen.

Das Gespräch war unterbrochen.

Sie sassen an der grossen Tafel, welche überstellt war mit auserlesenen und hervorragend zubereiteten Speisen. Dazu gab es wieder denselben, vorzüglich Wein und für Sven einen grossen Krug Bier.

Nach dem Essen fragte der Hüne, ob er sich entschuldigen dürfte, Matthias übersetzte für die Herzogin und diese nickte. Sven machte sich schnell aus dem Staub, nicht ohne sich vorher ungelenk verbeugt und für das Essen gedankt zu haben.

Jolanda lehnte sich auf ihrem Stuhl zurück und wartete, bis der Riese den Saal verlassen hatte.

Sie blickte Matthias über die Tafel hinweg an. «Mein werter Herr, ich weiss immer noch nicht, warum ich mein Bündnis mit Karl brechen soll. Auch wenn ich jetzt weiss, dass Ihr erstzunehmende Gegner zu sein scheint.»

«Hoheit», Matthias schob seinen Teller von sich und lehnte sich ebenfalls auf seinem Stuhl zurück, «Karl hat in Grandson den grössten Teil seiner Artillerie und praktisch alles von seinem Vermögen verloren. Dazu wird sicher das Vertrauen seiner Männer in ihn sehr stark erschüttert worden sein, nachdem sie in Neuss unverrichteter Dinge abgezogen waren und in Grandson gegen uns … die Eidgenossen verloren haben.» Er machte eine Pause, um seine Worte wirken zu lassen. «Jetzt ist er auf dem Weg nach Lausanne, um sein Heer neu zu sammeln und um dann nach Murten zu ziehen. Und das Ganze, ohne sich mit Euch abzustimmen. Die Eidgenossen aber wissen, was er vorhat. Und Ihr habt selbst bemerkt, er ist kein guter Stratege. Wenn nötig, werden wir ihn nochmals bezwingen.» Wiederum machte er eine Pause und Jolanda sah ihn weiterhin unentwegt, aber schweigend an. «Mit Savoyen an seiner Seite wird dies nicht anders sein, auch wenn es für uns dann viel schwerer sein dürfte.»

Peter von Savoyen sog die Luft ein. «Wie könnt Ihr es wagen?», rief er.

«Herr Fürstbischof, ich will keineswegs die Stärke Eures Heeres, oder Euren Befehlshabern infrage stellen. Und vor allem nicht diejenige von Euch oder der Herzogin.» Matthias neigte den Kopf. «Aber ich kann mir auf keinen Fall vorstellen, dass sich Karl unter den Befehl von Herzogin Jolanda stellt.» Er schüttelte den Kopf. «Auf keinen Fall würde er das, dafür ist er viel zu stolz.»

Der Fürstbischof nickte zustimmend, jedoch mit einem etwas zerknirschten Gesichtsausdruck.

«Und ich denke auch», fuhr Matthias fort, «dass Savoyen und die Eidgenossenschaft sicher mehr voneinander profitieren können, wenn das Burgund nicht immer ihr eigenes Spiel spielt.» Er wartete, sah dabei die Herzogin an, sie antwortete jedoch nicht, hielt aber seinem Blick stand.

Dann stellte Matthias die Frage, wovor er sich am meisten fürchtete: «Wie sieht das der König, Euer Bruder?»

Jolanda blickte ihn weiter mit ihren blauen Augen an, dann lächelte sie. «Das ist es also, Herr von Altstetin. Ihr habt Befürchtungen, dass sich mein werter Herr Bruder, der König von Frankreich einmischen könnte, vielleicht sogar auf Seiten Karls oder der meinigen.»

Matthias presste die Lippen zusammen. «Ja, Hoheit», antwortete er schliesslich, «das ist meine Befürchtung.»

Sie stützte sich mit den Ellbogen auf dem Tisch ab, faltete ihre Hände. Eine etwas wenig herzogliche Haltung.

«Ihr Eidgenossen hattet nie einen König?», fragte sie dann und als Matthias den Kopf schüttelte, fuhr sie fort; «Ihr habt nicht viel Ahnung, wie Könige so funktionieren.» Sie lächelte wieder ihr entwaffnendes Lächeln, blickte dann zum Fürstbischof. «Was meint Ihr Herr Peter, was hält König Louis von meinem Bündnis mit Karl?»

Dieser lächelte, entspannte sich. «Nicht viel, Hoheit.»

Sie sah wieder zu Matthias. «Da habt Ihr es gehört, Herr von Altstetin. Mein Bruder hält nicht viel von meinem Bündnis mit Herzog Karl von Burgund. Im Gegenteil, er ist überhaupt nicht angetan davon.»

Sie sah Matthias Erleichterung und fuhr fort: «Ein König will, nein, muss, immer der Mächtigste sein. Der mit den grössten Ländereien, der mit dem grössten Heer und vor allem der mit dem meisten Geld. Weil genau das gibt ihm somit auch die grösste Macht.» Sie machte eine Pause und atmete einmal tief ein und aus. «Das Burgund ist Louis zu gross geworden und Herzog Karl zu mächtig. Und mit dem Land, um das er mit der Stadt Bern oder mit Euch streitet, wird er immer mächtiger. Er braucht dieses Land, um damit seine Ländereien im Norden mit denen im Süden zu verbinden.» Wieder diese kurze Pause. «Wisst Ihr eigentlich, dass Karl eine Königskrone wollte? Nicht? Aber ja! Nur durch geschickte Schachzüge von Louis, meinem Bruder, hat dies der Kaiser Friedrich abgelehnt. Sonst wärt Ihr einem König entgegengetreten.»

Matthias war überrascht, davon hatten weder er noch Waldmann etwas geahnt.

«Ihr seht», fuhr sie fort, «mein geliebter Bruder Louis, der König von Frankreich, war gegen mein Bündnis mit Herzog Karl.» Sie hob ihr leeres Glas und sofort kam ein Diener herbeigeeilt, schenkte ihr nach. «Er wollte mich sogar entmachten, hatte den Plan, einen anderen Regenten einzusetzen. Doch ich», sieh sah Peter an und korrigierte sich, «wir wussten dies zu verhindern. Aber das Bündnis mit Karl half uns trotzdem. Ich wollte keinesfalls in diesen Konflikt zwischen ihm und Euch hineingezogen werden. Mir hat das Fiasko im Wallis gereicht.» Sie sah, dass Matthias nickte. Dann seufzte sie. «Und, jetzt seid Ihr hier und zieht mich und damit Savoyen trotzdem mit hinein.»

«Meine werte Hoheit», entgegnete er, «auf keinen Fall. Wir wünschen, dass Ihr Euch da heraushaltet. Heraushalten könnt. Wir werden mit ihm fertig, früher oder später und dann habt Ihr die Möglichkeit, Teile seiner Ländereien zu übernehmen.»

«Früher», machte sie und nahm einen Schluck Wein, «oder später. Und es ist das Später, welches mir nicht gefällt.»

«Das verstehe ich», entgegnete Matthias «aber ich verspreche Euch, wir werden mit ihm fertig. Und entweder ist er danach ein Niemand oder …» Er liess den Satz unvollendet.

«Tot.» Jolandas Lächeln war verschwunden, sie blickte ihn ernst an. «Ihr versprecht das, Herr von Altstetin?»

«Ja, meine Hoheit», antwortete er, ebenso ernst. «Das verspreche ich Euch.»

Es folgte Schweigen.

Es dauerte lange.

Schliesslich war es wieder Jolanda, die es letztendlich brach: «Herr von Altstetin, ich werde es mir überlegen und Euch eine Antwort zukommen lassen. Das ist meine Entscheidung!»

Somit war das Gespräch beendet.

* * *

Peter von Savoyen und Matthias standen auf.

«Eure Hoheit», sagte der Fürstbischof, «ich muss den Gottesdienst von später vorbereiten. Ihr kommt doch wohl?»

Jolanda sah ihren Berater an, sagte aber nichts.

«Nun gut, wenn Ihr mich bitte jetzt entschuldigen würdet.» Er verbeugte sich tief und wandte sich zum Gehen.

Auch Matthias verbeugte sich und bedankte sich für das Mahl sowie für die Unterhaltung. Er war schon fast an der Tür, als die Herzogin sich ebenfalls von der Tafel erhob. «Herr von Altstetin!»

Er drehte sich um.

«Würdet Ihr mir die Ehre erweisen, sich mit mir noch ein wenig zu unterhalten?»

Peter von Savoyen, der noch unter der Tür stand, runzelte wieder die Stirn.

«Lasst uns alleine!», befahl die Herzogin mit scharfer Stimme an die Dienerschaft gewandt und der Fürstbischof sowie alle Diener verliessen den Saal. Nur Matthias blieb zurück vor der Tür stehend, unsicher, was er jetzt tun sollte.

Die Prinzessin nahm sich ihr halb volles Weinglas und ging wieder zu den beiden Bänken vor dem Kamin. Das Feuer darin brannte immer noch und gab eine wohlige Wärme ab.

«Wollt Ihr dort vor der Tür stehen bleiben oder mir etwas Gesellschaft leisten, werter Herr?», fragte sie und Matthias ging langsam und unsicher zu den Bänken, setzte sich der Herzogin gegenüber.

Sie sah ihn an, wieder mit demselben Gesichtsausdruck wie im Stall am vorigen Abend. Matthias wurde verlegen, versuchte ihrem Blick auszuweichen.

«Matthias von Altstetin», sprach sie mit dieser ihm so bekannten und lieb gewonnenen, sanften, leisen Stimme. Er war verblüfft, wie sie zwischen einer Herzogin, der Regentin eines Reiches und einer normalen Person wie dem einfachen Stallmädchen, hin und her wechseln konnte.

Jolanda schob sich die Haube vom Kopf und löste die Nadeln, die ihr Haar hielten. Sie schüttelte den Kopf und ihre braunen Locken fielen wie ein Wasserfall über ihre Schultern. Dann sahen ihre blauen Augen ihn wieder an, direkt, gross, offen. Sie beugte sich leicht vor.

«Erzählt bitte von Euch», forderte sie ihn auf.

Matthias seufzte tief, sah sie an. «Darf ich, meine Herzogin?», fragte er dann und zeigte auf ihr Weinglas. Sie winkte nur mit der Hand und er erhob sich, holte sich sein Glas von der Tafel und setzte sich wieder ihr gegenüber auf die Bank.

«Erzählt von Euch», forderte sie ihn noch einmal auf und jetzt begann Matthias zu erzählen.

Von sich, von seinen Söhnen, von Hans Waldmann, Sven von Einsiedeln, den Männern in seiner Truppe, dem Tod seiner geliebten Frau, von seiner Heimat, von seinem Leben als Söldner.

Es war, als kannte er sie schon sein ganzes Leben.

Sie hörte ihm einfach nur zu, unterbrach ihn nie, stellte keine Fragen. Die ganze Zeit über aber sah sie ihn mit ihren blauen Augen an.

Als er schliesslich endete, verharrte sie lange in Schweigen. Ein feines, leichtes Lächeln umspielten ihre Lippen. Sie hielt ihr Glas immer noch in derselben Position wie zu Beginn seiner Erzählung.

Dann stellte sie es vorsichtig auf das Sofa, stand plötzlich auf. «Geht Ihr mit mir ein paar Schritte, Monsieur?»

«Aber gern, meine Herzogin», stammelte er. «Aber … Müssen wir nicht … zum Gottesdienst?»

Sie lachte, winkte ab. «Wollt Ihr lieber zum Gottesdienst mit Fürstbischof Peter von Savoyen oder mit», sie unterbrach sich für einen Moment «ihrer Herzogin ein paar Schritte an die frische Luft?»

«Ist es eigentlich wahr …?»

«Was meint Ihr?», fragte sie mit unschuldiger Stimme, als er seine Frage nicht beendete.

«Ach, Ihr wisst schon …» Sie sah ihn an, ein leichtes, undefinierbares Lächeln auf den Lippen.

«Ihr wisst schon, das mit dem Tiger.» stammelte Matthias weiter und sie lachte laut und herzhaft, jedoch ohne Verhöhnung, einfach nur ehrlich.

«Ob es stimmt?» sprach sie dann. «Tja, das kommt darauf an, wer fragt.»

Matthias errötete und sie lachte noch einmal ihr bekanntes, helles Lachen. «Kommt, mein Lancelot, gehen wir in den Park.»

Sie führte ihn nach draussen auf den Hof, wo die Menschen der Burg zur Kirche strömten. Matthias erkannte Sven, der alle überragte, an der Seite der Magd, ebenfalls auf dem Weg in die Kapelle. Niemand sah sie.

«Kommt, mein Herr», flüsterte Jolanda und führte Matthias am Arm durch die Schatten zu einer kleinen Tür, welche zuhinterst in der Burg einen Durchgang durch die Wehrmauer bot.

Vor der Tür blieb Matthias stehen. «Meine Hoheit», meinte er nur und sie lachte wieder.

«Mein Herr Kapitän, Ihr habt eine Burg ganz allein eingenommen, den Schatz von Karl dem Kühnen erobert», sie hob einen Finger, als er etwas entgegnen wollte, machte eine kurze Pause, lachte immer noch, «aber Ihr getraut Euch nicht, mit einer Herzogin durch diese Tür zu gehen?»

Matthias schluckte und bot ihr schliesslich seinen Arm an.

«Na, geht doch», meinte sie, öffnete das Schloss und die Türe und trat hindurch ins Freie.

Er zögerte kurz. Matthias wusste, dass, nachdem er durch diese kleine Tür hindurch gegangen war, sein Leben nie wieder dasselbe sein würde.

Dann trat er hinaus.

Draussen, ausserhalb der Burg, jedoch direkt an sie angrenzend, war ein grosser Park. Nur erhellt vom sanften Licht des aufgehenden Mondes.

Wege aus Kies führten zwischen Bäumen und durch Wiesen. Jolanda leitete ihn sicheren Schrittes durch die Dunkelheit, bis sie schliesslich zu einer grossen Linde kamen, die, leicht erhöht, allein auf einer Wiese stand. Sie führte Matthias hinauf, raffte unter dem Baum angekommen ihr Kleid und setzte sich einfach in das Gras. Am Arm zog sie Matthias hinunter.

«Dürft Ihr das, Hoheit?», fragte er, immer noch unsicher.

«Was meint Ihr, werter Herr?» Sie kicherte.

Er atmete tief, sog die Luft tief in seine Lungen, roch ihren lieblichen Duft von Lavendel und Jasmin. «Ich weiss nicht», sagte er unsicher.

Sie gab ihm keine Antwort. Dafür legte sie sich flach auf den Rücken. «Legt Euch neben mich, mein Lancelot.»

Matthias tat ungelenk, was sie ihn hiess, wusste nicht, worauf sie hinauswollte.

Lange lag Jolanda einfach nur da und sah in den Himmel.

«Sehr Ihr die Sterne?», fragte sie leise. «Sie sind so weit und doch so nah.» Ihre Stimme war für ihn wie aus Silber, floss durch ihn hindurch.

Er drehte sich zur Seite und stützte sich auf seinen Ellbogen. Er sah ihr Profil in der Dunkelheit. Ihre kleine Nase, die hohe Stirn, ihre Lippen.

Sein Herz brannte.

Brannte immer noch, seitdem sie ihn im Stall mit dem Finger berührt hatte.

«Manchmal liege ich einfach hier und stelle mir vor, ich könnte fliegen. Fliegen wie ein Vogel. Und dann immer höher, noch höher hinauf bis zu den Sternen.» Jolanda sprach eigentlich mehr zu sich selbst als zu ihm. «Ich würde so gerne zwischen den Sternen hindurch fliegen, einige von der Ferne sehen, andere dagegen wieder von ganz nah.»

Er konnte ihre Augen glitzern sehen in der Dunkelheit.

Plötzlich drehte sie ihren Kopf, wandte sie sich ihm zu.

Die Leichtigkeit, die Helligkeit in ihrer Stimme war gewichen. Sie sprach dunkel, irgendwie leer.

«Mein Mann ist vor drei Jahren verstorben. Er war krank, schon die ganze Ehezeit über. Seitdem …», sie stockte, «seitdem war ich nur noch Herzogin, eine Prinzessin Frankreichs, die Schwester des Königs, die Regentin Savoyens.» Sie machte eine Pause. Matthias getraute sich nicht, sie zu unterbrechen.

«Immerzu war Savoyen, mein Land und vor allem die Menschen hier, alles was mir am Herzen lag.» Jolanda seufzte tief, machte wieder eine lange Pause, «Warum musstet Ihr hierherkommen, mein Lancelot.»

Es war keine Frage und Matthias wusste dies.

Er antwortete nicht.

Kapitel V

Keine Kerze brannte. Das Feuer im Kamin war fast erloschen, doch die Wärme des Tages verharrte in seinem Zimmer. Trotzdem fröstelte es ihn. Matthias lag im Bett, nur noch bekleidet in seinen ledernen Hosen. Seine Gedanken rasten. Zwischen Jolanda und seinen Söhnen, Jolanda und Hans Waldmann, Jolanda und seiner verstorbenen Frau.

Jolanda und seinem ganzen Leben.

Er lag auf dem Bett und blickte an die Decke. Er sah die geschnitzten Balken, die Farben, welche sich in der Dunkelheit kaum voneinander unterschieden.

Das schummrige Licht der Fackeln auf dem Burghof drang durch die Fenster, tauchten sein Zimmer in verschiedenste grau und schwarztöne.

Sein Hemd und sein Wams lagen unordentlich auf dem Boden, da, wo er sie einfach hingeworfen hatte.

Ein leises Klopfen.

Noch bevor er etwas sagen konnte, schwang die Tür auf und eine Gestalt schien in sein Zimmer zu schweben. Die Gestalt schloss die Tür leise hinter sich. Stand danach unbewegt da, stand einfach nur da.

Sie war bekleidet mit einem langen Mantel. Dann ein Rascheln, als der Mantel zu Boden fiel. Darunter trug die Gestalt ein langes, weisses Nachthemd aus dünnem, durchsichtigem Stoff.

Matthias konnte ihre Konturen im schwachen Lichte sehen.

Eine hohe Stirn, umrahmt von vollen Locken, die ihr über Hals und Schultern fielen. Der Hals war schmal und sass auf ebensolchen Schultern. Feste, wohlgeformte Brüste, eine schmale Taille, schlanke Beine, das dunkle Dreieck dazwischen.

Das Glitzern zweier Augen.

Ein erneutes Rascheln und die Erscheinung schwebte durch das Zimmer. Sie blieb am Fussende des Bettes stehen.

«Hoheit», sagte Matthias, aber sie hob einen Finger, legte ihn leicht auf ihre vollen Lippen. Sie öffnete ein Band und das Nachthemd fiel zu Boden. Sie kam auf das Bett, kam zu ihm hoch.

Die Spitzen ihrer Brüste glitten sanft über seine Haut. Er verspürte, wie hart sie waren. Die Locken ihrer Haare fielen auf seinen Oberkörper. Jolandas Gesicht verharrte über seinem. Er nahm ihren Atem wahr, ihren Duft von Lavendel und Jasmin, die Wärme ihres Körpers.

Ihre Lippen berührten die seinen. Sanft, als wäre es nur der Hauch eines Windstosses. Er legte seine Hände leicht um ihr Gesicht, spürte wieder dieses Brennen, wie es durch seine Arme floss, hinein in sein ganzes Wesen.

Er erwiderte den Kuss. Ebenso sanft, zuerst, dann immer stärker, heftiger. Ihre Brüste drückten auf seinen Oberkörper, er spürte die Spannung in ihr.

Ihre Hitze. Ihr Verlangen.

Sein Verlangen.

Der Kuss dauerte eine Ewigkeit. Sein ganzes Leben.

Er legte seine Arme um sie, hielt sie fest, wollte sie nie wieder loslassen, diesen Kuss bis zur Unendlichkeit weiterführen.

Und doch löste sie sich von ihm, drehte sich zur Seite, begann an seinem Gurt zu nesteln, öffnete seine Hosen.

Sie nahm ihn. Mit der Selbstverständlichkeit einer Prinzessin, mit der Sanftheit ihres Wesens, mit der Heftigkeit einer Walküre. Ihre Hände brannten auf seiner Brust, brannten sich in ihn hinein.

Er streichelte ihre Brüste, und sie stöhnte. Ihre Augen waren weit geöffnet, sahen ihn an. Nie löste sie den Blick.

Und dann …

Dann konnte sie fliegen. Wie ein Vogel. Flog hoch hinauf zu den Sternen und dazwischen hindurch.

Jolanda schrie auf. Und er mit ihr.

Sie liebten sich, wieder und wieder.

Es war, als würden sie sich gegenseitig mit jedem Akt neues Leben einhauchen. Als hätten sie ihr Leben als tote Geister verbracht und plötzlich, urplötzlich, würden sie wieder auferstehen. Wie eine Rose, abgestorben und dann doch wieder erblühend.

Schliesslich kuschelte sie sich in seine Arme, schmiegte sich fest an ihn. Ihre Augen waren geschlossen, der Atem regelmässig. Matthias hielt sie fest. Wollte ihre Haut spüren, weich, sanft, warm. Wollte ihren Geruch riechen, nach Lavendel und Jasmin.

Es war völlig still. Nur Jolandas leiser Atem war zu vernehmen. Draussen hielt die Welt den Atem an. So wie er.

Jolanda seufzte leise, öffnete ihre Augen. Er lächelte sie an.

Sie löste sich von ihm, schwang sich nackt aus dem Bett. Dann ging sie zu einem der Fenster und öffnete es. Matthias konnte hören, wie sie die frische Luft einsog.

Er sah sie an, einfach nur an.

Es war, als leuchtete ihr Körper in der Dunkelheit, glühte. Erhellt und gewärmt von einem inneren Feuer, welches nach so vielen Jahren wieder entflammt worden war. Ein Feuer, das irgendwann erloschen und für immer verschwunden war. Um sich nie wieder zu entzünden. Tot.

Und doch, jetzt, in diesem Moment war es wieder da, plötzlich und ohne Vorwarnung. Mit einer Heftigkeit, wie sie es nicht für möglich gehalten hatte. Leben.

Und er verspürte dasselbe.

Dasselbe Brennen.

Dasselbe Feuer.

Dasselbe Leben.

«Was machtet Ihr eigentlich abends im Stall, verkleidet als einfaches Stallmädchen?», fragte Matthias schliesslich und sie lachte laut und hell. Sie drehte sich zu ihm um und sah ihn durch die Dunkelheit an. Er konnte das Glänzen ihrer Augen sehen.

«Ihr dürft dies aber Peter nicht erzählen.» Sie grinste über das ganze Gesicht. «Ich stehle mich immer wieder mal hinaus, gehe einfach reiten oder spazieren. Ab und an muss ich einfach hinaus, brauche etwas Zeit und Luft für mich.»

«Weiss der Fürstbischof dies nicht?»

Sie macht ein entrüstetes Gesicht. «Der würde mich in den Kerker werfen lassen.» Sie lachte laut. «Auf keinen Fall! Versprecht es, dass Ihr ihm nichts erzählt!»

«Ich verspreche es, meine …» Er stockte, lächelte dann. «Meine Guinevere.»

«Oh mein Lancelot, was für ein edler Ritter Ihr doch seid.» Wieder diese sanfte, leise Stimme. Ernst und doch so voller Lebendigkeit.

Jolanda zog ihr Nachthemd über die Schultern, liess es über ihren Körper fallen. Dann hob sie ihren Mantel vom Boden auf und legte ihn sich um die Schultern.

Wortlos drehte sie sich um, ging zur Tür. Sie öffnete sie, blickte nochmals über die Schultern zurück. «Ich werde mein Bündnis mit Karl auflösen und das mit Eurer Eidgenossenschaft erneuern.» Ihre Stimme war ernst, wenn auch immer noch sanft. «Morgen werde ich Boten aussenden, an Herzog Karl, wie auch an Hauptmann Waldmann.»

Dann war sie verschwunden.

Matthias sah lange auf die geschlossene Tür. «Danke, meine Prinzessin», sagte er leise.

Er schlief wie ein Murmeltier.

* * *

Die Herzogin hielt Wort. Schon am darauffolgenden Morgen ritten Boten weg, jeder mit einem Brief und einer Nachricht im Gepäck.

In den folgenden Tagen ritten die Herzogin und Matthias oft zusammen aus. Zuerst nur abends, nach einem gemeinsamen Essen, dann später sogar während des helllichten Tages. Oft ritten sie hinaus in die Ländereien, weit ausserhalb der Stadt. Sie genossen die Zeit zusammen, legten sich auf Wiesen und Auen, liebten sich unter den warmen Sonnenstrahlen des Sommers.

Das Leben um sie herum existierte in solchen Momenten nicht mehr. Kein Herzog Karl, keine Eidgenossenschaft, kein Hans Waldmann. In diesen Momenten gab es nur noch sie beide.

Allein auf der Welt.

Lancelot und Guinevere.

Sie versuchten nur halbherzig, ihre Liebe zueinander zu vertuschen, aber alle konnten die Blicke sehen, die leichten Berührungen. Spürten die Funken zwischen den beiden Liebenden.

Die ganze Burg tuschelte hinter ihrem Rücken und Peter von Savoyen beäugte die Sache mit zunehmendem Argwohn. Doch er sprach den Söldner nicht darauf an. Alle sahen, wie die Regentin aufblühte. Wie ihr Gemüt erstrahlte, wie die Sonne am Himmel.

Sven, der viel Zeit mit seiner kleinen Magd oder in den Tavernen und Geschäften der Stadt verbrachte, sprach seinen Kapitän darauf an, doch Matthias Antwort war so knapp und unwirsch, dass er beschloss, es einfach dabei zu belassen.

Es war Nachmittag, die Sonne stand hoch in einem sonst makellosen blauen Himmel.

Sven und Matthias sassen auf der Treppe vor der Kirche, wie sie es oft taten um diese Tageszeit.

«Kapitän», die Stimme des Hünen klang ernst, «wir sollten aufbrechen.»

Matthias sah seinen Weggefährten an, sein Blick sagte alles. Er wollte nicht fort, wollte nie wieder hier weg. Und doch, auch er wusste es. Karl brauchte höchstens zwei, vielleicht drei Monate, um sein Heer zu sammeln und um dann nach Murten zu marschieren.

Und vor Murten wartete der Krieg.

Und der Tod.

Matthias wollte nicht zurück. Er wollte bei seiner Herzogin bleiben, bei seiner Guinevere.

«Wir müssen zurück», sagte Sven eindringlich. «Der Hauptmann zählt auf uns.»

Matthias nickte. «Ich weiss», antwortete er leise. Er seufzte tief. «Ich weiss.»

«Wir sind jetzt nun doch schon mehr als zwei Wochen hier. Die Mönche, wie auch der Bote der Herzogin sollten schon in Fribourg eingetroffen sein. Und Herzog Karl wird auch nicht mehr allzu lange benötigen, um sein Heer zusammen zu bekommen und müsste eigentlich schon in Lausanne sein.» Sven machte ein angestrengtes Gesicht, rechnete. «Das bedeutet ...»

«Ich weiss, was das bedeutet!» schnaubte Matthias mit forscher Stimme, was ihm sogleich wieder leidtat.

Er stand auf, klopfte sich den Staub von den Hosenbeinen. Dann sah er seinen alten Kampfgefährten lange an. Sven erwiderte den Blick, nickte ernst.

«Lass uns morgen aufbrechen.» Matthias zuckte mit den Schultern. «Wir haben ein Versprechen gegeben und wir werden es halten.»

Sven nickte. «Ich werde alles vorbereiten, damit …»

Er wurde von Peter von Savoyen unterbrochen, der vom Eingang des Haupthauses auf sie zu gerannt kam, als wäre der Teufel persönlich hinter ihm her.

Sven erhob sich ebenfalls.

«Herr von Altstetin!», rief der Fürstbischof, als er auf halbem Wege zu ihnen war. «Herr von Altstetin! Die Prinzessin!»

Ausser Atem machte Peter vor ihnen Halt. «Die Herzogin», sagte er nochmals. Matthias sah es in den Augen des Fürstbischofs, noch bevor dieser gesprochen hatte.

«Sie ist ausgeritten, wie sie es so oft tut», erklärte er dann.

«Ihr wisst davon?»

«Aber ja», schnaubte Peter «was wäre ich denn für ein Berater, wenn ich das nicht wüsste. Ich schicke ihr immer einen Soldaten nach, der sie beschützen soll.»

«Ja, und?» Matthias ahnte, was nun kommen würde.

«Der Soldat ist tot. Erschlagen! Und die Herzogin ist weg.»

Trotz der Vorahnung, Matthias fühlte, wie ihm der Boden unter den Füssen weggezogen wurde. Die Welt, so bunt und voller Farben wurde plötzlich grau.

«Herzog Karl!», sagte er leise und kalt.

«Ich gehe davon aus.» Der Fürstbischof nickte.

«Was ist passiert?», fragte Sven, der die Unterhaltung nicht verstanden hatte. Doch Matthias antwortete nicht. Er sah nur auf den Boden.

«Kapitän! Was ist passiert?» Svens eindringliche Stimme drang zu Matthias durch. Dieser sah ihn an und der Hüne zuckte bei dem Hass in dessen Augen zurück.

«Die Prinzessin! Sie ist verschleppt worden.»

Sven sog ruckartig die Luft ein. «Dann lasst sie uns suchen.»

«Nein!» Matthias Stimme war schon wieder ruhig, blieb aber eiskalt. «Das war Karls Werk. Du musst nach Fribourg zurück. Jetzt! Heute! Dem Hauptmann berichten, was passiert ist. Ich werde die Prinzessin suchen und dann nachkommen.» Matthias reckte sich, stand kerzengerade da. In seinem Kopf wirbelte es.

«Aber Ihr braucht mich bei der Suche …»

«Nein!», unterbrach er Sven. «Du musst zurück. Ihr müsst alles für Murten vorbereiten und der Hauptmann muss wissen, dass er sich auf die Herzogin verlassen kann, dass weder sie noch der französische König sich einmischen werden.»

«Aber der Brief?»

«Ein Brief kann gefälscht sein. Oder der Bote tot und der Brief hat ihn nie erreicht. Du musst zurück nach Fribourg, der Hauptmann muss wissen, dass er sein volles Kontingent gegen Karls Heer senden kann! Nimm Dir zwei zusätzliche Pferde mit, reite wie der Teufel. Sag ihm, ich komme nach, sobald ich kann.»

Matthias nickte Peter von Savoyen zu und sie gingen über den Hof.

Sven sah ihnen nach. «Kapitän!», rief er und Matthias drehte sich nochmals zu seinem Gefährten um, «Holt die Prinzessin zurück und dann kommt nach Murten! Wir haben einen Hund zu erschlagen.»

Matthias nickte, drehte sich um und ging dem Fürstbischof nach.

Sie standen um die grosse Tafel im Saal der Herzogin. Darauf lag eine gewaltige Karte. Peter von Savoyen, Matthias von Altstetin und die zwei Kapitäne, einer von Jolandas Burgwache und der andere von ihrem Heer, besahen sich die Details, welche auf der Karte eingezeichnet waren.

«Wo habt Ihr die Wache gefunden?», fragte Matthias und Capitaine Herny d'Aramitz, der Befehlshaber der Palastwache, zeigte auf einen Punkt westlich der Stadt. «Hier ist ein kleiner See und etwa auf halbem Wege dorthin muss man über einen kleinen Pass, Les Martins.» Er fuhr mit seinem Finger über die Karte. «Am Fusse des Passes, genau dort, wo der Weg in den Wald hineinführt, haben wir die Leiche des Soldaten gefunden. Er wurde mit einem Pfeil vom Pferd geholt und dann haben sie ihm mit einer Axt den Schädel gespalten.»

Matthias überlegte.

«Und Ihr seid sicher, dass es Karls Männer waren?», fragte Peter von Savoyen den anderen Kapitän. Isaac De Porteau, ein nachdenklicher, grossgewachsener Offizier, nickte. Er strich sich mit der Hand durch seinen gepflegten Bart. «Ja, Fürstbischof», antwortete er dann, «es wurden fremde Soldaten in der Stadt gesehen. Sieben an der Zahl. Sie trugen Söldnerbekleidung und wurden in einer Taverne gehört, wie sie sich über Herzog Karls Feldzug gegen Bern unterhalten hatten, wobei sie Französisch sprachen. Sie kamen gestern und heute sind sie wieder wie vom Erdboden verschluckt. Einfach weg.»

Peter sah den Capitaine an.

«Westen?», fragte Matthias schliesslich, an d'Aramitz gewandt und dieser nickte.

Peter von Savoyen sah Matthias an. «Ihr denkt dasselbe wie ich, Herr von Altstetin.» Der Söldner nickte und Peter fuhr fort: «Wenn es Karls Männer gewesen sind, müssen sie irgendwie nach Norden.»

«Ihr meint ...» d'Aramitz blickte die anderen Männer an, liess den Satz unvollendet.

«Ja», antwortete Matthias, «sie wollen uns auf eine falsche Fährte locken.» Er besah sich die Karte. «Wohin würden sie Jo... die Herzogin bringen?» Peter und d'Aramitz tauschten vielsagende Blicke aus, beide sagten jedoch nichts.

«Die nächste Festung auf Herzog Karls Gebiet wäre Rouvres», antwortete dann De Porteau. Er zeigte auf einen Punkt, weit oberhalb der Karte. Erst dort wären sie sicher vor uns. Da könnten wir nicht einfach mit einem Heer einfallen. Das käme einer Kriegserklärung gleich.»

«Ich pfeife auf eine Kriegserklärung!», rief Peter erbost. «Und, wenn ich die verdammte Stadt dem Erdboden gleichmache. Macht das Heer bereit!», befahl er an De Porteau gewandt.

«Wartet!» mischte sich Matthias jetzt wieder ein. «Wir brauchen zu lange, um das Heer auch nur einigermassen aufzustellen. Dazu wären wir viel zu langsam.»

«Was schlagt Ihr vor, Söldner?» Peters Augen blitzten Matthias an. Dieser zeigte auf die Karte.

«Wenn sie uns nach Westen locken wollen, aber nach Norden müssen, dann gibt es sicher einen kürzeren Weg?»

D'Aramitz nickte, zeigte auf der Karte auf einen See, der sich genau nördlich der Stadt Chambéry befand.

Matthias nickte. «Ich erinnere mich, den See auf dem Hinweg gesehen zu haben. Wo würden wir die Bastarde abfangen können?» Wieder blickte er d'Aramitz an. Der Capitaine der Stadtwache kannte die Umgebung wie seine Westentasche. Er studierte kurz, tief über die Karte gebeugt.

«In Ambronay», meinte er schliesslich und fuhr mit dem Finger eine Strecke auf der Karte entlang. «Ein kleines Dorf, nicht ganz einen Tagesritt weg. Für sie mit ihrem Umweg sind es jedoch fast zwei Tage.»

Auch der Fürstbischof hatte sich tief über die Karte gebeugt. Von unten sah er jetzt Matthias scharf an. «Ihr wollt sie auf offener Strasse überfallen?», fragte er scharf.

Matthias schüttelte den Kopf. «Führt der Weg durch Wälder?», fragte er und erhielt als Antwort nur gemeinsames Kopfschütteln. «Dann also in dem Dorf!» Er streckte sich, sah die drei Männer an. De Porteau runzelte die Stirn, dann stimmte er zu: «Das könnte funktionieren. Aber nicht mit einem Heer.»

«Nein nur eine kleine, schnelle Truppe. Vielleicht acht oder zehn Mann, inklusive uns», antwortete Matthias. «Wir müssen vor ihnen in diesem Ort sein. Dort holen wir sie uns, schlagen mitten in der Stadt zu, das erwarten sie nicht.»

De Porteau nickte. «Es hat dort eine Taverne, da werden sie sicher die Pferde tauschen und Proviant auffrischen wollen.» Er holte tief Luft. «Dort holen wir uns diese verdammten Hunde.»

Matthias und die beiden Capitaines sahen den Fürstbischof an, der das letzte Wort in dieser Sache hatte. Peter von Savoyen sah von einem Gesicht zum anderen. Am Schluss sah er in Matthias Augen, blickte ihn lange an. Dann nickte er schliesslich. «Capitaine», er wandte sich an De Porteau, «nehmt die besten acht Männer, die Ihr habt, die schnellsten Pferde und nur das allernötigste an Ausrüstung.» Er seufzte tief. «Keine Harnische, keine Helme, nichts.» Er wandte sich wieder an Matthias: «Ihr reitet mit. Holt uns unsere geliebte Herzogin wieder zurück!»

* * *

Sie ritten binnen einer Stunde.

Capitaine d'Aramitz hatte vorsorglich Strassen räumen lassen, damit sie schneller durch die Stadt kamen. Kaum hatten sie die

Stadttore passiert, gaben sie ihren Pferden die Sporen und ritten, so schnell sie konnten.

Ihr Weg führte sie zuerst geradewegs nach Norden. Dann liessen sie den See auf ihrer rechten Seite liegen und bogen schliesslich nach Westen und später nach Nordwesten ab. Der Weg stieg stetig an und die Sonne stand schon tief, als sie schliesslich einen grossen Hügelkamm erreichten.

De Porteau, der sie anführte, zügelte sein Pferd und hielt an. «Noch etwa zwei Stunden, dann erreichen wir eine kleine Ortschaft, Tenay. Von dort geht ein Pass in einem grossen Bogen über den Berg auf die westliche Seite des Hügels. Der Weg führt immer weiter herunter nach Elan und dreht von da wieder nach Norden. Dann ist es etwa noch eine Stunde bis nach Ambronay.» Er sah Matthias erwartungsvoll an.

Dieser nickte. «Schaffen wir es im Dunkeln über den Pass?»

De Porteau nickte. «Wir haben Fackeln mit dabei.»

«Lasst uns eine Pause machen. In einer Stunde wird es dunkel. Nach der Pause sollten wir aber die Nacht durchreiten, damit wir vor diesen Bastarden am Ziel sind. Sie werden die Nacht sicher irgendwo auf dem Weg verbringen.»

Die Sonne war schon untergegangen, als sie weiterritten. Sie hatten Fackeln entzündet, überliessen den Rössern die Geschwindigkeit, blieben aber stetig im Sattel.

Wie der Capitaine gesagt hatte, stieg der Weg immer weiter an, und kurz nachdem sie eine kleine Ortschaft, bestehend aus nur vier armseligen Hütten, hinter sich gelassen hatten, bog der Weg nach Westen ab. Unterdessen war es stockdunkel und die Nacht schritt voran. Matthias fröstelte, zog sich seinen ledernen Mantel enger um die Schultern. Sie ritten wortlos, jeder nur in seine Gedanken versunken.

Er dachte an Jolanda. Sah ihre Augen so blau wie ein klarer Bergsee vor sich. Sein Herz schmerzte, brannte vor Sorge um sie. Er wusste, dass er ohne sie nicht mehr leben wollte, nicht mehr leben konnte. Und doch wusste er auch, dass er eine Pflicht zu erfüllen hatte. Eine Pflicht seinem Hauptmann gegenüber und seinen Männern, die in Fribourg auf ihn warteten. Und somit auch Pflicht, sich selbst gegenüber.

Aber er wusste ebenfalls, dass diese kleine, zierliche Prinzessin, Schwester von König Louis XI., Herzogin von Savoyen, mit ihrer sanften, leisen Stimme, dem hellen Lachen und ihrem wunderbaren Wesen, seine Zukunft war.

Der Weg fiel endlich wieder ab. Er führte an dichten, schwarzen Wäldern entlang, beleuchtet nur vom hoch am Himmel stehenden Mond und den Fackeln in ihren Händen. Langsam und vorsichtig, ritten sie, einer hinter dem anderen, bis sie schliesslich wieder auf eine kleine Ortschaft trafen.

De Porteau zügelte sein Tier, stieg seufzend aus dem Sattel.

«Es dämmert», er zeigte nach Westen, wo die ersten Strahlen der aufgehenden Sonne auf die obersten hohen Berggipfel trafen, diese hell und weiss erleuchten liessen, «gewähren wir uns und den Pferden nochmals eine Pause. Da vorne ist Elan, von hier sind es noch etwas mehr als eine Stunde. Ich kann mir nicht vorstellen, dass diese Hurensöhne schon da unten durch sind.» Er zeigte ins Tal, das langsam in der Dämmerung sichtbar wurde. Dann streckte er sich. «Vielleicht sogar haben sie uns eine Falle gestellt und warten noch irgendwo in den Wäldern.»

Matthias schüttelte den Kopf. «Das denke ich nicht, Capitaine. Sie werden geritten sein wie die Teufel. Sie können sich nicht erlauben, sich auf einen Kampf einzulassen. Sollte der Herzogin etwas passieren, wäre ganz Frankreich hinter Karl her.»

De Porteau nickte. «Da habt Ihr Recht, Kapitän. Aber dann dürfen wir uns nicht zu lange aufhalten. Und trotzdem, die Pferde brauchen eine Pause.» Er dachte kurz nach. «Wir senden einen Späher aus.» De Porteau drehte sich zu einem seiner Soldaten um, gab ihm einen langen Befehl. Dieser nickte, stieg wieder in den Sattel und ritt weg.

«Er ist der beste Späher in meinen Diensten. Allein braucht er kaum mehr als eine Stunde nach Ambronay. In spätestens zwei, vielleicht drei Stunden werden wir wissen, was wir wissen müssen.»

Sie liessen die Pferde frei auf der Wiese grasen, die Männer schliefen neben ihnen, hatten sich einfach in das Gras gelegt. Nur Matthias und De Porteau sassen auf einem alten, umgefallen Baumstrunk. Der Capitaine nahm eine kleine Flasche hervor, hielt sie Matthias hin. Dieser dankte, nahm sich einen Schluck Wein und gab sie zurück. Auch De Porteau genehmigte sich einen Schluck, dann trieb er den Zapfen wieder hinein und legte die Flasche neben sich.

Er sah gerade aus, hinein ins Dunkel.

«Ihr liebt unsere Herzogin.» Es war keine Frage.

Matthias nickte. «Dafür bin ich aber nicht hergekommen», begann er, doch der Capitaine unterbrach ihn: «Ihr braucht Euch nicht zu erklären, Monsieur.» In seiner Stimme klang Verständnis. «Auch ich bin nur ein Mann und unsere Herzogin», er unterbrach sich, suchte nach einem bestimmten Wort, «ist eine äusserst schöne Frau, dazu ein guter Mensch und eine noch bessere Regentin», meinte er schliesslich. «Und ich glaube, jeder von uns hatte sich nach dem Tod ihres Ehegatten Hoffnungen gemacht.» De Porteau seufzte. «Aber sie stürzte sich nur in die Regierungsgeschäfte. Keiner von uns hätte gedacht, dass sie so gut darin wäre. Noch dazu mit ihrem gütigen Wesen. Aber sie hat uns alle eines Besseren belehrt.» Er seufzte wieder. «Keinen Mann sah sie jemals so an wie Euch, Monsieur.» Er blickte Matthias von der Seite an. Dann wurde seine Stimme plötzlich eiskalt: «Aber wenn Ihr, Monsieur von Altstetin, ihr das Herz brecht, töte ich Euch!»

«Ich …», wollte Matthias antworten, aber De Porteau unterbrach ihn erneut: «Lasst! Ich will keine leeren Versprechungen! Ihr seid ein Söldner, Ihr tötet für Geld, nicht aus Loyalität. Für mich seid Ihr Abschaum. Ihr steht auf der Seite desjenigen, der Euch am meisten bezahlt. Irgendwann wird Euch dies in der Eidgenossenschaft das Genick brechen. Dann steht ihr plötzlich Euren Söhnen, Vätern, Onkeln und Neffen gegenüber und tötet Euresgleichen, diejenigen vom gleichen Blut.» Er machte eine abweisende Geste. «Doch das soll nicht mein Problem sein. Aber die Prinzessin ist mein Problem. Und jeder, der ihr Böses antun will. Und Euch liebt sie, auch wenn ich das nicht verstehe, nicht verstehen kann.» Er schüttelte langsam den Kopf. «Vielleicht auch nicht verstehen will.» Nochmals seufzte er tief. «Ich habe gehört, Ihr seid ein vortrefflicher Kämpfer. Aber das wird mich nicht hindern. Wenn Ihr ihr das Herz brecht, werde ich Euch töten! Und wenn es mich mein eigenes Leben kostet.»

De Porteau sah ihm jetzt direkt in die Augen. «Das verspreche ich Euch, Monsieur!»

Matthias sagte nichts, nickte nur.

Danach sprachen sie nicht mehr.

Der Capitaine stand auf, eine Gestalt löste sich aus dem Dunkel der Bäume und kam ins Licht. Es war der Späher.

Der Soldat begann zu erklären: «Das Dorf besteht nur aus wenigen, eng aneinander gebauten Häusern. In der Mitte steht eine kleine Kirche, davor ist der Dorfplatz. An diesen Platz gegenüber der Kirche befindet sich eine Taverne, 'Le Pressoir'. Und ihr wiederum schräg auf der anderen Seite der Schmied. Ein kleiner Bach führt westlich am Dorf vorbei, eine kleine Mühle steht am Ausgang des Städtchens etwas abseits. Der östliche Zugang wird vom Wald verwehrt. Es führt nur der eine Weg in das Dorf und wieder hinaus.»

«Sie werden höchstwahrscheinlich den Schmied ebenso angehen wie die Taverne», meinte De Porteau. «Zum einen sind ihre Pferde nach dem Teufelsritt sicher am Ende ihrer Kräfte, benötigen das eine oder andere Hufeisen. Zum anderen werden auch die Reiter eine Pause brauchen.»

Matthias sah ihn an und nickte.

«Gibt es eine Möglichkeit, zwischen den Häusern aus dem Dorf herauszukommen?», fragte Matthias.

«Nur neben der Kirche, da ist ein kleiner Park. Der ist jedoch mit Bäumen und Gestrüpp überwachsen.» Der Späher sah ihn an, dann den Capitaine. «Ansonsten gibt es nur die eine Strasse rein und raus, also nein.»

De Porteau sah Matthias an. «Ihr habt einen Plan?»

Matthias nickte.

* * *

Der Reiter kam gegen Mittag.

Sein Pferd war mit Schweiss bedeckt, er selbst mit Staub und Schmutz. Keine Uniform, kein Harnisch zeigte, dass er ein Soldat war. Er trug jedoch die Kleider eines Söldners, ein langes Schwert hing an seiner Seite.

Langsam ritt er in das Städtchen hinein. Sein Pferd liess den Kopf hängen, ging schleppend, Schritt für Schritt. Niemand sonst war zu sehen. Er ritt durch das ganze Dorf, sah nach links und rechts. Schon fast am Ende des Dorfes wendete er sein Pferd, ritt zurück und verliess das Städtchen, wie er es betreten hatte.

Es verging eine weitere halbe Stunde, bis er wieder erschien. Dieses Mal folgten ihm weitere Reiter, alle bis auf einen in ähnlicher Bekleidung. Jener trug einen weiten Umhang aus grobem Stoff, das Haupt mit einer Kapuze bedeckt.

Sie ritten langsam am Stall vorbei, der daran angrenzenden Schmiede um zwei Häuser weiter auf der anderen Wegseite, vor der Taverne anzuhalten. Der vorderste Reiter stieg vom Pferd, betrat das Gasthaus nur um wenige Augenblicke später wieder zu erscheinen. Er gab einige Anweisungen, dann holte er den Reiter mit dem Umhang unsanft vom Pferd und trieb ihn in die Taverne hinein. Auch die anderen waren abgestiegen. Zwei nahmen die Pferde und führten sie zum Stall, eines davon zum angrenzenden Hufschmied.

Wie der Wirt, hatte auch dieser seine Anweisungen. Entweder würden sie den Abend als reiche Männer erleben oder gar nicht mehr.

Der Rest der Reiter war im Wirtshaus verschwunden, die beiden mit den Pferden diskutierten mit dem Schmied. Dann schliesslich stellten sie sich beide vor dem Eingang des Wirtshauses auf und hielten Wache. Eine gute Stunde lang passierte nichts mehr, bis die beiden Wachen von zwei anderen Männern in die Taverne hinein geholt und als Wache abgelöst wurden.

Dann wieder fast eine Stunde lang nichts.

De Porteaus Männer waren schon lange auf ihren Posten, wartend. Nur Matthias und der Capitaine hatten sich die Szenerie hinter dem Vorhang eines Fensters oberhalb der Schmiede angesehen. Sie schlichen jetzt zur Hintertür heraus, begaben sich ebenfalls auf ihre Posten.

Ein Reiter trat durch die Tür des Gasthauses auf die Strasse. Er sagte etwas zu den Wachen.

«He!» Eine schwarze Gestalt stand plötzlich mitten auf der Strasse, dort, wo der Marktplatz in die Strasse mündete. Die

Gestalt trug ein schwarzes Wams, schwarze Hosen und Stiefel und einen Hut mit breiter Krempe und blauen Straussenfedern. Ihr Gesicht war nicht zu sehen. Breitbeinig stand sie mitten auf der Strasse, ein langes, blankes Schwert in der Hand.

Der Anführer der Gruppe rief einen Befehl durch die Tür und der Rest seiner Männer erschienen und rannten, um die Pferde zu holen. Sie wollten die Person in dem Umhang auf ein Pferd hieven, diese wehrte sich aber, bis einer der Männer ein Messer zog, erst dann fügte sie sich und stieg schliesslich auf. Auch der Rest der Männer stieg in die Sättel und der Anführer gab noch ein paar Anweisungen, dann ritt er langsam auf die schwarze Gestalt zu.

«Geht zur Seite, Monsieur», sagte er in einem rüden Befehlston, «sonst reiten wir Euch über den Haufen.»

Der Mann in schwarz wich keinen Schritt.

«Ihr habt etwas, das uns gehört», machte die schwarze Gestalt.

Der Anführer lachte ein raues Lachen. «Ha! Die Hure? Die Hure gehört nicht Savoyen und Savoyen nicht der Hure!»

«Der Herzogin gehört Savoyen und die Frau gehört zu mir.»

Der Anführer runzelte die Stirn, lachte dann wieder freudlos.

«Ah», machte er betont langsam, dehnte den Vokal lange. «Da haben wir einen verliebten Bengel.» Er drehte sich halb zu seiner Truppe um. «Habt Ihr gehört, Jungs? Da haben wir einen verschmähten Liebhaber, der auf diesem Wege das Herz einer herzoglichen Fotze erobern will.» Die Männer lachten. Er drehte sich wieder zurück zu der Gestalt in schwarz. «Die gehört nicht Euch! Und sie wird Euch nie gehören! Sie ist jetzt Eigentum von Herzog Karl und er wird mit ihr machen, was er will. Und ich denke, zuerst wird er sich mit ihr vergnügen und dann gibt er sie sicher an uns weiter. Und wir alle», er machte eine ausladende Handbewegung, «werden sie auch viel besser beglücken als Ihr. Jeder von uns. Und wenn wir mit ihr fertig sind, wird sie Euren Namen vergessen haben, Monsieur.» Sein Hohn und Spott waren in jeder Silbe zu hören. «Und jetzt verschwindet, bevor Euch Euer verliebtes Herz noch den Tod bringt.»

Matthias reagierte nicht, blieb unbewegt stehen.

Dann nahm er zwei Finger in den Mund und pfiff laut.

Hinter ihm war Pferdegetrappel zu hören und De Porteau und drei seiner Männer ritten vom Park hinter der Kirche auf den Dorfplatz und weiter auf die Strasse, stellten sich hinter Matthias auf. Gleichzeitig rumpelte es am anderen Dorfende, als drei weitere von De Porteaus Männern einen alten Wagen quer auf den Weg rollten und sich mit gezückten Schwertern davorstellten.

Matthias wartete.

Der Anführer wandte sich vor und zurück, versuchte, die Lage einzuschätzen und einen Ausweg zu finden. Er stieg von seinem Pferd. Dann zog er sein Schwert und seine Männer taten es ihm nach.

«Alain, bring die verräterische Fotze in die Taverne und setz ihr Dein Messer an den Hals. Wenn jemand anderer als einer von uns hereinkommt, schneidest Du ihr die Kehle durch. Der Rest steigt von Euren Gäulen, es ist zu eng hier.»

Die Burgunder stiegen von ihren Pferden und der angesprochene versuchte Jolanda herunterzuziehen. Diese schrie erbost auf, wehrte sich. Sie war gefesselt und er riss sie schliesslich unsanft vom Pferd. Dann setzte er sein Schwert an ihren Hals und sie verhielt sich still. Die beiden verschwanden im Eingang der Taverne.

«Ihr habt zwei Möglichkeiten», sagte Matthias langsam und betonte jedes Wort. «Ihr händigt uns die Prinzessin aus …»

«Oder wir sterben», unterbrach ihn der Anführer spöttisch. «Ja, ja, das kennen wir schon. Aber denkt Ihr nicht, werter Liebhaber einer versoffenen Verräterin, dass uns Herzog Karl nicht umsonst auf diese Reise geschickt hat?» Er lachte wieder sein humorloses Lachen.

«Doch, Ihr seid sicher der Stolz seines Heeres», antwortete Matthias, jetzt ebenfalls von Spott triefend. «Aber wie Ihr sicher wisst, wir haben Herzog Karl den Scheisser schon in Grandson seinen herzoglichen Hintern versohlt. Und da seid Ihr ja alle gerannt wie die Hasen.» Auch Matthias lächelte böse, kalt. «Ich weiss also, was für verfluchte Feiglinge Ihr seid.»

Der Anführer erbleichte vor Zorn und stapfte ein paar Schritte auf Matthias zu. Er hob die Spitze seines Schwertes und fuchtelte damit vor Matthias Gesicht herum. «Ihr nennt uns Feiglinge?», schrie er ihm ins Gesicht.

«Nein, mein werter Herr.» Matthias sprach immer noch spöttisch, die Stimme eiskalt. «Ich nenne Euch nicht Feiglinge.» Er schüttelte den Kopf und machte eine Pause und drehte den Kopf leicht zu De Porteau, liess den Burgunder aber dabei nicht aus den Augen.

Der Capitaine verstand und auch er und seine Männer stiegen von ihren Rössern.

«Ich nenne Euch gottlose, verängstigte Kinder, die rennen wie Hunde, wenn nur schon ein einziger Eidgenosse furzt.»

Der Anführer der Burgunder wurde noch bleicher, obwohl dies kaum mehr möglich war. Ohne Ansatz stiess er sein Schwert vorwärts, versuchte es in Matthias Gesicht zu rammen. Dieser wich geschickt aus, indem er einfach den Kopf zur Seite neigte und liess sein eigenes Schwert von unten gegen die Klinge des Burgunders schnellen, sodass diese hochgerissen wurde. Dann machte er einen schnellen Schritt zur Seite und senkte erneut sein Schwert.

Hinter ihm stürmten De Porteau und dessen drei Männer an ihm und dem Burgunder vorbei und auf die Gruppe vor der Taverne zu. Auch die diejenigen von dem Wagen rannten los. Sie nahmen die Gruppe vor dem Eingang der Taverne in die Zange.

Es entbrannte ein heftiger Kampf. Durch die Häuser und die Enge des Weges dazwischen klangen die Schwerthiebe laut, als die Klingen aufeinanderprallten.

Matthias umrundete den Anführer mit langsamen Schritten, hielt sein Schwert immer noch gesenkt. Er lächelte. «Ich hatte Euch die Wahl gelassen, werter Herr Feigling», machte er. «Aber Ihr wolltet es ja nicht anders.»

Der Burgunder sah ihn aus kleinen, böse glitzernden Augen an. Er drehte sich auf der Stelle, sodass die Spitze des Schwertes immer gegen Matthias Kopf gerichtet war.

«Ihr hättet Euch nicht an einer Prinzessin vergreifen sollen», meinte dieser und kniff die Lippen zusammen, nickte leicht mit dem Kopf. «Falsche Entscheidung. Aber Ihr könntet ja wieder versuchen, davon zu rennen, wie schon in Grandson.» Matthias grinste und der Anführer riss sein Schwert hoch und hieb von oben schräg auf Matthias herunter. Dieser blockte den Hieb mit einer blitzschnellen Bewegung. Sofort zog der Burgunder sein Schwert zurück und hieb wieder zu, dieses Mal von der Seite. Doch Matthias war wieder schneller, blockte auch diesen Schlag. Und wieder konterte Matthias nicht.

Der Burgunder machte einen Schritt zurück, hob nochmals seine Waffe und liess einen Hieb, dieses Mal von der anderen Seite folgen. Doch Matthias machte einen Satz rückwärts und die Klinge pfiff vor ihm durch die Luft.

Der Anführer der Burgunder schwitzte in der Sommerhitze, das Wasser rann ihm über die Stirn in die Augen. Sein Gesicht hatte wieder die Farbe gewechselt, jetzt von weiss auf rot. Im Hintergrund sah Matthias, wie der Kampf vor der Taverne tobte. Es gab Opfer, Körper lagen auf dem Boden. Wer dies war, vermochte er jedoch nicht zu sagen.

«Ist das alles, was Ihr könnt?», fragte Matthias spöttisch und sein Gegner knurrte vor Wut. «Also wenn Ihr das Beste seid, was Herzog Karl der Feige in seinem Heer hat, dann sehe ich gute Chancen für uns vor Murten.»

Der Burgunder sog die Luft ein, riss die Augen auf.

Matthias redete weiter: «Aber ja, Monsieur. Wir wissen schon, welches Ziel Ihr habt. Und wir sind darauf vorbereitet.»

Der Anführer schrie auf und es folgte wieder ein Hieb, doch Matthias wich erneut aus, ohne seine eigene Waffe zu erheben.

«Jetzt müsst Ihr mich töten», redete Matthias weiter, «und dann mit der Prinzessin und der Nachricht, dass die Eidgenossenschaft eure Pläne kennt, schnellstens zu Eurem Möchtegern–König reiten.»

Wieder ein Hieb, aber diese Schläge kosteten Kraft und Energie und der Burgunder war von dem heftigen Ritt zu müde, als dass er Matthias irgendetwas anhaben konnte. Dafür ging dieser weiter mit langsamen Schritten um seinen Gegner herum. Der atmete schwer, verstand nicht, was Matthias Absicht war.

Wieder ein Schlag, dieses Mal von schräg unten nach oben, aber die Hiebe wurden langsamer. Matthias lehnte seinen Oberkörper nach hinten, liess die Spitze vor seinem Gesicht durchsausen. Und erneut erwiderte er den Streich nicht.

«Herr von Altstetin!», rief aus dem Hintergrund De Porteau, «Macht dem ein Ende! Wir müssen die Herzogin befreien.»

Matthias sah seinen Gegner an. «Ihr hättet die Herzogin nicht verschleppen dürfen», sagte er erneut, langsam gedehnt. «Und vor allem, Ihr hättet nicht meine Liebe bedrohen sollen!» Seine Worte waren aus Eis. «Dafür werdet Ihr sterben. Hier und heute, Monsieur. Jetzt! Und es wird ein Eidgenosse sein, der Euch zu Eurem Schöpfer schickt.»

Der Burgunder sagte kein Wort, hatte nicht mehr die Kraft auf ein Wortgefecht. Er hielt nur einfach die Spitze des Schwertes gegen Matthias gerichtet.

Der Kapitän nickte leicht. «Und jetzt, Monsieur, au revoir.»

Blitzschnell liess er sein Schwert nach oben schnellen und begann, mit schnellen Streichen auf den Burgunder einzuschlagen. Hiebe von links, von rechts, von oben und unten, mal gerade, mal in der Diagonale. Sein Gegner konnte nur noch abwehren, versuchte zu blocken. Matthias trieb ihn vor sich her, über die Gasse in Richtung der Taverne. Matthias führte sein Schwert mit einer und manchmal mit beiden Händen, liess die Klinge auf seinen Gegner einprasseln.

Und dann war der Burgunder zu langsam, zu müde. Er blockierte einen Schlag, den Matthias seitlich auf dessen Hüfte geführt hatte, doch der Kapitän drehte sich blitzschnell um seine eigene Achse, liess das Langschwert in einem Kreis herumwirbeln. Der Burgunder versuchte noch, seine eigene Klinge auf die andere Seite zu reissen, doch es war zu spät.

Matthias Schwert traf ihn knapp oberhalb der Hüfte und die Klinge grub sich unter dem Rippenbogen tief in die Seite des Burgunders. Der Kämpfer erstarrte, stand einfach da, während Matthias Klinge fast bis zum Bauchnabel in ihn eingedrungen war.

Klirrend fiel sein Schwert auf den Boden und der Burgunder drehte den Kopf, sah Matthias mit müden Augen an. Tränen liefen ihm übers Gesicht. Er versuchte noch etwas zu sagen, aber Matthias schüttelte den Kopf. Dann drehte er seine Klinge, damit sie nicht stecken bleiben konnte und riss sie wieder heraus. Ein grosser Schwall Blut spritzte aus der Wunde, verteilte sich über das Kopfsteinpflaster und besudelte Matthias Kleider. Ein Teil der Gedärme quoll heraus.

Der Burgunder sah ungläubig an sich herunter, versuchte mit den Händen seine Innereien zurückzuhalten, dann fiel er nach vorne und knallte mit dem Gesicht voraus, leblos auf den Boden.

Matthias spuckte aus und drehte sich um.

Von den Entführern vor der Taverne lebte keiner mehr. Aber auch zwei der Savoyer waren gefallen.

De Porteau sah ihn an, sein Schwert bis über die Hälfte der Klinge rot. Er nickte wortlos mit dem Kopf. Matthias legte wieder zwei Finger an den Mund und ein weiterer, gellender Pfiff erfolgte. Das Zeichen für die beiden restlichen Männer des Capitaine, die an der Hintertür der Taverne gewartet hatten.

Matthias und De Porteau waren überzeugt gewesen, dass man Jolanda in die Taverne bringen würde, um sie besser bewachen und, wenn nötig, als Druckmittel benutzen zu können. Also hatten sie zwei Männer an der Hintertür postiert, die nun leise in das Gasthaus hineinschlichen.

Matthias nickte De Porteau zu und dieser öffnete die Eingangstür.

Nur die beiden Offiziere gingen hinein.

Matthias Augen musste sich zuerst an das Halbdunkel im Gästeraum gewöhnen.

Dann hörte er Jolanda. Der Burgunder hielt ihr eine Hand vor den Mund und sie versuchte, irgendetwas zu sagen, brachte aber nur unverständliche Töne hervor. Sie sah mit weit aufgerissenen Augen zu ihnen hin, ihr Blick wütend.

Matthias lächelte sie an, dann blickte er ihrem Entführer direkt in die Augen.

«Lasst die Herzogin gehen.»

«Ich kann … ich darf nicht.» Der Mann hinter Jolanda war noch ein Jüngling. Seine Augen zuckten nervös zwischen Matthias und De Porteau hin und her. Sein Schwert, das er der Herzogin an den Hals hielt, zitterte leicht.

Matthias machte eine Handbewegung zur Tür. «Sie sind alle tot.»

«Ihr lügt!», schrie der Jüngling und Matthias lächelte.

«Wären wir sonst hier?» Er konnte sehen, wie die Gedanken im Kopf des Burgunders kreisten.

«Ihr habt den Befehl gehört», schrie dieser sie an, «ich muss sie töten.»

Matthias nickte. «Ich hatte es vernommen.» Er macht eine Pause. «Wenn Ihr sie tötet, werde ich Euch ebenfalls töten.» Seine Stimme hatte wieder diese Eiseskälte. «Und, ich werde es nicht schnell tun, das schwöre ich Euch. Ihr werdet unvorstellbar leiden. Höllenqualen werdet Ihr erleiden.»

Der Jüngling erbleichte, aber er hielt Jolanda weiter fest.

«Und was, wenn ich sie gehen lasse?»

«Dann könnt Ihr gehen, wohin Ihr wollt», antwortete De Porteau. Matthias sah den Capitaine von der Seite an. Der Jüngling bemerkte den Blick. «Ich glaube Euch nicht.»

Matthias seufzte. «Das müsst Ihr auch nicht, Monsieur.»

Die Augen des Burgunders weiteten sich. «Dann töte ich sie!», schrie er, doch er kam nicht mehr dazu, seine Drohung wahr zu machen.

Der Burgunder stiess ein gurgelndes Geräusch aus. Sein Schwert fiel aus der leblosen Hand und Jolanda konnte sich befreien. Sie stürzte nach vorne, direkt in Matthias Arme.

Er hielt sie fest, einfach nur fest.

De Porteaus Mann zog das Messer wieder heraus, welches er bis zum Heft in das Ohr des Jünglings getrieben hatte, und wischte das Blut an dessen Kleider ab.

* * *

Sie assen alle zusammen in der Taverne.

De Porteau hatte zwei Männer verloren und einige hatten Verletzungen davongetragen. Die Herzogin half mit, die Wunden zu versorgen, die beiden Toten wurden hinter der Kirche auf dem Friedhof begraben, dann liessen sie sich vom Wirt ein einfaches Mahl zubereiten. Wie versprochen hatte der Capitaine den Schmied und den Wirt gut entlohnt sowie etwas dem Dorf und der Kirche gespendet.

Sie genossen das einfache, aber leckere Essen und das zwar frische, aber viel zu warme Bier. Auch Jolanda konnte hier einfach mal nur sie selbst sein und sass inmitten ihrer Männer am Tisch, ass und trank und sprach mit ihnen, als wäre sie einer dieser einfachen Soldaten. Sie hatte beschlossen, nach dem harten Ritt hier im Städtchen zu übernachten und der Wirt hatte seine Gästezimmer bereit gemacht.

Nach dem Mahl nahm sich Jolanda noch einen grossen Schluck Bier, was sie äusserst selten tat, und nickte Matthias zu und dieser stand vom Tisch auf. Auch die Herzogin erhob sich und De Porteau drehte sich zu Matthias um. «Monsieur von Altstetin», sagte er und Matthias sah ihn an, «denkt daran, was ich Euch versprochen habe. Und ich werde mich daran halten.»

Der Söldner nickte. «Ich weiss, Monsieur De Porteau. Ich weiss.»

Matthias sah Jolandas fragenden Blick, sagte aber nichts. Er bot ihr seinen Arm und geleitete sie nach draussen.

Es war schon spät und die Sonne stand tief. Der Himmel begann sich von blau langsam über orange, rot nach violett zu verfärben. Die Wärme stand in der Luft. Vögel zwitscherten in den Bäumen im Park neben der Kirche.

Sie sassen am Eingang der Kirche auf einem kleinen Steinportal. Lange sagten sie nichts. Matthias sah sie an, erst jetzt realisierte er, wie sein Herz wieder brannte. Wie glücklich er war. Wie noch nie in seinem Leben.

Jolanda sah plötzlich zu ihm hoch, nahm seine Hand in die ihre. «Ich danke Euch, mein Lancelot», hauchte sie.

Matthias lächelte. «Es war De Porteau. Ihr habt da einen guten Mann.»

Sie schüttelte den Kopf. Ihre langen, braunen Locken schüttelten sich mit ihr. «Nein.» Diese wunderbare, leise, sanfte Stimme. «Nein, mein Lancelot. De Porteau hat mir alles berichtet. Es war Euer Plan. Und dazu habt Ihr Sven zurückgeschickt und seid doch geblieben, obwohl Ihr auch hättet zurückkehren müssen.»

Matthias kniff die Lippen zusammen beim Gedanken.

«Meine Prinzessin …», begann er, doch sie unterbrach ihn. «Ich weiss es, mein Liebster. Ich weiss, dass Ihr zurückmüsst. Ihr habt einen Krieg zu gewinnen und Euer Hauptmann braucht Euch dazu.» Sie hielt seine Hand, drückte seine Finger. Immer noch sah sie ihn an, ihre Augen liessen die seinen nicht los. «Ich liebe Euch, mein Lancelot!»

Matthias bemerkte die Tränen nicht, die ihm über die Wangen rannen. Er bemerkte nicht, wie ihre Finger die seinen drückten.

Er bemerkte nur das Brennen in seinem Herzen.

Und den Schmerz, dass er sie verlassen musste.

Dann plötzlich lächelte sie und die schmalen Grübchen neben ihren Augen erschienen. Er sah ihre schneeweissen Zähne durch die vollen Lippen schimmern und versank in ihren Augen.

«Aber das ist erst morgen.» Sie lachte ihr helles, klares Lachen und stand auf. Dann beugte sie sich zu ihm hinunter und flüsterte: «Kommt, Liebster! Wir haben ein zu hartes Bett mit einer zu alten Matratze aus Stroh in einem viel zu kleinen Zimmer. Kommt, liebt mich! Liebt mich, mein Lancelot.»

* * *

Er zurrte alles nochmals fest, stellte sicher, dass alles an seinem richtigen Platz war. Dann stieg er in den Steigbügel und hob sich in Artus' Sattel.

Er nahm die Zügel und drehte den Rappen um. Oberhalb der Treppe vor den zwei riesigen Bäumen stand Peter von Savoyen, Isaac De Porteau und Herny d'Aramitz von der Palastwache. Jolanda, wieder ganz die Herzogin, stand auf der Treppe.

Matthias verbeugte sich leicht im Sattel. Artus tänzelte nervös, er wusste, dass es bald losging und schien sich auf die Reise zu freuen. Auch De Porteau und der Fürstbischof verneigten sich leicht, drehten sich dann weg und gingen zum Eingang der Burg und verschwanden darin. Nur der Capitaine der Palastwache blieb oben stehen.

Jolanda kam die Stufen herunter, langsam, fast vorsichtig, eine nach der anderen.

Sie kam zu ihm, nahm Artus am Zaumzeug und kraulte dessen Nase. Er schnaubte erfreut, schubste sie leicht mit seinem Kopf.

«Wirklich, ein sehr schönes Pferd», sagte sie.

«Er heisst Artus, meine Herzogin», lächelte Matthias.

«Wahrlich, ein König unter den Pferden.» Auch Jolanda lächelte, aber ihre Augen waren traurig. «Ein königlicher Name für ein königliches Tier», sagte sie mit ihrer sanften, leisen Stimme.

Dann machte sie eine lange Pause.

«Kommst Du zurück, mein Liebster?» Sie sah ihn an, ihre Augen so gross, als könnten sie die ganze Welt einnehmen. «Zurück zu mir?»

Er nickte langsam, ernst. «Ich verspreche es Euch.»

«Liebst Du mich?», fragte sie leise, sodass nur er sie hören konnte.

Matthias sah sie an, sah ihre Bergsee-blauen Augen, sah die Tränen darin.

«Mit meiner ganzen Seele», antwortete er, ebenso leise.

Er drehte Artus an den Zügeln herum und ritt langsam weg.

Sein Herz brannte.

Immer noch, seit sie ihn im Stall mit dem Finger berührte.

Jolanda blickte ihm lange nach.

Kapitel VI

Er atmete zwei bis drei Mal tief ein, dann öffnete er die Tür. Fast seine ganze Truppe befand sich in dem Raum. Sven lümmelte auf einem Sessel herum und Hans Waldmann sass wie immer hinter seinem Schreibtisch. Matthias lächelte und ein grosses Hallo erwartete ihn. Sven sprang auf und umarmte ihn, erdrückte ihn dabei fast. Auch Waldmann stand auf und begrüsste ihn herzlich.

«Schön seid Ihr wieder da, Kapitän», sagte der Mönch und lachte.

«Schön, Euch alle wieder zu sehen», antwortete Matthias. Alle kamen, um ihn zu begrüssen und er schüttelte jedem die Hand. Nur Heinrich Waldmann blieb hinten in der Ecke des Raumes stehen, lächelte nicht.

Matthias warf die beiden Briefe auf den Schreibtisch. Beide waren gerollt und mit dem Siegel der Herzogin von Savoyen versehen. Der eine war an Hans Waldmann persönlich, der andere offiziell an die Stände der Eidgenossenschaft adressiert. Der Hauptmann besah sich die beiden Schriftrollen, dann beorderte er alle aus dem Raum. «Los verschwindet. Ihr sauft mir hier sowieso nur meinen ganzen Wein weg. Also macht Euch vom Acker. Ich habe mit dem Kapitän Einiges zu besprechen.» Matthias' Männer und Heinrich trollten sich aus dem Arbeitszimmer. Als die Tür wieder geschlossen war, wies ihn Waldmann mit einer Handbewegung an, sich zu setzen.

«Wein?», fragte er und Matthias nickte. «Unbedingt.»

Waldmann holte seine wie üblich gut gefüllte Karaffe und zwei Zinnbecher und schenkte ein. Matthias nahm einen tiefen, langsamen Schluck. Als er den Becher wieder vor sich hinstellte, bemerkte er Waldmanns Blick. «Was?», fragte er knapp und der Hauptmann begann zu lachen.

«Ach komm», machte er. «Sven hat mir schon einiges berichtet. Du und die Herzogin ...» Er beendete den Satz nicht. Stattdessen nahm er die beiden Briefe in die Hand, wiegte sie lange hin und her.

Matthias erklärte: «Die Herzogin ist einverstanden. Sie erneuert das Bündnis zwischen der Eidgenossenschaft und Savoyen und verzichtet dabei auf die üblichen Bedingungen. Nur will sie, wenn wir den Arsch geschlagen haben, einen Teil seines Gebietes haben.»

«Denke, damit kommen wir klar. Sie hatte uns ja schon einen Brief diesbezüglich per Boten zukommen lassen.» Waldmann warf die Briefe, immer noch ungelesen, wieder auf den Tisch. «Und dafür hast Du die Herzogin ge…» Er sah Matthias' Blick und unterbrach sich, «… sie überzeugt?»

«Ja», machte Matthias knapp.

Waldmann lachte laut. «Ach komm, mein lieber Freund. Du leuchtest wie ein Rossstall im Vollbrand. Sven erzählte, sie sei äusserst hübsch?»

«Sie ist wunderbar.» Matthias nickte und sein Lächeln und der verträumte Blick sagten Waldmann alles, was dieser wissen musste.

Dessen spöttisches Lächeln verschwand. Er schüttelte ungläubig den Kopf. Dann wurde er wieder ernst. «Und sie hat mit Karl gebrochen?»

«Hat sie», bestätigte Matthias, «dafür hat er sie auch verschleppen lassen.»

«Hatte ich bereits vernommen. Und Du hast sie befreit? Das hört sich an wie eine alte griechische Legende.» Hans lachte wieder.

«Nicht ich allein. Zusammen mit ihrem Heerführer. Aber ja, wir konnten sie befreien.»

«So so.» Waldmann strich sich durch seinen Bart. Er wurde wieder ernster. «Und die Idee mit den Mönchen war vortrefflich.»

«Die Franziskaner? Sie waren hier?», fragte Matthias.

«Aber ja, waren sie. Und wir konnten alles vorbereiten. Dank dieser Informationen hat Bern die Besatzung von Murten auf über zweitausend Mann hochgestockt und die in Grandson erbeutete Artillerie in der Stadt in Stellung gebracht. Dazu haben wir unser Heer in Ulmiz zusammengezogen, ganz in der Nähe.» Waldmann nahm sich einen Schluck Wein. «Wir warten jetzt auf seine nächste Bewegung.»

«Wo ist der Hundsvotz jetzt?», fragte Matthias, und bei der Kälte in seiner Stimme hob Waldmann eine Augenbraue.

«Er ist gestern vor Murten erschienen», erklärte er. «Jetzt muss er zuwarten, bis sein Heer komplett eingetroffen ist. Wir gehen davon aus, dass er die Stadt belagert, in der Absicht, dass wir uns dahin bewegen.»

«Wer ist Kommandant in Murten? Von Bubenberg?», fragte Matthias und Waldmann nickte. «Ja! Und Du kennst ihn ja, er wird wissen, wie er sich zu verteidigen hat. Und mit der zusätzlichen Artillerie könnte es für das Arschloch ...» Er suchte nach dem richtigen Wort. «Es könnte ziemlich blutig für ihn werden.»

«Und was ist für uns geplant?» Matthias sah seinen Hauptmann an.

«Ich werde zusammen mit Von Hallwyl den Hauptbefehl führen. Dich und Deine Männer brauche ich bei mir. Wir wissen noch nicht, was der Schweinehund genau vorhat und wie er das Ganze gestalten will. Denke, ich werde Euch somit vor Ort befehligen.»

Matthias nickte. «Gut.»

Waldmann nahm erneut die Briefe in die Hand und er brach jetzt das Siegel des persönlich an ihn adressierten Schreibens. Den anderen warf er wieder hin.

Er las langsam. Dann sah er Matthias scharf an. «Du weisst, was da drinsteht?», fragte er.

«Nun ... nein, eigentlich nicht ... einigermassen.»

«Die Prinzessin Deines Herzens hat sich bei mir bedankt», erklärte der Hauptmann. «Bedankt dafür, dass Du ihr geholfen hast in ihrer Lage. Dazu hat sie mir gratuliert für unseren Plan und den Sieg in Grandson.» Er sah ihn weiterhin mit scharfem Blick an. «Du hast Ihr gesagt, es sei mein Plan gewesen?»

«War es ja auch», meinte Matthias etwas lapidar, zuckte leicht mit den Achseln und nahm einen weiteren Schluck Wein. «Es war ja Euer Plan. Ich habe ihn nur ausgeführt.»

«Ich danke Dir, mein Freund.» Waldmanns Blick wurde wieder sanfter. «Ich schätze Deine Loyalität.»

«Das wisst Ihr aber, dass Ihr die habt, Hauptmann.»

«Weiss ich das?» Sein Ton wurde wieder eine Spur schärfer. «Habe ich Deine ungebrochene Loyalität immer noch? Auch nach

Deiner ...» Er neigte den Kopf, suchte wieder nach einem Wort, «... Deiner Reise nach Chambéry?»

Matthias sah ihn entrüstet an. Er holte Luft, wollte eine Antwort geben, aber Waldmann schnitt ihm mit einer Handbewegung das Wort ab. «Herzogin Jolanda will Dich als Botschafter haben. Du sollst die Beziehungen zwischen Savoyen und der Eidgenossenschaft pflegen.» Matthias sog die Luft ein. Er wusste, warum sein Hauptmann plötzlich Zweifel äusserte.

Waldmann fuhr weiter: «Sie empfiehlt, Dich zum Ritter zu schlagen, ansonsten Du diesen Posten nicht ausführen könntest.» Waldmann machte eine Pause, legte das Schriftstück vor sich hin. «Damit könnte ich eigentlich gut leben. Oswald von Thierstein hat dies für mich ebenfalls vorgeschlagen und ich hatte sowieso daran gedacht, Dir diese Ehre auch zukommen zu lassen.»

Waldmann machte wieder eine Pause, liess seine Worte wirken und Matthias senkte den Kopf. «Danke, Hauptmann», murmelte er.

«Aber ...» Etwas in Hans' Stimme liess Matthias wieder hochblicken. «Aber ich frage mich, wo Deine Loyalität liegt, mein Freund. Bei uns oder bei Jolanda?»

«Bei Euch!», rief Matthias empört, doch Waldmanns Gesichtsausdruck änderte sich nicht.

«Und was, wenn Du Dich bei einer Entscheidung zwischen Zürich und Savoyen entscheiden musst?»

«Natürlich Zürich!», die Antwort kam schnell und völlig ohne Zögern.

«Und was, wenn Du Dich zwischen Deinem Freund und Deiner Herzensdame entscheiden müsstest?»

Dieses Mal kam keine Antwort.

Waldmann nickte, presste die Lippen zusammen. «Siehst Du, mein Freund.»

Es entstand eine bedrückende Stille.

Schliesslich seufzte Matthias. «Hans», es war selten, dass er seinen alten Freund mit dessen Vornamen ansprach, «ich könnte als Bindeglied, als Versicherung zwischen unseren Ländern dienen. So wie diese speziell arrangierten Ehen zwischen Königshäusern.»

«Nur haben wir keinen König, alter Freund. Und was, wenn ich mal nicht mehr ...» Waldmann stockte, dachte kurz nach. «... in meinem Stuhl sitze?», beendete er den Satz schliesslich.

«Wieso solltet Ihr nicht?» Matthias runzelte die Stirn. Er kannte Waldmanns Temperament, aber er wusste auch, was für ein strategisches und politisches Genie dieser war.

«Auch ich habe Feinde hier. Nicht alle wollen einen Knaben vom Land als Befehlshaber und Vorsteher einer der reichsten Städte haben.»

Matthias dachte kurz nach. «Seht Ihr Hauptmann, dann habt Ihr mich und Savoyen hinter Euch.»

Hans Waldmann lächelte ob der Naivität seines alten Weggefährten.

«Wenn es so einfach wäre.»

Matthias stand schliesslich auf. «Ich bin müde, Hauptmann. Ich würde mich gerne zurückziehen.»

Er drehte sich um, ging zur Tür. Als er die Hand auf den Knauf legte, fragte Waldmann: «Wirst Du kämpfen, alter Freund?»

Der Kapitän drehte sich um. «Das wisst Ihr, Hauptmann!»

«Kämpfst Du für uns oder für Deine Jolanda?»

«Spielt das eine Rolle?»

Waldmann lächelte kalt. «Nein, Matthias! Wenn Du den Schweinehund umbringst, nicht.»

«Das habe ich vor, Hauptmann!»

* * *

Jolanda stand vor ihm, nackt. Ihr Körper leuchtete in der Dunkelheit.

Er sah ihre grossen, blauen Augen. Er sah ihre Locken, die wie ein Wasserfall über ihre Schultern fielen. Ihre festen, hohen Brüste, ihre schlanken Beine, das dunkle Dreieck dazwischen.

Matthias lächelte, streckte seine Hände aus, wollte sie zu sich herziehen. Doch sie wich vor ihm zurück und sein Lächeln verschwand. Sie wich immer weiter weg, ohne dafür ihre Beine zu bewegen. Sie schien zu schweben.

Matthias stand auf. Splitternackt, wie er war, ging er ihr nach. Doch sie schwebte immer weiter fort. Er begann ihr nachzulaufen, zuerst langsam, dann immer schneller. Aber er erreichte sie nicht. Sie wurde immer kleiner, die Dunkelheit begann sie aufzusaugen. Er rief ihren Namen, aber sie schien ihn nicht zu hören. Oder hatte er überhaupt einen Laut herausgebracht?

Er rannte jetzt, so schnell er konnte. Und doch wurde sie kleiner und kleiner, bis sie schliesslich in der Dunkelheit verschwand.

Matthias sah sich um, konnte aber nichts erkennen. Um ihn herum war alles nur Dunkelheit. Auch der Boden, auf dem er stand, war nichts als tiefes, dunkles Schwarz.

Dann erschien Jolanda wieder.

Doch nein, es war nicht die Prinzessin. Es war etwas anderes, etwas Bedrohliches, Gefährliches. Er konnte es nicht genau sehen, aber er wusste es. Spürte es.

Es kam näher, schneller und schneller. Dann war es vor ihm, plötzlich, ohne Vorwarnung. Rot, in Flammen gehüllt. Die Augen ohne Pupillen spien Feuer. Der Rachen öffnete sich, zeigte riesige, schwarze Zähne.

Er wollte sein Schwert ziehen, aber er war ja nackt.

Er hob die Hände, schrie.

Dann wachte er auf.

Schweissgebadet sah er an sich herunter, sah sich um.

Er lag auf seinem Feldbett, das Zelt dunkel. Regen prasselte auf das Dach. Matthias erhob sich, ächzte und streckte sich. Er schlüpfte in seine Hosen, Hemd und das Wams, ging nach draussen in die Nacht. Es regnete stark und er zog sein Wams enger um sich. Um ihn herum standen Zelte, Tausende.

In der Nacht zuvor war das Zürcher Heer eingetroffen. Zweitausend Mann, die in einem dreitägigen Gewaltmarsch von ihrer Heimatstadt bis vor Murten marschiert waren. Auch von den Städten Thun, Strassbourg, Colmar und sogar aus Rottweil waren Kontingente angekommen und alle hatten ihre Zelte auf dieser Ebene vor Ulmiz aufgeschlagen.

Im Lager war es ruhig. Nur die Wachen waren dunkel zu sehen, welche ihre Rundgänge absolvierten.

Die Männer brauchten die Ruhe, mussten sich von den Strapazen der Märsche erholen. Matthias als einer der wenigen Eingeweihten wusste, dass die Hauptmänner geplant hatten, die

Schlacht an diesem Tag zu führen. Sie waren etwas in Eile. Sie hatten jetzt über zwanzigtausend Kämpfer und das Problem, nicht alle versorgen zu können. Auch Matthias hatte deshalb seine Männer nach einem kargen Mahl in ihre Unterkünfte geschickt, mit dem Befehl zu ruhen.

Er stand draussen, die Regentropfen fielen auf sein Haupt und liefen wie Tränen über sein Gesicht. Er sah nach oben, suchte die Sterne, aber es war keiner zu sehen. Er dachte an Jolanda, wie immer, wenn er in den Himmel sah. Dann wischte er den Gedanken an sie weg und machte sich auf den Weg zu Waldmanns Zelt.

Dieses stand nicht weit von seinem Eigenen entfernt und im Innern schimmerte noch Licht. Er schob den Vorhang am Eingang auf und blickte hinein.

Waldmann sass quer auf einem Klappstuhl, die Füsse auf die Kante seines Tisches gelegt. Er hatte den obligaten Weinbecher in der Hand, stierte ins Leere.

«Störe ich, Hauptmann?», fragte Matthias, und dieser schreckte auf.

«Du findest auch keinen Schlaf», bemerkte er und winkte den Kapitän hinein. «Du schläfst ebenfalls kaum vor einem Kampf.»

Matthias schüttelte den Kopf und betrat das Zelt. Waldmann machte eine Handbewegung zu der Weinkaraffe, aber Matthias verneinte wortlos. Stattdessen ging er zu derjenigen mit dem Wasser und goss sich davon in einen Becher. Dann setzte er sich auf den zweiten Stuhl.

«Wann?», fragte er knapp und sah Waldmann an.

«Mittag», antwortete dieser ebenso knapp.

Es folgte Stille. Beide hingen ihren Gedanken nach.

Schliesslich seufzte der Hauptmann tief. «Ich will, dass ihr Euch um den Herzog kümmert.» Matthias sah ihn an, sagte aber nichts. Er wusste, dass sein Heerführer es gut verstand, die persönlichen Gefühle seiner Leute für seine eigenen Taktiken und Vorteile zu nutzen. Normalerweise hätte er dagegen protestiert. Doch nach Jolandas Entführung war es ihm sogar recht.

Waldmann fuhr weiter: «Ich weiss, nach dem Verschleppen von Jolanda ist es etwas Persönliches und darauf baue ich. Holt Euch den Bastard und bringt ihn für immer zum Schweigen.»

Waldmann hob seine Füsse vom Tisch und setzte sich auf. Er kramte auf den Papieren auf dem Tisch herum und zog dann eine grosse Karte hervor. Sie zeigte das Gelände um Murten, darauf waren die Stellungen des Herzogs eingezeichnet, die dieser in einem grossen Halbkreis vor dem Städtchen hatte aufbauen lassen. Jedoch nicht, wie man hätte vermuten können, mit der offenen Seite nach Murten hin, sondern gegen Osten, hin zu den Eidgenossen. Das war ein guter Schachzug, da er somit verhindern konnte, von den Seiten her in die Zange genommen zu werden, dazu hatte er den See als Rückendeckung. Es hatte aber auch den Nachteil, sich bei einer möglichen Niederlage nur am See entlang nach Norden oder Süden zurückziehen zu können.

Waldmann knallte mit der Faust darauf. «Aber bevor Du den Hurenbock einen Kopf kürzer machst, müssen wir da hinein. Hier hat der Scheisshaufen einen Wall errichtet.» Er fuhr mit dem Finger an einer dicken Linie entlang, die im 90-Grad-Winkel zu der Strasse eingezeichnet war. «Der führt fast vom Dorf Salvenach bis an den Weg heran. Auf der anderen Seite der Strasse ist ein tiefer Graben. Das bedeutet, ich muss mit dem Gewalthaufen durch dieses Nadelöhr. Und da passen wir einfach nicht durch. Also muss die Vorhut uns den Wall entledigen, um Platz zu schaffen.»

«Befestigt?», fragte Matthias knapp und Hans Waldmann nickte. «Und wie! Es handelt sich um einen Wall aus zugespitzten Stämmen, welche sie in mehreren Reihen hintereinander in den Boden getrieben haben.» Dazwischen haben sie Bretter genagelt, hinter denen sich ihre Männer verstecken und in Deckung gehen können. Die Vorhut kann also kaum die Bögen benutzen und wird dazu nicht wissen, mit wie vielen von den Bastarden sie es überhaupt aufnehmen muss.»

Matthias atmete tief ein und aus.

«Und das ist noch nicht mal das Schlimmste», fuhr Waldmann weiter und sah dabei Matthias ernst an. «Das Teil ist mit Artillerie gesichert!»

Der Kapitän zog seine Augenbrauen hoch. «Und wie stellt Ihr Euch das vor, Hauptmann?»

«Hans von Hallwyl, er wird die Vorhut führen, und er wird versuchen, diesen Wall zu überrennen.»

«Mit wie vielen Männern?» Matthias blieb bei seinen knappen Fragen.

«Fünfzehnhundert», erwiderte Waldmann. Er blieb bei seinen knappen Antworten.

Matthias streckte sich, sah dabei aber weiterhin auf die Karte hinab.

Waldmann zeigte mit einem Finger auf einen Punkt, genau zwischen dem Wall und dem Graben. «Da führt die Strasse hindurch und diese Lücke, wo ich durchmuss, haben sie mit einer Artilleriestellung gesichert. Und die zeigt genau auf die Strasse und das Feld vor dem Wall. Von Hallwyl will auf der Strasse marschieren, um dann über dieses Feld direkt auf den Wall zuzugehen und diesen dann zu überrennen.»

«Und das, obwohl sie von der Seite her ein offenes Feld haben, wo sie sie mit der Artillerie niedermachen können?» Matthias streckte sich nochmals, sah Waldmann ernst an. «Das ist Selbstmord, Hauptmann.»

«Da gebe ich Dir recht, mein Freund.» Auch Waldmann erhob sich. «Und jetzt kommen Du und Deine Männer ins Spiel.» Er zog mit dem Finger auf der Karte eine unsichtbare Kurve. «Ihr geht mit der Vorhut mit, löst Euch aber davon, noch bevor Euch die Kanonen erreichen können. Dann haltet Ihr Euch nördlich von der Strasse und kämpft Euch durch diesen Graben. Danach umgeht Ihr die Artilleriestellung und fallt ihr in den Rücken. Schaltet sie aus.» Er atmete tief. «Sobald dies geschehen ist, gebt Ihr ein Signal an Von Hallwyl und der kümmert sich um den Wall.»

Matthias nickte, der Plan ergab Sinn, auch wenn er lieber einfach auf einem Pferd mitten in das Lager geritten wäre und den Herzog zum Kampf gestellt hätte.

«Weiss Von Hallwyl schon davon?»

«Aber ja! Es war zum Teil sein Plan. Und Ihr bekommt Unterstützung von den Schwyzern. Deren Landamman …» Er machte eine kurze Pause, suchte in seinem Kopf nach dem richtigen Namen, «… Dietrich In der Halden, wird mit seinen hundert Männern Dir unterstellt.» Waldmann sah Matthias an, nahm sein Weinglas und trank einen tiefen Schluck. «Der Graben ist tief, er ist mit zugespitzten Pflöcken gesichert und …»

Matthias unterbrach ihn: «Und wir müssen von unten hoch. Die Burgunder haben also den höheren Grund.» Waldmann sah ihn immer noch an, nickte. «Darum schicke ich Dich, mein Freund! Ihr seid die Einzigen, denen ich das zutraue.»

«Und dann?» Waldmann kannte die Bedeutung von Matthias Frage.

Er beugte sich wieder zur Karte hinunter. «Und wenn Ihr die Stellung ausgeschaltet habt, kämpft Ihr Euch in Richtung Hauptquartier, in Richtung von Karl.» Er machte eine kurze Pause. «Wenn es geht, bring mir seinen Kopf.»

Matthias sah seinen Hauptmann nur an, sagte nichts.

«Ich weiss, dass Du Dir nichts sehnlicher wünschst, als diesem Bastard Dein Schwert in den Rumpf zu rammen. Aber am wichtigsten ist, dass unsere Vorhut durch diesen Wall kommt. Tausendfünfhundert Mann, Matthias. Wenn das nicht funktioniert, dann …» Hans Waldmann seufzte. «… dann komme ich nicht mal auf das verfluchte Schlachtfeld und wir können einpacken und nach Hause gehen.»

Der Kapitän nickte, schüttete sein Wasser auf den Boden und stellte den Becher auf den Tisch.

Dann lächelte er Waldmann an. «Wir werden sie ausschalten, Hauptmann. Und dann mache ich mich auf die Suche nach dem Halunken.» Er wandte sich zum Gehen.

«Matthias», ertönte Waldmann, als dieser gerade aus dem Zelt treten wollte, «vermisst Du sie?» Waldmann sah ihn ernst an, die Stimme ohne einen Hauch von Spott oder Humor.

«Ja, Hauptmann! Ihr könnt Euch nicht vorstellen, wie!»

Er drehte sich um und ging hinaus in den Regen.

* * *

«Herr Feldhauptmann!» Matthias Stimme war eindringlich, doch Von Hallwyl unterbrach ihn: «Herr Kapitän, ich habe Euch jetzt schon mehrfach gesagt, ich warte nicht allzu lange. Ich kann nicht meine tausendfünfhundert Mann einfach auf der Strasse und im Wald warten lassen. Ihr werdet Euch beeilen müssen, diese Stellungen auszuschalten.»

«Aber …»

«Kein aber!» Von Hallwyls Stimme zeigte, dass er langsam die Geduld verlor. «Ihr tut, was ich sage. Ich bin hier der Oberbefehlshaber, Ihr seid ein Kapitän. Ihr habt nicht viel Zeit und werdet diese Stellung schnell erobern. Ich warte nicht auf Euch!» Er blickte Matthias ernst an. «Haben wir uns verstanden?»

Matthias schüttelte den Kopf, sagte nichts.

«Haben wir uns verstanden?», fragte der Feldhauptmann nochmals, dieses Mal mit scharfer Stimme, jede Silbe betonend.

«Ja, Herr Feldhauptmann.» Matthias resignierte, drehte sich um und ging zu seiner Truppe.

Dort warteten Sven und der Schwyzer Landamman In der Halden. Beide sahen ihn an, sagten nichts. Sie konnten an seiner Miene erkennen, dass das Gespräch nicht so verlaufen war wie gewünscht.

«Der Idiot will unbedingt die Ehre für sich haben, die Entscheidung der Schlacht herbei geführt zu haben.» Matthias schüttelte immer wieder den Kopf.

«Also, Herr von Altstetin», machte In der Halden, «dann lasst uns schnell sein. Es bleibt uns ja nichts anderes übrig.»

«Das scheint so zu sein», antwortete Matthias, er zuckte mit den Schultern.

Er, Sven und Dietrich hatten am Morgen einen Ausritt gemacht, um sich selbst einen Überblick vom Gelände zu verschaffen.

Dabei hatten sie festgestellt, dass der Graben, den sie zu überwinden hatten, zwar steil, aber voller Bäume war. Dies machte das Emporsteigen auf der anderen Seite des Grabens einfacher. Die Idee war, dass Von Hallwyl ein kleines Detachement zu dem befestigten Wall schicken sollte und somit die Aufmerksamkeit der burgundischen Männer am Wall und in der Artilleriestellung auf das Detachement richten würde. Erst dann würden Matthias und all seine Männer in einer breiten Linie ebenfalls den Wald verlassen und so schnell sie konnten das Feld bis zum Graben überwinden. Daraufhin wollten sie in Dreiergruppen in den Graben hinuntersteigen und wieder auf der anderen Seite hinauf. Dabei sollten sich die drei Männer einer Gruppe jeweils gegenseitig helfen, sollte das Gelände zu steil sein. Der Rest wäre dann ein gemeinsamer Ausfall aus dem Wald und auf die Stellung. Sobald sie diese ausgeschaltet hätten, würden sie ein Signal an Von Hallwyl senden und dieser den Wall mit der gesamten Stärke seiner Vorhut angreifen.

Matthias hoffte inständig, dass Von Hallwyl auch wirklich auf das Signal warten würde.

Sie marschierten lange vor der Vorhut.

Sie nahmen den normalen Weg, welcher die Städte Bern und Murten miteinander verband, gingen in langer Reihe. Matthias und Dietrich In der Halden waren zuvorderst, die insgesamt hundertzweiundzwanzig Mann in einer langen Kolonne hinter ihnen. Sie gingen zu Fuss und trugen keine Harnische. Viele hatten ihre Helme mit dabei, die vierzehn Männer von Matthias nicht mal diese.

Der Weg führte lange durch den Wald. Als dieser sich lichtete und der Weg über ein offenes Feld führte, liess Matthias die Männer auffächern und befahl ihnen, sich noch etwas auszuruhen. Dabei sollten sie sich unbedingt im Walde versteckt halten. Er wollte keinesfalls, dass Späher sie sahen und gegebenenfalls ihre Absichten erkunden würden.

Dann warteten sie.

Der Regen fiel immer noch. Das Rauschen der Tropfen übertönte jedes Geräusch im Wald. Sie lagen im Dickicht, versuchten sich einigermassen trocken zu halten. Sie sprachen nicht viel. Matthias beobachtete den Gegner hinter dem Wall. Viele Burgunder waren nicht zu sehen, dafür war die Sicht durch den starken Regen zu eingeschränkt. Ab und an war ein Harnisch oder ein Helm auszumachen, auf dem sich das fade Licht des Tages spiegelte. Auf der rechten Seite der Strasse war von der Artilleriestellung nichts zu erkennen. Sie versteckte sich hinter einer kleinen Biegung, die der Graben in Richtung der Strasse machte. Doch Matthias wusste, dass die Stellung dahinterlag, und er schätzte die Entfernung bis dahin auf etwa hundertfünfzig Klafter. Bei dem Wetter und dem tiefen Boden würden sie etwa ein, vielleicht zwei Minuten benötigen, das Feld zu überbrücken.

Die Spannung wuchs. Trotzdem fröstelte es Matthias, das schlechte Wetter der letzten Tage hatte die Temperatur heruntergedrückt. Er vermisste die Wärme der vorigen Wochen. Er vermisste Jolanda.

Dann erspähte er eine Bewegung im Wald, auf der anderen Seite der Strasse.

Die Vorhut der Eidgenossen war eingetroffen.

Ein Mann näherte sich ihnen, er schlich durch den Wald. Matthias beobachtete ihn, wie er versuchte, sich ohne einen Laut durch das Unterholz zu bewegen. Schliesslich erreichte dieser Matthias und Dietrich, kniete neben ihnen nieder.

«Die Vorhut ist da, Kapitän. Feldhauptmann Von Hallwyl lässt ausrichten, dass er mit dem ersten Stoss eines Hornes angreifen wird.»

«Gut», antwortete der Kapitän und wandte sich an Dietrich, «lasst uns bereit machen.»

Dietrich gab den Befehl an den Kämpfer zu seiner Seite und diese Order wurde langsam und leise von Mann zu Mann weitergegeben.

«Sagt dem Feldhauptmann, wir sind bereit.»

Der Bote kroch zurück und verschwand wieder im Dickicht.

Sie warteten auf den dumpfen, bedrohlichen Klang des Harsthornes.

«Seht, Kapitän!», sagte der Landamman und zeigte aus dem Wald. Der Regen hatte aufgehört und kurz darauf begann die Sonne durch die Wolken zu drücken. Das Licht veränderte sich, wurde heller.

Eine Glocke läutete. Matthias zählte mit. Zwölf. Es war die Kirche von Murten, sie läutete zu Mittag.

Und just im selben Moment ertönte der Hornstoss.

Die Männer Von Hallwyls rannten aus dem Wald. Wie Wasser aus einem Bach ergossen sich die Kämpfer über das Feld und auf den Wall zu.

Dietrich In der Halden erbleichte. «Zu viele!», rief er. «Das sind zu viele!» Und in der Tat schien es, als ob Von Hallwyl seine gesamte Vorhut angreifen liess anstelle des vereinbarten kleinen Detachements.

«Das sind alle! Verdammter Idiot!», entfuhr es Matthias und er sprang auf.

«Los!», schrie er und rannte aus dem Dickicht auf das offene Feld vor ihm.

Ein Geschütz donnerte. Matthias sah, während er rannte, zu der Vorhut hin und konnte sehen, wie die Kanonenkugel durch die Reihen fuhr, mehrere Männer einfach vom Boden hinwegfegte, als wären sie vom Blitz getroffen. Er rannte weiter, so schnell er konnte, seine und Dietrichs Männer direkt hinter und neben ihm. Wieder donnerte ein Geschütz, wieder stieg hinter dem Graben Rauch auf.

Dann erreichte er den Graben.

Ohne zu zögern, sprang er hinunter, schlitterte auf dem Hosenboden über den nassen, rutschigen Abhang. Entgegen Waldmanns Aussagen waren keine weiteren Abwehrmassnahmen der Burgunder auszumachen. Es gab keine zugespitzten Pfähle, keine Fallgruben oder Stricke. Nichts dergleichen. Nur weiteres Dickicht, das dicht zwischen den Bäumen am Boden wuchs.

Er kam unten an. Der Boden war tief aufgeweicht vom Regen der letzten Tage. Jeder Schritt war mühsam, immer wieder versank er bis über die Knöchel im Morast. Es schmatzte jedes Mal, wenn er seinen Stiefel aus dem Dreck zog.

Dietrich war gleich hinter ihm und Sven ächzte, als er neben ihnen ebenfalls unten auftraf.

Matthias begann sofort mit dem Aufstieg auf der anderen Seite. Der Graben war tief, mindestens einen Klafter, und enorm steil. Das rutschige Erdreich machte den Aufstieg zu einer Tortur. Immer wieder rutschte er mit den Füssen ab. Er versuchte sich an Ästen und kleineren Stämmen festzuhalten, sich hochzuziehen. Dietrich stand hinter ihm, stützte ihn mit den Händen, um ihn weiter hochzuschieben.

Auch links und rechts von ihm versuchten Männer den Steilhang emporzuklettern, ächzten und stöhnten dabei. Flüche waren zu hören.

Und immer wieder donnerten die Kanonen. Rauch begann sie wie dichter Nebel einzuhüllen, die Luft war beissend und seine Augen tränten. Wieder und wieder waren Befehle zu hören, welche in der Artilleriestellung der Burgunder geschrien wurden, unterbrochen durch das ohrenbetäubende Gebrüll der Geschütze.

Schliesslich erreichte er, dank tatkräftiger Unterstützung von Dietrich, den oberen Rand. Matthias hielt sich an einem kleinen Baum fest und half dem Landamman mit einer Hand hoch. Dann spähte er durch die Blätter.

Die Stellung befand sich etwas links von ihnen. Sie war weit auseinandergezogen und zeigte von ihnen weg auf die andere Seite der Strasse. Es standen Lafetten an Lafetten. Durch den Rauch konnte er nur die ersten davon ausmachen. Einige waren auf einer Art Schlitten gelagert, andere besassen grosse Räder. Bei jedem Geschütz standen mehrere Männer, die in grosser Eile versuchten, nach jedem Schuss die Geschütze wieder flott zu machen und nachzuladen. Kugeln waren aufgestapelt, daneben standen Fässer, wahrscheinlich mit Pulver und sonstigem Zeug, was dazu benötigt wurde.

Matthias und Dietrich warteten, bis sie sicher waren, dass all ihre Männer ebenfalls am oberen Rand des Grabens angelangt waren.

«Du heilige Mutter Maria», machte Sven, der links von ihm in einem Farnstrauch lag. «Seht, Kapitän», flüsterte der Hüne und zeigte zum Wall auf der anderen Seite der Strasse. Matthias kroch etwas weiter vor und dann sah er es.

Die Vorhut Von Hallwyls war am Wall in ein blutiges Gefecht verwickelt. Viele Tote und Verletzte lagen vor dem künstlichen Hindernis. Von hinten rückten die Männer nach vorne und drückten die vordersten Reihen in die mit spitzen Pfählen und Piken bewehrten, burgundischen Linien hinein. Er sah Körper, die durchbohrt aufrecht auf den Holzpfählen steckten. Andere wurden von den langen Spiessen und den Schwertern der burgundischen Kämpfer niedergemacht. Sie wurden durch die nachrückende Vorhut in den Wall hineingedrückt, hatten keine Möglichkeit, den nötigen Abstand zu den tödlichen Hindernissen zu wahren.

Und immer wieder donnerten die Geschütze der Artillerie, zerfetzten mit ihren Bleikugeln, die wie eiserne Blitze durch die Reihen der eidgenössischen Vorhut fuhren, Dutzende von Körpern.

«Warum hat er nicht gewartet?», sagte Sven, seine Stimme dunkel und traurig.

«Weil er ein idiotischer Ehrenmann ist», antwortete Matthias zornig und Dietrich gab ihm Recht: «Was für ein Arsch! Kapitän, die sterben wie die Fliegen, wir müssen los.»

Matthias sah ihn an und liess einen lauten Pfiff ertönen. Sofort sprangen sie auf und stürmten aus der Deckung.

* * *

Sie konnten kaum etwas sehen.

Der Rauch der Geschütze zog wie dichter Nebel über die Landschaft. Die Männer von Dietrich und Matthias mussten wie Dämonen aus der Hölle auf die Burgunder wirken, als sie von hinten mit gezogenen Schwertern aus dem Rauch heraus in die Artilleriestellung einfielen.

Der Landamman war der Vorderste. Mit hoch erhobenem Schwert, laut brüllend liess er seine Klinge auf einen der Kanoniere niedersausen, der, ohne zu wissen, was eigentlich passierte, schon tot war, als sein Körper auf dem Boden aufschlug. Matthias war gleich hinter Dietrich und rammte sein langes Schwert in den Körper eines anderen Burgunders. Die Spitze drang von hinten durch den Rücken, glitt an einer der Rippen ab und bohrte sich weiter, bis die Spitze aus der Brust des Mannes drang. Er drehte die Klinge leicht und riss sie wieder heraus. Sven, gleich neben ihm, liess seine grosse Streitaxt auf den Kopf eines weiteren Burgunders sausen, halbierte dessen Schädel und der Schwung der schweren Waffe liess die Klinge unten am Gesicht wieder heraustreten. Sven rannte weiter, während der Kopf des Mannes begann, auseinanderzuklaffen, dann kollabierte der leblose Körper.

Wie eine Welle überrannten die Schwyzer zusammen mit Matthias' Männern den hinteren Teil der Stellung. Doch die Überraschung der Burgunder wich schnell einer heftigen Gegenwehr. Die Stellung war weit auseinandergezogen und als sie sich knapp bis zur Hälfte durchgekämpft hatten, sahen sie sich einer massiven Front von burgundischen Kämpfern gegenüber.

Der Kommandant der Artilleriestellung war keineswegs in Panik verfallen, wie sich das Matthias und Dietrich ausgemalt hatten, sondern organisierte seine Leute mit lauten Befehlen neu. Und sie hatten schnell reagiert.

Sie hörten ein Schnappen, gefolgt von einem Knall. Durch den Rauch war ein Blitz zu sehen und Friedrich, der Mönch, der sich gleich neben Matthias befand, schrie auf und wurde zu Boden gerissen.

«Feuerwaffen!», brüllte Matthias, aber es war zu spät.

Dem Schuss, der der Mönch niedergestreckt hatte, folgte ein Stakkato dieser schnappenden Laute, immer gefolgt von jenem peitschenden Knall und Blitz, als Dutzende Büchsen abgefeuert wurden. Kugeln pfiffen über Matthias hinweg, der sich geistesgegenwärtig nach dem ersten Schuss auf den Boden geworfen hatte. Männer hinter und neben ihm schrien auf, fielen.

Auch Dietrich In der Halden wurde getroffen. Sein Schwert fiel ihm aus der Hand und er stürzte zu Boden. Matthias kroch auf ihn zu, bekam ihn am Hosenbein zu fassen und versuchte ihn zurückzuziehen. Doch erst als Sven das andere Bein des Landammans packte, schafften sie es. Der Schwyzer stöhnte auf, seine rechte Schulter war blutüberströmt.

«Bleibt liegen!», schrie ihn Matthias an und schon waren er und Sven wieder auf den Beinen. Das Peitschen der Büchsen war verstummt und er wusste, das Nachladen würde dauern.

«Los! Auf! Weiter!», rief er und hinter ihm sprangen die Männer hoch und stürzten wieder vorwärts. Sie rannten weiter, doch nur nach ein paar wenigen Schritten wurde ihr Vorwärtsdrang erneut gestoppt. Dieses Mal sahen sie sich einer breiten Reihe von Lanzenspitzen und Piken gegenüber. Die Burgunder standen Schulter an Schulter.

Matthias Augen tränten in der beissenden Luft, Schweiss rann ihm über das Gesicht. Er wischte sich die Augen mit dem Ärmel. Im Bruchteil eines Augenblickes überlegte er, wie er durch diese Mauer aus rasiermesserscharfen Spitzen kommen sollte, aber Sven kam ihm zuvor.

Der Riese warf seine Streitaxt der Breite nach mitten in die erste Reihe der Burgunder. Diese reagierten instinktiv und sie rissen ihre Arme hoch. Und eben diese Öffnung nützte der Hüne. Mit blossen Armen schlug er auf die Lanzen rechts und links und mit einem lauten Schrei rammte er den Mann vor ihm mit seinen breiten Schultern, rannte ihn einfach um. Dieser wurde durch Svens

Gewicht nach hinten gestossen, prallte da auf den Mitstreiter, welcher hinter ihm stand, stolperte über dessen Füsse und verlor sein Gleichgewicht. Er liess seine Lanze fallen und breitete seine Arme aus, um sich irgendwo festzuhalten. Dabei bekam er die Ärmel seines Nachbarn zu fassen, riss diesen ebenfalls mit sich.

Die Lücke war offen.

Matthias stürmte hinein. Sein Schwert hieb nach links und rechts, ohne zu zielen. Hinter Sven, der wie ein Blitz wieder aufgesprungen war und seine Axt erneut in den Händen hielt, strömten die Männer wie ein Keil in das entstandene Loch, vergrösserten es und immer mehr drängten nach.

Matthias hieb, wie wenn er Heu dreschen würde. Wo er einen Schatten, einen Umriss im Rauch erblickte, liess er sein Schwert niedersausen. Und plötzlich war niemand mehr vor ihm. Er hatte die Reihen der Burgunder durchbrochen.

Wieder donnerte ein Geschütz. Der Lärm war ohrenbetäubend. Er rannte weiter.

Es mussten noch Kanonen vor ihm sein. So war es auch, aber es war das letzte der Geschütze in der Reihe und als die Mannschaft die heranstürmenden Gegner sahen, liessen sie ihre Werkzeuge fallen und hoben die Hände.

Sven aber machte keine Gefangenen. Matthias sah, wie die Axt herumwirbelte, hörte den dumpfen Knall, wenn die Schneide in die Körper fuhr, hörte die Schreie der Männer.

Hinter ihm vernahm er Waffengeklirr. Das Gefecht war noch immer im Gange.

Ein Schrei ertönte aus dem Nebel. Der Burgunder rannte, die Lanze genau auf sein Gesicht gerichtet, auf ihn zu. Unbewusst wie in Trance machte Matthias einen Schritt auf seine linke Seite, und als der Schwung den Gegner nah genug herangetragen hatte, liess er die Klinge seines Schwertes quer in dessen Gesicht fahren. Die Schneide traf den Burgunder genau auf der Höhe seines Mundes, zerteilte ihm die Wangenregion, spaltete die Oberlippe, zerschnitt die Nase. Der Mann schrie gellend auf, liess die Lanze fallen und griff sich ins Gesicht. Blut spritze ihm zwischen den Fingern hervor, als er auf die Knie und dann auf seinen Rücken fiel, sich hin und her wälzend, unentwegt einen gellenden Schrei ausstossend.

Matthias drehte sich um und rammte ihm sein Schwert durch den Kopf. Der Schrei verstummte.

Matthias ging zu Sven. Der Riese war über und über mit Blut besudelt, von seiner Axt tropfte es dunkelrot. Um ihn herum lag die gesamte Mannschaft des letzten Geschützes. Keiner rührte sich noch. Der Boden war feucht, der Hüne stand im Blut. Seine Augen schienen zu glühen, sein Gesicht war versteinert.

Matthias nickte ihm zu und Sven holte das grosse Harsthorn hervor, das er die ganze Zeit über quer auf seinem Rücken getragen hatte. Er hob es an die Lippen und stiess drei dröhnende, kurze Stösse aus. Das Zeichen für Von Hallwyl. Sie hatten die Geschütze ausgeschaltet.

Matthias knallte seine Hand auf die Schulter von Sven, drehte sich um und rannte zurück ins Gefecht.

Sie machten keine Gefangenen.

Ein paar von ihren Männern waren im ersten Kugelhagel gefallen, andere im darauffolgenden Kampf. Auch Friedrich von Einsiedeln war tot. Den Mönch hatte die allererste Kugel mitten im Gesicht getroffen. Daniel von Enstelingen und Valentin von Wollen lagen ebenfalls leblos am Boden. Der eine von einer Lanze aufgespiesst, der andere durch einen Schwerthieb niedergestreckt.

Der Landamman lag bei den Verletzten. Er blutete immer noch stark, die Kugel hatte seine rechte Schulter durchschlagen und war am Rücken wieder ausgetreten. Linhart von Klosters, derjenige, welcher in Florenz Medizin studiert hatte und in Matthias Truppe als Medikus fungierte, machte sich daran, die Verletzungen so gut es ging zu versorgen.

Der Kapitän versammelte die restlichen Männer. Bei über hundertzwanzig Mann, die durch den Graben vorgestossen waren, beklagten sie nur gerade mal acht Tote, aber dafür über dreissig Verletzte.

Von den Burgundern jedoch lebte kein einziger mehr.

Ein Horn ertönte, ein langer und trauriger Ton. Der Kapitän sah auf und bemerkte, dass der Rauch sich gelichtet hatte und sich die Sonne langsam durch die Wolken kämpfte. Er erblickte Hans Waldmann, der auf seinem grossen, weissen Ross ein stolzes Bild abgab. Der Hauptmann ritt auf der Strasse, umringt von weiteren

Reitern der Kavallerie, während sein Hauptheer aus dem Wald hervorstiess und nun begann, ebenfalls den Wall zu attackieren. Von Hallwyl war es, nachdem Matthias und Dietrich die Geschütze ausgeschaltet hatten, endlich gelungen, diesen zu überwinden. Trotzdem war seine Vorhut immer noch in Kämpfe verwickelt. Die burgundischen Verteidiger leisteten erbitterten Widerstand.

Waldmann blickte zu ihnen herüber, bemerkte seinen alten Freund und hob die Hand zum Gruss. Matthias winkte zurück und Waldmann machte eine Bewegung mit dem Arm in Richtung Westen. Der Kapitän nickte.

Er hatte noch eine Aufgabe zu erledigen.

Und diese war persönlich!

Kapitel VII

Das Hauptheer begann nun, sich auf dem grossen Feld vor dem Wall zu sammeln. Matthias hörte Befehle und Pfiffe, als Waldmann und seine Offiziere versuchten, Ordnung in das Chaos zu bringen. Er wusste, sein Hauptmann hatte den Plan, den Wall links zu umgehen, um dann von hinten das Lager von Karl zu umrunden und diesen in die Zange zu nehmen. Die Vorhut hatte unterdessen die Verteidiger am Wall niedergerungen und auch Von Hallwyl sammelte seine Männer. Er sollte in gerader Linie auf den Herzog zu marschieren, um den Kreis zu schliessen.

Matthias jedoch hatte einen eigenen Auftrag.

Er sandte Dietrichs Männer zu der Vorhut hinüber und behielt nur noch seine eigene Truppe bei sich. Sie hatten die kurze Pause genutzt, um ihre Ausrüstung wieder zu vervollständigen und um sich zu verpflegen. In der Artilleriestellung hatten die Burgunder einige Wasser und Weinfässer sowie solche mit Salzheringen, Brot und Käse gelagert und sie hatten die Esswaren unter allen aufgeteilt.

Matthias wollte jetzt so schnell er konnte die Distanz zum Lager des Herzogs überwinden, das auf einer unübersehbaren Anhöhe südlich der Stadt lag. Die weissen Zelte strahlten in der Sonne, die die Wolken unterdessen ganz verdrängt hatte.

Er blickte zum Lager hinüber. Sven kam, stellte sich neben ihn. Auch der riesige Kämpfer blickte zum Lager Karls. «Warum sind die noch nicht in Formation?», fragte er. «Ist das eine Finte?»

«Nein», antwortete sein Kapitän mit überzeugtem Ton, «sie haben immer noch keinen Alarm gegeben.»

Sven schüttelte den Kopf. «Immer noch nicht?»

«Immer noch nicht.» Matthias versuchte irgendeine Bewegung im oder um des Herzogs Lager auszumachen, aber es schien, als ob die Eidgenossen noch gar nicht im Anmarsch wären. Er konnte nur das normale Gewusel ausmachen, das die tägliche Routine eines Heerlagers zeigte. Keine Pfiffe, Hornstösse oder Ähnliches war zu hören. Die Bewegungen im Lager hätten schon längst dem hektischen und schnellen Treiben einer Alarmierung weichen müssen, aber nichts dergleichen war zu sehen. Und er konnte sich beim besten Willen nicht ausdenken, warum.

«Los!», rief Matthias und drehte sich zu seinen Männern um, «Machen wir, dass wir hier wegkommen.»

Sie packten ihre Waffen und rannten los. Sie liefen quer über das Feld in gerader Linie auf das Feldlager zu. Zu ihrer linken Seite hatte Von Hallwyl seine Vorhut geordnet und begann ebenfalls loszumarschieren.

Karls Feldlager lag auf einer Anhöhe. Ursprünglich war der Hügel bewaldet gewesen, aber der Herzog hatte den grössten Teil der Bäume roden lassen, um Platz für das Lager zu schaffen und um freie Sicht auf alle Seiten zu bekommen. Eigentlich hätte er sie sehen müssen, doch noch immer war kein Alarmzeichen zu hören.

Sie waren in etwa in der Hälfte der Wegstrecke, als Matthias sah, dass nun auch die Kavallerie lospreschte. Er wusste, dass Graf Von Thierstein diese befehligte und sah den Hauptmann an der Spitze der Reiterei. Er sass auf einem prächtigen Schlachtross, das mit einer grossen Decke in leuchtend gelber und roter Farbe bedeckt war. Der Graf war in seiner glänzenden Rüstung gepanzert, die in der Sonne leuchtete und glitzerte. Er galoppierte so schnell, was sein Ross vermochte, den Helm geschlossen und sein Schwert in der rechten Hand. Ein prächtiger Anblick, dachte sich Matthias, als die Reiter mit donnernden Hufen an ihnen vorbeipreschten. Von Thierstein sah den zu Fuss rennenden Kapitän und hob zum Gruss sein Schwert und schon war er an ihnen vorbei.

Jetzt endlich waren gellende Pfiffe und Fanfaren aus dem Lager der Burgunder zu hören: die Alarmierung.

Matthias und seine Männer rannten noch schneller.

Ihr Weg war etwas weiter als derjenige der Vorhut und so erreichten sie nur kurz vor Von Hallwyls Männern den Hügel.

Ihre Gegner waren völlig desorientiert, trotzdem traten ihnen schon am Fusse des Lagerhügels die ersten Burgunder entgegen. Matthias wollte ursprünglich auf direktem Weg den Hügel hinauf und in das Lager eindringen, sich dem Herzog selbst so schnell als möglich entgegenstellen. Aber die burgundischen Soldaten stoppten ihren Weg und zwangen Matthias und seine Männer in einen verzweifelten Schwertkampf. Kaum erklang das Klirren aufeinandertreffender Schwerter, als auch Von Hallwyl und seine Vorhut sich in den Kampf warfen. Immer mehr Kämpfer beider Seiten strömten hinzu.

Matthias hieb, schlug und stiess sein Schwert in die Gegner. Kaum hatte er einen niedergerungen, war der Nächste da. Der Schweiss rann ihm in Strömen herunter, seine Beine wurden müde, die Muskeln in den Armen brannten. Doch immer noch stellten sich den Eidgenossen weitere burgundische Kämpfer in den Weg. Neben ihm schrie Sven wie ein Berserker, liess seine Axt schwingen. Der Riese tobte sich durch die gegnerischen Reihen, hinterliess eine Spur aus Blut und Tod.

Der Lärm auf dem Schlachtfeld war ohrenbetäubend. Männer brüllten, fluchten, schimpften zu ihren Widersachern, Verletzte und Sterbende schrien nach ihren Müttern, ihren Frauen und Kinder, andere starben leise, ganz für sich allein. Es stank fürchterlich nach Blut, Gedärmen und Kot. Matthias Kleider und Stiefel waren überzogen mit Blut, wurden schwer.

Er tötete Männer mit Lanzen, Männer mit Schwertern und Männer, die gar nicht bewaffnet waren. Eine grauenvolle Ruhe überkam ihn, er spürte oder hörte nichts. Es existierte nichts mehr, nur noch der jeweilige Mann ihm gegenüber. Er rammte seine Klinge in Gesichter, schnitt Unterleibe auf, sodass die Gedärme herausquollen, hackte Arme und Hände ab, solche mit Waffen und solche ohne.

Und dann. Plötzlich nichts mehr.

Matthias stand da und niemand stellte sich ihm in den Weg.

Er drehte sich um und die Welt kam wieder zu ihm zurück.

Er sah sich um. Überall waren Kämpfe im Gange. Er sah Hans von Altdorf, einer seiner besten Schwertkämpfer, wie er einem Burgunder mit einem Hieb den Kopf von den Schultern trennte. Die beiden Brüder Peter und Daniel von Schwyz kämpften Seite an Seite, nahmen es gleich mit drei Gegnern auf. Alle drei Burgunder fielen. Sven, der alle überragte, wütete mit seiner Axt, obwohl ein Pfeil in seinem linken Oberarm steckte. Er schien ihn nicht mal zu spüren. Wilhelm von Thun, der Bogenschütze in seiner Truppe, kniete etwas erhöht am Fusse des Hügels, verschoss Pfeil um Pfeil. Er verfehlte sein Ziel nie.

* * *

Der Kapitän begann, den Hügel zum Lager hinaufzustürmen. Er erreichte die ersten Zelte und wandte sich am Rande des Lagers entlang nach rechts in Richtung des Sees. Auf keinen Fall wollte er sich mitten durch das Lager kämpfen müssen, sondern hoffte, sein Ziel am nördlichen Ende der Zeltstadt zu finden. Matthias rannte, so schnell er nur konnte.

Aus dem Lager gellten Pfiffe und geschriene Befehle. Er sprintete an den Zelten vorbei, sprang über deren Sicherungsseile, stolperte und prallte auf den Boden. Matthias rappelte sich auf und rannte weiter. Er erreichte den nördlichsten Punkt des Lagers. Unter ihm, am Fusse des Hügels, tobte die Schlacht. Zu seiner Linken konnte er das Hauptheer von Waldmann erkennen, das zusammen mit der eidgenössischen Kavallerie sowie dem Lothringer Herzog René II. und dessen knapp dreissig Mann die gegnerische Reiterei niedermachte. Sie rissen die burgundischen Ritter mit Hellebarden von ihren Pferden, töteten sie auf dem Boden liegend wie Käfer auf dem Rücken. Zu seiner Rechten erkannte er Von Hallwyl, der mit der Vorhut und zusammen mit Matthias' eigenen Männern die rechte Flanke der Burgunder vor sich hertrieb, eine Spur aus Leichen hinterlassend. Und noch weiter rechts, auf der Schlacht abgewandten Seite des Städtchens, erkannte Matthias den Grafen Von Romont, welcher mit seinen Mannen im Begriff war zu fliehen. Der Kapitän zuckte in Gedanken mit den Schultern. Dieser Verbündete von Karl dem Kühnen war nicht sein Problem. Er hatte ein anderes zu lösen.

Ein eigenes.

Er rannte weiter.

Und dann sah er ihn.

Der Herzog sass auf einem riesigen Schlachtross, welches eine goldfarbene Decke mit blauen und roten Stickereien trug. Er selbst besass eine goldene Rüstung, sein goldener Helm war offen und Matthias konnte das Gesicht sehen. Der Herzog schwitzte, Haare klebten in seiner Stirn, er gestikulierte und schrie irgendetwas zu seinen Reitern, die neben ihm standen. Sein Schwert steckte noch in der Scheide.

Matthias blieb stehen. Sah ihn an. Einfach nur an.

Und dann sah der Herzog zu ihm herüber. Die Blicke der beiden Männer trafen sich, verkeilten sich ineinander wie zwei verbogene Schwertklingen.

Matthias' Hass überkam ihn wie eine Welle. Die Welt verblasste um ihn herum, bekam einen Rotstich. Er schrie Karl etwas zu. Brüllte. Er hob sein Schwert und rannte los.

Der Herzog riss an den Zügeln und sein Pferd stieg in die Höhe. Es wieherte laut. Kaum berührten die Hufe wieder den Boden, gab ihm der Herzog die Sporen. Dreck und Gras spritzte auf. Das riesige Tier galoppierte los. Der Schweif wehte in der Luft, die Mähne flatterte.

Direkt auf Matthias zu.

Der Kapitän rannte, hatte sein Schwert erhoben, bereit zum ersten Streich. Er wusste, was zu tun war.

Die Distanz zwischen ihnen verringerte sich rasend schnell. Matthias sog die Luft tief in seine Lungen, hielt den Atem an und spannte die Muskeln.

Dann, nur wenige Schritte von Matthias entfernt, riss der Herzog sein Pferd herum, abrupt nach links, sprengte den Abhang hinunter.

Matthias blieb stehen, als wäre er gegen eine Wand geprallt. Er brüllte, fluchte, schrie dem Herzog hinterher.

Er sah den Schwertstreich nicht kommen.

Die Welt wurde schwarz.

* * *

Band 2 der Saga erscheint bereits im April 2024! Mit Band 2 ist der Zyklus der Burgunderkriege abgeschlossen.

Ihre Zufriedenheit ist unser Ziel!

Liebe Leser, liebe Leserinnen,

hat Ihnen unser Buch gefallen? Haben Sie Anmerkungen für uns? Kritik? Bitte zögern Sie nicht, uns zu schreiben. Wir werden jede Nachricht persönlich lesen und beantworten.

Schreiben Sie uns: info@ek2-publishing.com

Wussten Sie schon, dass Sie uns dabei unterstützen können, deutsche Militärliteratur sichtbarer zu machen? Bitte nehmen Sie sich einen Moment Zeit und bewerten Sie dieses Buch auf Amazon. Viele positive Rezensionen führen dazu, dass das Buch mehr Menschen angezeigt wird.

Sie können somit mit wenigen Minuten Zeitaufwand unserem kleinen Familienunternehmen einen großen Gefallen tun. Vielen Dank für Ihre Unterstützung!

PS: In seltenen Fällen kommt ein Buch beschädigt beim Kunden an. Bitte zögern Sie in diesem Fall nicht, uns zu kontaktieren. Selbstverständlich ersetzen wir Ihnen das Buch kostenlos.

Ebenfalls erhältlich

Erleben Sie packende Freibeuterabenteuer auf hoher See!

Tragen Sie sich jetzt in den Newsletter ein, um Band 2 nicht zu verpassen!

Tragen Sie sich in den Newsletter von *EK-2 Militär* ein, um über aktuelle Angebote und Neuerscheinungen informiert zu werden und an exklusiven Leser-Aktionen teilzunehmen.

Link zum Newsletter:
https://ek2-publishing.aweb.page

Über unsere Homepage:
www.ek2-publishing.com
Klick auf *Newsletter*

***Via Google**: EK-2 Verlag*

Als besonderes Dankeschön erhalten Sie **kostenlos** das E-Book »Die Weltenkrieg Saga« von Tom Zola.

Deutsche Panzertechnik trifft außerirdischen Zorn in diesem fesselnden Action-Spektakel!

Impressum

Eine Veröffentlichung der EK-2 Publishing GmbH

Friedensstraße 12
47228 Duisburg
Registergericht: Duisburg
Handelsregisternummer: HRB 30321
Geschäftsführerin: Monika Münstermann

E-Mail: info@ek2-publishing.com
Website: www.ek2-publishing.com

Cover/Umschlag: Silver Tales Graphic Design
Autor: Antoine de la Fère
Lektorat & Korrektorat: Julia Sittenauer
Korrektorat: Jill Marc Münstermann
Historische Überarbeitung: James Blake Wiener
Kartendesign: Daniel Richard
Buchsatz: Jill Marc Münstermann

2. Auflage, März 2024

www.ingramcontent.com/pod-product-compliance
Lightning Source LLC
LaVergne TN
LVHW091244190726
843491LV00001B/132

9783964033338